李镇西 编著

大夏书系·新教育实验文丛

教育的幸福

我与新教育20年

华东师范大学出版社

全国百佳图书出版单位

·上海·

图书在版编目(CIP)数据

教育的幸福:我与新教育 20 年 / 李镇西编著 . —上海:华东师范大学出版社,2020
ISBN 978-7-5760-1061-9

Ⅰ.①教... Ⅱ.①李... Ⅲ.①中小学教育—文集 Ⅳ.①G63-53

中国版本图书馆 CIP 数据核字(2020)第 244538 号

大夏书系·新教育实验文丛

教育的幸福——我与新教育 20 年

编　　著	李镇西
策划编辑	李永梅
责任编辑	杨　坤　韩贝多
责任校对	卢风保
封面设计	奇文云海·设计顾问

出版发行　华东师范大学出版社
社　　址　上海市中山北路 3663 号　邮编　200062
网　　址　www. ecnupress. com. cn
电　　话　021-60821666　行政传真　021-62572105
客服电话　021-62865537
邮购电话　021-62869887　地址　上海市中山北路 3663 号华东师范大学校内先锋路口
网　　店　http://hdsdcbs.tmall.com

印 刷 者　三河市龙林印务有限公司
开　　本　700×1000　16 开
插　　页　1
印　　张　18
字　　数　282 千字
版　　次　2021 年 1 月第一版
印　　次　2025 年 5 月第六次
印　　数　16 101-17 100
书　　号　ISBN 978-7-5760-1061-9
定　　价　49.80 元

出 版 人　王　焰

序　致敬我们时代的新教育英雄

我曾对朱永新老师自豪地说："我见证了新教育从思想到行动再到发展的全过程。"

2000—2003年，在朱永新老师身边读博的日子里，他思考并和我讨论得最多的问题是：什么样的教育是理想的教育？提出这个问题当然不是从抽象的理论出发的，而是有着鲜明的现实针对性。因为中国基础教育实在是弊端太多，他心疼孩子们在"应试教育"中所受的折磨，忧虑中国的未来是不是有足够的富有健全人格与创新精神的新一代公民。然而，朱永新老师不仅仅是一个问题的发现者和弊端的批判者，更是一个积极的建设者和执着的行动者。这就是他提出"新教育实验"最朴素最深刻也最有良知的初衷。

那段时间，我亲眼见证了导师朱永新对教育的思考，见证了新教育实验在他心中萌发，然后诉诸笔端，最后落地于一所又一所学校。尽管我们当时就坚信，新教育之火必将燃遍全国；但出现今天这样的燎原之势，还是超出了我当初的预料——

截至2019年年底，中国31个省市自治区的5216所实验学校、35万名老师和530万学生参与新教育实验。其中28%在发达地区，20%在深度贫困地区，42%在农村地区。新教育实验先后召开 19 次全国新教育研讨会，共计 21500 多人参加；举办 11 次实验区会议，5000 多人参加；组织 9 次新教育国际高峰论坛，7900 多人参加；组织 6000 多场公益活动，800 多万人次的父母与孩子参与。新教育人出版了 420 多本著作、3 种刊物、99 期报纸。表彰榜样教师、卓越课程及完美教室等 720 多个，表彰新教育实验学校 1000 多所。全国重要媒体中央电视台、《人民日报》《中国教育报》《人民教育》等报道新教育实验 300 多次。

在中国这么一个人口大国，565 万师生参加一项教育改革，似乎不算什么了不起的"规模"，但要知道，新教育实验是一项由专家倡导并引领、一线教师自愿加入的民间教育改革行动啊！没有任何国家教育行政指令，却有如此众多的教育者自发参与，持续时间长达 20 年——而且还将继续"火"下去，这不能不说是一个奇景。

究竟是怎样的魔力，让千千万万的教师、校长和局长痴迷新教育？

我们从这本《教育的幸福——我与新教育 20 年》中可以找到答案。那就是，拥有真诚教育情怀的老师，都愿意过一种幸福完整的教育生活——这正是新教育实验的使命。但这里的"愿意"不是"等待"，而是"参与"——也就是说，我们立志用自己的实践创造一种不同于既折腾教师也折磨孩子的"应试教育"的一种新的教育生活，然后享受这种教育。

曾经有不少老师问我："为什么要搞新教育实验？"

回答这个问题之前先得问问，为什么要搞教育？

我多次想到台湾作家张晓风的一段话。有一次张晓风送儿子上学，看着儿子渐行渐远的背影，她感慨万千，回到家中写下一篇文章《我交给你们一个孩子》，她在文中这样写道："今天清晨，我交给你一个欢欣诚实又颖悟的小男孩，多年以后，你将还我一个怎样的青年？"回答千千万万个母亲这样的问题，才是我们教育的目的。也就是说，我们的教育就是为了千千万万的家长和他们的孩子。

搞新教育的目的也是这样。我们搞新教育，就是为了我们孩子的快乐，为了我们教师自己的幸福。又回到刚才我说过的那个命题——新教育的宗旨就是追求过一种幸福完整的教育生活。

这就是我们的教育初心。

20 年过去了，我们完全可以自豪地罗列许多成果来证明新教育实验的成功，比如 2015 年获全国教育改革创新特别奖，2017 年获江苏省基础教育优秀教学成果奖特等奖，2018 年获国家基础教育优秀教学成果奖一等奖，2019 年获第五届中国教育创新成果公益博览会最高奖"SERVE奖"……

但这都不是新教育最重要的成果。新教育最值得夸耀的成果，是新教育实验学校的孩子们和老师们每天获得的成长和感到的幸福。关于孩子的成长和幸福，在千千万万所新教育实验学校里有许多案例和故事。今天我是为教师的《教育的幸福——我与新教育 20 年》写序，所以着重谈教师的成长和幸福——其实，在我看来，教师的"成长"和"幸福"是一回事儿。

什么叫成长？成长就在每一天的行动中。现在一提到教育改革，我们往往只想到为了孩子，所谓"一切为了孩子"，却忽略了教师。而新教育的抓手就是教师成长。成长即幸福。当绩效工资无法改变，工作环境无法改变，教育对象无法改变时，我们唯一能够改变的是我们自己的精神状态——注意，这里没有一丝"逆来顺受"适应环境的意思，而是通过改变自己而积极地提升教育的品质；同时，通过新教育，我们也体验到职业幸福，虽然很忙碌，可是很充实。唉声叹气是一天，喜笑颜开也是一天，究竟我们选择什么呢？当然是后者。

本书中每一篇文章的作者，无论是局长，还是校长，抑或是教师，都是通过新教育获得了职业幸福，并改变了自己的教育人生。他们用自己每天点点滴滴的教育实践，为自己的教育缔造了传奇。尤其是每一位一线教师，他们平时都是默默无闻的教育者，但因为付诸行动，他们有了收获；因为坚持不懈，他们创造了奇迹。千千万万这样的老师，就是我们时代的新教育英雄！

毫无疑问，新教育实验还将持续不断地向前发展。但朱老师和我都很冷静，我们没有不切实际地幻想在短时间内彻底革除中国教育的种种弊端，我们只是想，只要改变了一个校长就改变了一所学校，只要改变了一个教师就为一个班的孩子获得成长幸福提供了可能；我们也没有想过全国每一所新教育实验学校都做得非常真非常实——可能有一些实验学校会受浮躁之风的影响而有所应付，甚至也搞"形式主义"，但是在 5000 多所实验学校中哪怕有一半的学校在认真做事，我们就觉得了不起了。

所以我再说一遍，新教育实验没想过改变所有教师，我们只能改变我们能够改变的，我们只为那些愿意做幸福的老师之人提供帮助——让所有有情怀的教育者找到方向、拥有智慧、获得成长。

当越来越多的学校发生改变时，当越来越多的教师发生改变时，中国教育一定会发生令人欣喜的改变。

曾有记者问朱永新老师："新教育的彼岸是什么？"

朱老师回答说："我想，那应该是一群又一群长大的孩子，在他们身上我们可以清晰地看到，政治是有理想的，财富是有汗水的，科学是有人性的，享乐是有道德的。"

这是朱永新老师的向往，也是我们所有新教育人的憧憬。

除此之外，我们别无奢求。

李镇西

2020年1月14日

目　录 Contents

第一辑
新教育与个人成长

003　那些名字，那些梦 / 张小琴

013　让生命在幸福教育的长河中闪亮 / 张建弟

022　永远憧憬明天 / 殷卫娟

032　让生命怒放 / 马增信

043　荒漠甘泉 / 徐明旭

050　遇见新教育，我很幸福 / 阿依努尔·图亚克

057　我是如何成功"策反"朱永新老师的 / 李镇西

第二辑
新教育与班级行动

067　以梦为马，同心同行 / 宋新菊

078　我是这样引领家长的 / 郭文红

090　点燃幸福 / 王智慧

097　"我就是课程" / 胡艳

105　愿做点灯人，散作满河星 / 吴佑华

116　像夏洛一样为孩子织网 / 常瑞霞

128　一个老师两个娃 / 魏乐仪

136　静待花香四溢 / 沈雪莲

第三辑

新教育与学校发展

149　"新教育基因"一刻也没有离开过我 / 张菊荣

156　执着前行在新教育路上 / 逄建水

165　月亮走，我也走 / 牟正香

173　追随与畅享 / 林加进

179　开出一朵属于自己的花 / 徐良惠

184　那年夏天，那扇窗，那道门 / 庄惠芬

191　不负晨昏，奋力生长 / 朱雪晴

第四辑

新教育与区域推进

203　让一粒种子变为一树硕果 / 张硕果

212　循着心中那束灯光前行 / 罗军

219　点亮一盏心灯，温暖乡村教育 / 彭静

227　我的新教育恋歌 / 林忠玲

235　做一个新教育麦田里的守望者 / 陈东强

247　从"小我"自觉到"大我"信仰 / 许新海

255　栖居在新教育的芳草地 / 张丙辰

264　我的梦想，我们的光荣 / 陈兵

273　岁月未虚度 / 王兮

第一辑

新教育与个人成长

新教育，开启了我教育的新生命，让师生的生命有了幸福的温度；新教育，启智了我教育的新思想，让师生的生命提升了爱的指数；新教育，温暖了我教育的余生时光，让我的教育生命美好如初……

　　——张建弟《让生命在幸福教育的长河中闪亮》

那些名字，那些梦

你好漂亮啊

彩虹花精灵

赤橙黄绿青蓝紫

你陪我们读书

和我们玩课程

你悄悄把阅读的种子

在我们心中撒播

这是我们班一个叫曹雯颉的小姑娘写给我的生日赠诗。"彩虹花精灵"是2017年孩子们送给我的新名字。走过新教育的十年光阴，我还有很多的名字，每一个名字，都是一首歌，都是一个美丽的新教育之梦。

"执着前行"

1998年我参加工作，到2009年已经工作了11年。11年里，我发表文章0篇，两篇论文获奖，一篇是音乐学科的，另一篇是好朋友送我的。我只执教过一次县级教研课，几乎没有真正阅读过一本教育书籍。真的，在教师生涯最重要的前十年里，我就是这样一片贫瘠。

有人说："人生不是赢在起点，而是赢在转折点。"2009 年 4 月，时任凌河小学的徐彬校长向我们隆重推介了教育在线。我至今记得第一次登录教育在线，第一次打开"毛虫与蝴蝶——儿童阶梯阅读"版块时的情景。当我一口气读完导航帖和榜样教师的主题帖的时候，我收获的不仅仅是感动，更多的是动力！在这里，我看到了"只要付出，就一定有收获！"；在这里，我发现了原来教育是这般幸福，孩子的童年可以这样充满诗意；还是在这里，我决心再也不能重复昨天的故事，我要重新开始一段新的教育征程。就这样，我选择了用"执着前行"作为网名行走在教育在线上。

小海螺妈妈

2009 年 9 月，我终于如愿走进 101 班的教室，按捺不住内心的激动，我以"小海螺"为班名，在教育在线发了题为"小海螺的梦"的主题帖，并写下了《我要去远航》这首诗开启班级的阅读航程。

第一次开家长会，我向家长们宣传读绘本的好处，家长们说只要把语文书读好就不错了，一些闲书读了也没用。听了这样的话，我很委屈，心想，总有一天，我要让你们看到阅读的好处。于是我就先从网上买来一些绘本给孩子们读。绘本制作精美，但价格不菲，班上 55 个孩子，如果人手一本，算下来得 1000多块呢。这对于上有老，下有小，当时每月工资只有 2000 出头的我来说，还真有点困难。怎么办？那就先两个孩子合读一本吧，这样 600 多块钱就可以解决了。于是瞒着老公，我偷偷到镇上的银行汇去了 682 元。很快，书来了，整整 28 本，正好两个孩子合读一本。

自从第一次偷偷购买绘本成功后，休息时，我总喜欢泡在一些图书网站，淘书，买书，上瘾了一样。买书的钱总不能每次都瞒着老公吧？没有钱怎么办？于是我想到了给一些报纸杂志写稿件。多少个周末，当别人在逛街休闲的时候，我却想着孩子们的图书，在狭小的宿舍里敲击键盘；多少个夜晚，当别人早已进入了梦乡，我还在灯下查资料、修改稿件。每每稿费单到了的时候，孩子们就特别高兴，齐声欢呼："哦，我们又有绘本看喽！"外出参加活动，我总要带回几本精美的童书，这已成了孩子们最美的期盼；圣诞节，我又悄悄在每个孩子的抽屉里放上一本书，这是最神秘的圣诞礼物；在"小海螺"班级年度评比中，童书成了我送给孩子们最隆重的奖品。很多人问我，为孩子买书花了多少钱？我笑笑说："没有算过，有多少妈妈为孩子买东西会记得花了多少钱呢？我也不想算。"就这样，我成了孩子们口中的"小海螺妈妈"。

那时农村学校条件艰苦，教室没有投影仪，没有电视机，为了保证孩子们每天早晨有书可读，我就自己购买了《日有所诵》《儿歌300首》等书籍，编成儿歌小册子发给孩子们。刚开始编制时，一首诗一首诗地输入，一个字一个字地加拼音。为了节约用纸，一张纸双面打印八首诗歌，一次次校对，一次次排版，最后老公帮忙裁切，七岁的儿子帮忙排顺序，我负责装订。从此，每个月总有一个周末，我们一家三口为一本晨诵小册子一同忙碌，一同欣喜，一同期待。四年来，在几百首童诗和古典诗词的熏染与浸润中，这些裹挟着泥土气息的孩子们也开始渐渐散发着诗歌的芬芳，一首首趣味横生的童诗洋溢着的就是孩子们的诗情诗意。

缔造一间完美教室是每个新教育教师的美丽愿景，而支撑一间教室的核心力量是课程，于是我又设计开发了"走过四季"农历课程、"小海螺班报"写作课程、"书写我们的生命传奇"生命叙事课程等七八个班级课程。随着课程的深入，我越发感觉压力颇大。身处农村，外出学习的机会并不多，于是我选择用阅读来润泽生命，用阅读来提升素养。我一段一段地啃读《语文科课程论基础》，一字一句地品读《于永正文集》，细读《手心里的光》《新教育》，漫读《教学勇气》……每读一本书，我都在默默地不断地丰润着自己的生命。

我还通过网络，借助博客，结识了一些省内外优秀的语文教师，在这些名师的鼓励和指导下，我对儿童阅读的理解更加深刻，也让我在推广阅读的路上越走越自信。

2011年暑假，眼看着孩子们就要上三年级了，为了有所准备，我又利用假期阅读了大量如《教会学生写作》《写作教学内容新论》等作文教学书籍，而且还努力抓住每一个学习的机遇。2011年8月，我忍受着严重的晕车，自费800多元参加了在昆山举办的儿童写作课程的培训班，虽然只有短短的三天培训，但管建刚、高子阳和吴勇老师的精彩讲座让我对作文教学有了更深入的理解，也让我更坚定了以"绘本"为载体进行写作训练来研究课题的决心，这个课题已于2012年成为南通市立项课题。此外，2012年我参加了全国首届作文名师培训班，2014年初在苏州吴江参加了管建刚老师的研讨会。放弃旅游，换一次自费外出学习的机会，成了我每年暑假雷打不动的一个重要计划。

"忽悠老师"

2013年9月，我调入宾山小学，又从一年级重新起步了。在这所新教育示范学校里，我感到了从未有过的压力。在"小豆豆"班一、二年级时，我依然坚持和孩子们一起诵儿歌、读绘本。为了更好地推动阅读，培养低段儿童的阅读兴趣，我设计了"阅读存折"，要求孩子每天晚上完成作业后再阅读30分钟。"阅读存折"由家长印制好后送给孩子，这样孩子每天的阅读情况就由家长记录在存折上。记得当时我们班有个叫朱玲玉的孩子，仅9月的"阅读存折"记录的阅读字数就达到了43256个字，如果再算上在校读的量，那应该有10万字呢！这还不是班里阅读量最多的孩子，但班里也有个别孩子的阅读能力没有得到提升，所以这是一场持久战，需要不断地努力。

我相信办法总比困难多。为了更好地推动阅读，我又组织了"悦读书包漂流"活动。书包从哪里来？我本想在淘宝上制作，可是一问，制作可以，但需要批量200个才能做。怎么办呢？我又一次想到豆爸豆妈。我试着用家校通给家长发去求助信息，当天晚上，欧学鹏的爸爸打来电话，说他可以帮着做。我问他价格，他问我是给学校做的，还是给班级做的。我说是给班里孩子们做的，他立马就说："张老师，那这个我做了捐给班级。"这怎么能行呢？他们也是外来务工人员，有一对双胞胎儿子和一个小女儿，虽说开了一个小型加工厂，也是不容易的。但欧爸爸一直坚持，并要我马上把制作要求发给他。当我一再表示感谢的时候，朴实的欧爸爸说："老师，你这是为孩子们好，又不是为了你自己，我们做家长的应该感谢你。"

与45个"小豆豆"相遇六年，我写了六年的信。开学时我写了《请你跟我一起来》；妇女节，我说《做个不唠叨的好妈妈》；父亲节，我要求《爸爸要做家庭中的定海神针》；期末复习期间，我告诉父母《除了分数，我们还要很多》。

"小琴老师，每个周日晚上在QQ群读您的信，已经成了我的习惯，感谢您的良苦用心，我会一直跟着您向前走的。"这是学生小刘的妈妈给我的留言。

2015年4月10日，童喜喜老师在宾山小学结束讲座之后，发了这样一条微博："上午参观了实在又智慧地做新教育的宾山小学，种子教师张小琴班上学生的作文令老师们称赞，刘崇国局长笑评：种子教师有一个共同点——把父母'忽悠'得特别好。很自豪。"我转发了这条微博，就这样，我拥有了第三个名字——"忽悠老师"。

小琴老师

六年来，20多万字，100多封信，让我们的家校关系越拉越近。你听，我又有了一个新名字"小琴老师"。你看，开学前祁妈妈给班级送来了40多本绘本，瞿妈妈给每个孩子印好了两个学期的"阅读存折"；周末时，章爸爸帮我们联系图书馆馆长，安排亲子共读活动；暑假里，父母们整理好了"悦读漂流书包"，印好了"阅读存折"；圣诞节前，父母们策划活动，布置教室……我们一起去姜堰亲子游，到海边放风筝，参观猕猴桃园……有时我有事外出，家委会的妈妈们会主动到班带早操、上晨会。我们的努力，在这六年里留下了一个又一个美丽的足迹。一年级的我们仅用了两周时间就排演了六幕童话剧《犟龟》；四年级的我们写出了自己的小说；六年来《豆瓣绿芽报》办了一期又一期，班上有一半孩子的作文曾发表或获奖……

我们的义工妈妈主动加入新教育，成为萤火虫站的义工。祁姜慧的妈妈，自从2013年被卷入新教育，仅有初中学历的她每天坚持用文字和图片记录孩子的成长点滴，报名参加了东北师范大学的函授，现在她能从容地面对上百名父母进行讲座，还获得了全国亲子阅读书香家庭的称号。

种子教师

在《团队的力量：合作铸就成功》一书中，乔纳森·蒂施再次向我们证明：团队合作能产生最好的结果。2010年暑假，我参加了"粉红毛虫项目群"，第一次学习了由飓风、蓝玫设计的诵读课程，第一次在小舟姐的带领下和二年级的老师共同设计二年级上学期的诵读诗歌并分工完成了PPT。也是在这年的寒假里，我主动整理并开发了二年级下学期的诵读诗歌，得到群里老师的一致认同。就是这样的模仿，让我对儿童诵读课程有了初步的感知。后来这个群更名为"新教育实验项目群"，我在群里向大家分享了我的课程开发经验和成果，得到了侯长缨老师的肯定和认同。

2013年8月，我看到童喜喜老师发布的"心为火种"的种子教师喜悦汇聚令，便连夜完成了5000字的个人阅读史，填写了申请表，就这样，我成了一粒"冬季种子"。说实话，我当时的申请多少有些冲动，当看到种子教师的基本要求时，我才真正感觉到，要想成为一名颗粒饱满的"冬季种子"，这条路注定不会平坦。于是，从2013年9月起，我坚持写月度叙事，记录我和孩子们在这间教室里发生的成长故事，叙事字数最多的达12000字，最少的也有8000字，我从不敢懈怠与推迟，事情再多也会赶在6号凌晨前发到指定的邮箱，因为汇聚令要求月度叙事在每月5号前完成。不知不觉间这一年已经记下了六七万字的叙事。

2014年暑假，"种子教师计划群"进行了分组，可能我在群里表现还算比较积极努力，我成为一年级"执着组"的组长。能成为组长的"冬季种子"教师并不多，所以我倍加珍惜与努力，带领我们小组的成员认真学习，积极研讨，争取早日看到春天的阳光！

"倘若你心为火种，此刻何不倾情燃烧？——点亮自己，照亮他人。"对，就做一只小小的萤火虫，点亮自己，照亮他人吧！我骄傲，我是一颗新教育的种子！

"彩虹花精灵"

阅读是全民的，也是全社会的。2015 年 4 月，我以新教育"春季种子"教师的身份成立了新教育萤火虫如东分站，担任分站站长。2016 年 4 月，彩虹花读书会成为如东县图书馆阅读推广组织。2018 年 1 月，"彩虹花开书香飘"成为如东县首届志愿服务项目。2018 年 9 月，"小手拉大手，我带爸妈一起读"成为如东妇联第二届创投项目。

五年来，我和 14 名志愿者每天轮流转发新父母晨诵、午读和暮省，每周三转播公益讲座。从晨曦微露到月上枝头，我们用这样的美好熏染着萤火虫如东分站 QQ 群内的 400 多对新父母们。

作为彩虹花项目的负责人，我深知阅读的推进是一项艰难而持久的行动，但我们坚持着：

2017 年寒假，我和团队启动了"彩虹花三十天阅读"活动。报名海报刚发出，就吸引了如东、南通、南京、福建等地 147 名学生入群共读。2017 年 2 月 10 日，彩虹花寒假三十天阅读分享会在县图书馆四楼举行。一年级学生杨依辰的妈妈说："她就是真正的彩虹花精灵，是她让丫头渐渐爱上了阅读。"一个小小的阅读创意，得到了山东、河南、福建等地老师的认同，彩虹花的种子就这样撒向了全国各地。

"我和阅读来比高"活动于 2018 年 12 月正式拉开了帷幕。让孩子们把三年来阅读的图书一本本摞起来，和图书比身高。此次活动，主要是让孩子们对近三年所读的书目进行回顾与梳理。活动结束后，五名孩子撰写的《我与阅读来比高》被《创新作文》录用。

一个爱阅读的儿童，必然身处在一个爱阅读的家庭中。如何引领父母更好地阅读，成了我们团队这几年思考的主要命题。

2018 年暑假，项目组又开启了"小手拉大手，我带爸妈一起读"网络共读活动，旨在以儿童阅读来促进成人阅读，进而推动全民阅读。

就在这两个月里，我们欣喜地看到孩子们看电视的时间明显少了，伏案阅读的小小身影多了；父母刷朋友圈的频率低了，他们从一本本书籍中悄悄地汲取着丰富的营养。此次暑假共读活动，阅读量最多的孩子在这个假期里读了150多万字，阅读量最多的一位妈妈也读了近200万字。60多个家庭获评"卓越奖"，28个家庭获评"优秀奖"。

"新父母阅读吧"网络共读是完全针对父母共读的项目。2017年，我们建立了"如东新父母阅读吧"微信群。每周六晚七点至八点举行一小时网络共读活动。自2017年6月1日起，在"新父母阅读吧"微信群举行了《幸福的种子》《陪孩子走过初中三年》《陪孩子走过高中三年》《戒掉孩子的拖延症》《父母改变 孩子改变》《别和青春期的孩子较劲》等书籍的网络共读以及线下分享活动。新父母的共读交流，让100多名父母走上了阅读之路。

线上进行每天一条晨诵、每周日童书导读、寒暑假"挑战阅读"、新父母成长共读；线下举办亲子活动、公益讲座、儿童阅读分享会、新父母阅读分享会。我们以这样线上线下双线并行的方式所举行的100多次活动让黄海边的父母和儿童享受到了阅读带来的美好。

四年来，如东分站也收获了很多额外的奖赏：新教育萤火虫优秀分站，南通市优秀家庭教育指导服务机构，如东县十佳阅读基地……更多的是收获了一群像兜兜爸（高山）、于邢锐等热爱阅读的父母和孩子。

乡村教师的引路人

近几年，我和县里乡村学校的刘庆梅、赵华、施海燕等老师共同开展儿童阅读活动，在儿童阅读活动的推广中，我们共同成长着……

此外，我还远赴陕西、四川、福建、辽宁、河北等地的乡村学校上课、开展讲座30余次，与老师们结对，引领全国上百名教师走上了儿童阅读推广之路。在陕西汉中的送教活动中，我们与大山深处的四名年轻老师结对，建立"山海有约，语文情怀"微信群，借助网络和他们分享儿童阅读推广的经验，共同研讨语文课程建设等问题，指导青年老师阅读、写作。

2018年年底，我加入新教育"一道共读"，借助千聊、CCtalk等网络平台为全国数千名师生作高年段的童书阅读指导讲座。2019年7月，我又参加了"六和公益"为期三天的教师研训营，指导全国各地的乡村老师开展整本书阅读。

"能量姐"

很多朋友问我："小琴，班级活动那么多，还要做公益，你哪来那么多的能量？"他们送我一个名字"能量姐"。其实，我没有三头六臂，也没有超人能量，我只是一个普通的女教师，家中上有患病的婆婆，下有正在准备中考的孩子。老人要照顾，孩子要陪伴，时间从哪里来？在我包里有一本工作手帐，每天晚上，我会将第二天的工作细致安排到每一个时间节点，这样做的目的只有一个，那就是逼迫自己提高效率，挤出更多的时间做自己喜欢的事。

人生就是一场美好的相遇，从2009年到2019年，走在新教育路上的十年里，我一路阅读，一路记录，也一路收获：在《小学语文教学会刊》《语文教学通讯》等刊物上发表文章50多篇，20余篇专业论文获奖；成为多家报纸的特约撰稿人，曾参与编撰《班本小作文》等教学书籍；记录班级叙事100余万字，新浪博客原创博文700余篇，获得了南通市第64期博客之星，南通市教育博客大赛一等奖；获得县中青年教师技能大赛一等奖，执教县级公开课十余节，开设讲座十余次。在"小学语文教学""新父母研究所""中国教师俱乐部"等网络群内多次进行主持或开设讲座，得到群内老师的广泛好评。

行走在新教育的路上，我也获得了很多额外的奖赏，包括这个称号、那个荣誉，但对我来说，这些都不是最重要的，最让我自豪的奖赏是我的成长，我的幸福。

心动就行动，十年的新教育执着追梦之旅，我一直快乐前行。我的一个个名字，就是一个个追寻的梦，记载着这十年与新教育相逢的那一个个人生的小欢喜……

江苏省南通市如东县宾山小学 张小琴

李镇西说——

　　比起以常规的工作量衡量，新教育实验有许多"额外"的事要做，这不是很累吗？但如果这一切都是新教育人发自内心想做的，还叫"累"吗？张小琴老师被人称作"能量姐"，这能量是发自她内心深处对教育宗教般虔诚的爱。新教育当然给了她不少荣誉，但更重要的是她享受了成长的快乐和教育的幸福，她因此"一直快乐前行"……

让生命在幸福教育的长河中闪亮

一句话痛醒教育的沉迷

在教学的第17个年头，我任教两个班级的数学教学工作，可以说是兢兢业业、任劳任怨。因为教学两个班级的数学，在课间休息时辅导学困生便是家常便饭；利用午休时间，给那些基础较差的孩子补习空白知识，可以说是司空见惯；在放学后，自己默默地在印刷室打印精选试题，可以说是屡见不鲜……我的勤勉教学给自己带来了丰厚的硕果：在多年的县级统一考试测评中，数学教学成绩总是名列前茅。更加喜人的是，我任教班级的孩子在全学区比赛拔得头筹。丰盈的教学成果，让我赢得了校领导的赞誉和家长们的认可，也让我一度认为自己成就斐然，觉得自己的辛苦没有白白浪费，深感欣慰。

因为教学成绩突出，自己便有了一些小名气，但我没有被荣誉的光环蒙蔽，一直奋斗在自己的教育教学工作岗位上。为了学生的成绩，我殚精竭虑。为了某个知识点，我手把手辅导每个学困生，为了一点点失误大发雷霆，痛斥那些计算错误或者小数点丢失的孩子。孩子们在我的面前总是战战兢兢，不敢越雷池一步，生怕稍有不慎，就会引起我的大怒。于是不论在课下还在课上，孩子们都循规蹈矩地学习，我一如既往雷厉风行地教学。同事们调侃说：你呀，除了工作，还会什么？是呀，我也在想，除了工作，我还能做什么。每天匆匆而来，拖着疲惫的身躯回到家里，心中牵挂的还是那几个学困生：哪个知识点需要辅导，哪个孩子的计算应该巩固，哪个孩子的知识没有掌握等等。我也为自己的敬业精神而感动、自豪，可以问心无愧地说：我把自己的整个身心都奉献给了教育事业！

如果没有孩子的那句话，我还在为自己的"伟大"精神而洋洋自得。2013年，我新接手了一届四年级的学生。每年新接手的学生中不乏自己教过学生的弟弟、妹妹，家长们都很欣喜，因为在我的班里，数学学习就不是难题了。由于自己的名声在外，家长们都放心地说：张老师，孩子放在你班我放心，你就费心吧。我知道对于农村学校来说，老师就是家长的依靠。也就是那年，由于工作需要，我承担起语文、数学、品社三科的教学任务。对于品社课，我很是愿意承担，因为虽然累，但会让我有更多的时间去关照那些"贴着标签"的孩子们。

和往常一样，我课间坐在教室里批改作业。一个瘦弱、白净的男生怯生生地走到我面前，低声细语地说："老师，你教过我们村里的胡兵吧。""是呀，你是四十家子的？""嗯。"他用力地点点头，睁着大眼睛，有些羞涩地说："他说，你不喜欢学习差的孩子，总是大声地吼他，就像火山爆发一样。"我顿时傻傻地坐在那里，手里的笔掉在了地上，内心十分失落。什么，我不喜欢他？我可以说为了他们几个费尽心思，不知道消耗了多少体力与精力，即使生病了，还坚持上课，总是担心耽误一节课，就少了给他们补习的时间。我为什么会给孩子们留下这样的印象？"老师，老师！"男生一边呼喊着，一边摇晃着我的胳膊。我猛然醒过神来。"老师，我就是学得很慢，你会不喜欢我吗？"他歪着头，满脸期待地望着我。"不会的，老师喜欢每个人。"我不假思索地回答。他听了，转身跑回同学中间，美滋滋地说着什么……看着孩子们喜悦的脸庞，我的内心翻江倒海，久久不能平静。我一度标榜自己为了教学工作呕心沥血，没有想到在孩子们的心中我就是那种"火山般"的老师，给他们留下了黑色的阴影。

孩子的一句话，深深地刺痛了我，我不知道自己该如何做一名老师了……我又将如何在以后的教育工作中面对我的学生呢？难道还是一如既往地凶神恶煞吗？我失去了方向，不知道将去何处？

一册解读本送来了教育的曙光

16 年的苦心工作，却换来了"火山"老师的称号，自己那几个月没有了往日的神采，就像没有灵魂的躯壳，游荡在校园里。同事们看见了还调侃说：每天忙碌的战斗机怎么没有了战斗力，今天是不是又少上了一节课？我只是笑笑，闭口不言，谁能理解我的苦闷？我应该如何面对我的孩子们？我的教学应该走向何处？接下来的日子里，我惶恐不安，就像一只无头苍蝇般四处乱撞。

2013 年 10 月中旬，王校长去杭州参观学习新教育。什么是新教育？新在哪里？难道能够帮助我走出困境？孩子们乐意接受新教育吗？我在新教育里会如何呢？带着满腹的疑惑，我期待着王校长的回归。

历经一个月的考察工作，校长回来了，满面春风的她不顾舟车劳顿立即给我们召开了紧急会议，给我们分享她参观学习的心得体会。自己的心随着王校长带回来的新教育的教改成果不停地悸动着。浏览着新教育校园里那些完美的音频与图片，我被他们那充满人性关怀的家园式学习环境深深地吸引了；欣赏着新教育学校里老师们神采奕奕的风貌，我被他们那满面春风焕发着甜美的气息惊讶到了；享受着新教育校园里如阳光般灿烂的孩子们的欢快笑声，我被他们那丰富多彩又异常精美的活动演出惊艳了，久久回味……难道这是真实的校园生活吗？是不是为了让外人参观故弄玄虚呢？我和孩子们能过上这般诗情画意的生活吗？接连不断的猜疑如泉水般汩汩流淌，校长看出了我们的疑惑，笑着说：不要猜疑了，这就是真实的画面！新教育提倡的就是师生过一种幸福完整的教育生活。天哪，我们要过幸福完整的教育生活，可能吗？那教学成绩怎么办？孩子们除了参加各种活动就不学习了吗？

2014 年 3 月，我校的新教育课改如火如荼地展开了。每个人手里都握着一本新教育解读本，每天翻看。它就是我教育教学的点金石，字字珠玑，我慢慢地参悟着。我第一次知道了享誉全国的新教育启蒙人——朱永新，知道了新教育的"十大行动"，知道了师生过一种幸福完整的教育生活，知道了校园生活也会这么美好灿烂……一连串的美好就像幸福的泉水冲洗着我教育中的尘埃，就像和煦的阳光驱赶走了我教育中沉重的迷茫，就像轻柔舒缓的乐曲安抚了我内心对教育的惶恐……我再次看到了教育的曙光，浑身充满了新生的力量，沿着新教育的光辉大道一路前行，追寻教育的幸福曙光。

一点萤火之光照亮幸福家园

如果说王校长带回来的点点幸福，让我眼花缭乱，不足以让我信服，那么接下来县里纷至沓来的新教育培训更是让我"乱花渐欲迷人眼"。新教育研究会副理事长、秘书长、全国新教育培训中心主任吴勇，新教育研究会培训中心培训科科长李兵，海门市经济技术开发区小学校长施健斌三位重量级新教育专家分别以"践行新教育，共奔中国梦""让每个孩子都拥有一生有用的好习惯""新教育学校的成长样态"为专题作了精彩的讲座。新教育前行的足迹成果，给我们闭塞的教育引领了方向，给我们吹响了新教育实践的号角。聆听他们热情而奔放的讲座，让我那被压抑的情感得到了释放，原来我们的教育如此美丽，我们的教育生活也能如此幸福。

与其说是被新教育专家新颖独特的理论所折服，不如说我是被他们温润柔和的亲和力唤醒。新教育里的人都洋溢着奇异的霞光，走到哪里，哪里就会被照亮。新教育的光芒如同黑夜里的一缕阳光穿透了我沉闷的心房，照亮了我那心如止水的教育情感，驱散了我心中教育的阴霾。

面对新教育的召唤，我决定从自己做起，从每天教育的点点滴滴慢慢地走向新教育，成为新教育幸福生活中的一个音符。

"火山"般的我，要进行新教育课改必须改头换面，以一个新人的风貌重新站在孩子们面前，这是践行新教育的敲门砖，也是开启幸福教育的金钥匙。

从那以后，我的班级里就有了"爽""昂昂""小辣椒"等甜甜的称呼，孩子们不再疏远我，而是像百灵鸟一样围在我的身边叽叽喳喳欢快地说唱着。不知从何时起，笑容悄然地停留在我的脸上。劳累时，就会有贴心的"小棉袄""小暖男"轻轻走到我的身后帮我捶捶背，捶走了我的疲倦。几日不见，每当我回到学校，孩子们就会一窝蜂似地向我跑来，争先恐后地搂着我的腰，仰着头，大声地喊着："老师，我想你了。"其他孩子赶忙撒娇说："你让我抱抱老师，求你了。"看着孩子们可爱的脸庞，我的甜蜜幸福感油然而生，教育的春天正踏着它那矫健的步伐向我走来，幸福之门已经向我敞开。我和孩子们早已成为不可分割的一体，这就是新教育带给我的最大收获。我每天徜徉在新教育的生活里，亲吻着她的芳香。

我清晰地记得，成家爽是一个机灵古怪的男孩子，两只小眼睛总是在滴溜溜地转动着，就像老师们说的那样：只要转动眼珠，"坏水"就会流出来了。以往的班主任为他操碎了心。只要班主任一离开教室，就会看到他扰乱秩序的场面。为了防止他搅乱课堂，他就成了班主任的跟屁虫，不管老师走到哪里，他就跟到哪里。老师们费尽心机地帮扶教育他，也不见起色，一说起他，都摇头叹气。当我接手班级时，老师的职业习惯让我首先记住了他。站在我面前的是一个瘦小的小男孩：双手插兜，两只脚分开站立，时不时甩甩自己的头发，酷酷的。我心想：这是多么帅气的孩子呀！浑身透着灵气，真让我喜欢，我首先开口说："你就是成家爽，很帅呀！"话音刚落，他立即摆了一个酷酷的姿势，说道："老师，你看，我就是最帅的！"他丝毫没有初次见面的陌生感，好像我们早已相识。"是呀，我的爽就是最帅的！"我立即迎合道。他听了一愣，不好意思地脸红了。也许，是被我那亲昵的称呼羞到了。"我的爽"这个称呼之后传遍了校园的每个角落。只要他闯祸了，孩子们告状时，一开口总会说：老师，你家的爽又欺负我了。老师们也会对我发牢骚说：你家的爽今天又在课堂上捣乱啦！爽，自此以后，就是我家的爽了。

为了照顾爽的自尊心，我在老师们和孩子们面前总是给他留着面子，我知道外表酷酷的他是多么希望得到他人的认可，可是他总把他那柔软的内心紧紧地包裹着，从不轻易向人打开。课下，我经常和他聊天。"老师，你是不是想让我变得和其他孩子一样，听老师的话，做你们想让我做的事？"他用明亮的眼睛注视着我问道。"难道老师期望的样子不好吗？"我反问道。他手插着兜，扭动着身子，低着头说："也不是不好，就是我管不住自己，总是想动。""你会做到的。你那么聪明，肯定能战胜自己。"我摸着他的头说，"相信自己，相信老师，一定会做到的。"他用力地点点头。也许是我们的坦诚交流成就了我们的师生情，历经两个月的监督管理，他不再是惹事的"淘气包"，告状的老师和学生也不再是我办公室的常客。他们都看到了一个更帅气的爽。最让老师们和同学们刮目相看的是，他在班级文化展演比赛中表现非常出色。

和新教育的同仁一样，我也是从最基本的缔造完美教室做起。在缔造完美教室的过程中，我和孩子们每天为了共同的家，奔波、策划、修改、张贴等，劳累着，欢笑着。爽，也不例外，他每天就像一个工程师指挥着、穿梭着。那一个月的时光里，他是来校最早，走得最晚的一个。当我们布置好教室时，他手插着裤兜酷酷地站在教室里，环顾着焕然一新温馨的家，就像在鉴赏自己的瑰宝，久久沉浸其中。

缔造完美教室后，学校组织了班级文化展演比赛，我们当然也不甘落后。我和孩子们一起书写了以《徜徉书海滋润童心》为题的班级文化展演稿。在选择诵演的主角时，我并没有在意他，但他主动在课下请缨，想在比赛时承担一个诵读的主要角色。说真的，我并不看好他，因为他从来没有承担过主要诵读的任务，我也害怕他万一出现状况该怎么办，毕竟是重要的场面，我和孩子们都不想落后。可是，我们看到他真诚的样子，又不想打消他的积极性，于是我们就抱着让他试试的心态答应了他。让我没有想到的是，他在课下默默地努力着。家长打电话来说：爽在家每天都诵读好几遍，从来没有见他这样认真过。听着家长的汇报，我也感到诧异，从来没有想到他会这么重视这次机会。课下，我试着问：爽，诵读练习得怎么样？他笑笑说：老师，放心吧，我不会给你丢脸的。

当我们在班级里试演时，只见我们的爽一改往日松垮的模样，精神抖擞地拿着话筒（用笔当话筒），一板一眼地诵演着：古诗词是我们民族文化的瑰宝，在中华五千年的艺术长廊里熠熠生辉……清脆的声音穿透教室，传遍了学校的每个角落，引起了孩子们和老师们的驻足观看。我也痴痴地望着此时的爽，长长地舒了一口气，这个被我们贴了"捣蛋鬼""无药可救的顽童"标签的孩子在新教育里的土壤里怒然绽放，是新教育的人文素养浸润了孩子的心扉，让他这朵羞涩的小花悄然开放。

当我们站在操场的主席台上参加比赛时，最吸引大家眼球的还是我的爽。身穿红色校服，佩戴着鲜艳的红领巾，手拿着话筒的他在伙伴们中间就像一个耀眼的明星。当洪亮温润的声音飘扬在校园上空，他是那么的自信与阳光，这朵迟放的小花以傲人的姿态赫然地站立在我们面前。新教育的书香味，唤醒了孩子们那颗沉睡的童心，让它破土而出，焕发新的生机；新教育的晨诵午读暮醒，打开了孩子们尘封的情感，给他们的童年涂抹了鲜亮的色彩；新教育的人文之火，填平了师生之间的沟壑，点燃了师生之间的情愫……

2015年5月，我校迎来了我县第一届新教育开放日，我被推选为新教育叙事的代表。开放日上，我用《新教育，我追随您》一文诉说着自己在新教育课改实验中的成长与甜蜜，向来我校参观的千余人展示了自己对新教育的那份沉甸甸的情怀。《新教育，我追随您》一文，荣获县新教育征文一等奖。在新教育教育教学工作评比中，我也荣幸被评为我县第一届新教育榜样教师。

在新教育的课改中，我就是一只小小的萤火虫，用自己的点点萤火之光在新教育广袤的大地上踌躇爬行，耘耕自己幸福教育的麦田，照亮幸福家园，播撒新教育的人文之爱，助燃新教育的人文之火。

一本教育经典耕犁教育贫瘠之地

将近六年的新教育生活，让我品尝到了幸福教育的甜蜜，每天行走在暖暖的爱河里，我怎能不欢畅？六年的新教育生活，让我重新审视了教师职业，转变了师生的角色，美好情感的河流环抱着我和孩子们，我们怎么能不亲密？六年的新教育生活，粗糙木讷的我学会了情感细腻的表达，培植了我的教育幸福之树，我怎能不幸福？……同事们开玩笑地说：每天都有什么开心的事，总是笑哈哈的。是呀，每天都幸福地教书，在校园里聆听幸福的乐音，在幸福的泉眼中浸泡着，笑容就会情不自禁地挂在脸上，幸福就会永驻心窝。

2018年寒假，学校群里发了《新网师招生简章》。我轻触点开，才知道新网师是新教育网络师范学院，在这里聚集着爱读书、在新教育里默默奉献的一群人。我抱着试试看的心理提交了自己的阅读史（不算阅读史，只能算是学习的经历罢了，因为自己没有阅读过一本教育经典著作)，在漫长的等待中迎来了自己的学号：198095。我再次回到了学生时代。我不知道自己能坚持多久，但我知道在学习的路上，会遇到更多"尺码相同"的伙伴，有伴相依相守，幸福就会相随。

第一个学期，我选学李镇西老师的《教育与写作》。根据课程要求，我买来了《爱心与教育》《教育为谁》《幸福比优秀更重要》等书籍。当手捧着李老师的著作深夜阅读时，我被他的教育情怀触动，才知道教育艺术需要教师精心雕刻与研磨。回想自己混沌的教育教学经历，我真是无地自容。落后不可怕，可怕的是不知道自己前进的方向。

跟着李老师学写作，我也用拙劣的文字记录了自己的教育生活。在投稿之后，我纠结的心悬挂着。当我翻阅新网师公众号看到自己的文章时，立刻从床上蹦了起来，用力地拍打着身边的老公：我的文章发表啦，我的文章发表啦。老公无奈地瞅着我：都奔五的人了，怎么像个孩子。也许是自己过于贪心，想要更多的文章发表，于是我战胜了懒惰，在公众号上发表了10篇文章，周刊上发表了13篇。

在暑假里，我参加了新教育种子教师研训营。在研训营中，我见到了仰慕已久的童喜喜老师、蓝枚老师、飓风大姐等。有了他们的鼓励，我坚定了自己的学习之旅。在假期里，我在公众号上发表了五篇文章。

带着第一学期学习的喜悦，我在第二学期选修了郝老师的解读教育经典《静悄悄的革命——课堂改变，学校就会改变》。教育教学理论的不足是自己最大的短板。为了更好逼迫自己走出舒适区，我毅然选择耕犁自己的贫瘠荒芜之地。没有想到，教育经典的解读竟然成了我的"英雄"旅途。四次授课，四次心智的历练。想要站得高，攀登上金字塔的塔尖，不经过刮骨疗伤的"痛彻心扉"，如何实现自我成长，成为一个新的自我！当我在第二次授课记录上看到自己的一句话被留用，一下子看到了学习的曙光，按捺不住满心的喜悦。我知道在教育经典解读课程中汇集了很多教育高手，而我只不过是一个名不见经传的后辈。面对强大的学习团队，我并没有退缩，而是砥砺前行。在这学期的学习过程中，我在新网师公众号上发表了11篇文章，12篇周报。虽然我没有雄鹰强健的双翅，但我有蜗牛的坚韧、耐力，终会攀爬上金字塔的塔尖。我相信，我坚持，我努力，期待自己如英雄般回归！

新教育，开启了我教育的新生命，让师生的生命有了幸福的温度；新教育，启智了我教育的新思想，让师生的生命提升了爱的指数；新教育，温暖了我教育的余生时光，让我的教育生命美好如初……

新教育，一条幸福暖暖的教育生命之河，我愿撩拨微微涟漪，捧着闪亮的水滴，让自己的教育生命闪闪发亮，照亮自己的教育人生！

河北省承德市隆化县汤头沟镇中心小学　张建弟

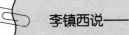

李镇西说——

即使不做新教育，张建弟老师也很优秀——尽心尽责，教学成绩优秀，自己因此小有名气。但这"优秀"太单薄了，是新教育赋予她的"优秀"更丰厚的内涵：拓展学生视野，丰富班级生活，诗化寻常日子，点亮未来理想……从某种意义上讲，新教育就是把教育做"厚"——让学生和教师不仅仅有一个好的成绩，更拥有充实的精神世界和幸福的人生旅程。

永远憧憬明天

我是个天生喜欢做老师的人。小时候和小伙伴玩游戏，我做小老师，他们做学生。我最大的幸运，就是选择了自己喜欢的工作。

在教育理念上，我推崇比较感性的那类。我最感兴趣、最自觉阅读、自觉实践的理论，目前只有朱永新老师倡导的新教育实验。特别是在2013年7月和8月，我分别在萧山和海门连续倾听朱永新老师的两次报告，更是深深迷上了新教育。我阅读了几乎所有关于新教育的书籍，深入研究缔造完美教室、研发卓越课程、推进每月一事、构筑理想课堂、建设数码社区、家校合作共育等等。在新教育理念的引领下，我找到了我想要的理想的教育状态，找到了做一名教师的真正价值。

艺术家陈丹青曾言："艺术家是天生的，学者也是天生的。'天生'的意思，不是指所谓'天才'，而是指他实在非要做这件事情，什么也拦他不住，于是一路做下来，成为他想要成为的那种人。"

我特别赞同这个观点。在我看来，做老师也是天生的，我不是什么出色的人物，我只是对于每件小事情、大事情都"非那样做"，于是才让我变成我今天的模样。

下面仔细讲讲我与新教育的故事！

相遇前

与新教育相遇前的每一个日子里，我都一个人"折腾"着，这不断的"折腾"居然让我慢慢成长为与新教育"尺码相同"的人！

1995年8月，我在国强中学开始了工作之旅。

那是一所较为偏远的乡下初中，教育教学任务相对轻松，我有些担心自己"迷上"乡下比较安逸的生活，于是开始了一个人的"折腾"。

报考南京师范大学社会自考，其实根本不用那么较劲，教师内部自考要容易很多；参加论文大赛、优课评比大赛，执教全市英语阅读公开课，也不担心做不好丢脸，毫无压力尽情发挥；做班主任，班里很多留守学生，为他们学烧菜做饭……

这七年里，我体验各种教育教学方式，感受不同的教育效果，这应该是很多市区学校老师无法享受到的自由。这七年，因为"非要做这件事情"，才没有偏离内心的朝向。

如果给这个阶段取个名字的话，应该是"激情燃烧的岁月"。如果没有这段岁月，也许我也不会珍惜后来的每一个学习的机会，我也不会对遇到的问题保持自己独有的敏感和思考。这段日子，给了我的教育以个性和敏锐。

2002年8月，我开始了在海南中学的教育工作。

因为我有做班主任的经验，学校就把前任班主任管理不好的初二（1）班交给了我。那真是个让我忍无可忍的班级——打架、斗殴、敲诈、偷窃等等，老师上课有一半的时间都在"骂人"。

我该怎么办？那时候的我像遇到危险的刺猬一样，根根刺都竖了起来。我软硬兼施。软，我为偷钱的孩子还钱，把没父母的孩子带回家；硬，我把那些犯了严重错误的学生置于全班面前公开用拖把打屁股（这放在现在可是严重违规，但我认为必须这么做，否则这些孩子真会犯罪）。这样过了两年，这批孩子都顺利考上了高中，没有任何一个孩子被毁掉。但对于我个人而言，这已经完全背离了最初的美好，我既像一个保姆，又像一个凶妇，我很讨厌那时候的自己。

我特别期待接下来的班级情况能好些，但事实上还是有很多问题困扰着我，部分学生的家庭问题也消耗着我的心力。让我最受打击的是 2007 年，这年班上的一个女孩（现在我们已经是好朋友了）离家出走了几天。她是从家里出走的，应该和我关系不大，但我不知道为什么内心对自己很不满意、对学生和家长也有非常多的负面情绪，这让我一点也感觉不到做老师的乐趣。

在这痛苦不堪的五年里，班级的成绩依然数一数二，特别是我带的英语学科的成绩一直是学校第一。这五年里，因为"非把这些孩子带好"的信念支撑着我，我没有放弃任何一个学生。

如果要给这个阶段取个名字的话，那一定是"黑暗中迷茫前行"。这段时间，我不知道自己该往哪里去，怎么办？这段时光在我的内心画下了一个大大的问号。

2007年暑假，因为所教班级英语成绩出色，学校把南通市骨干教师去马来西亚培训的机会安排给了我。

50多天的学习生活，让我更清晰地看到了自己的问题。

我们参观了当地两所国际小学，迎接我们的是孩子们灿烂的笑脸。走进校园，孩子们正在上音乐课、活动课、阅读课、科学课……小书橱遍布校园的每个角落。墙面上贴了很多很生活式的图片，而不是我们那种口号式的标语。原来，丰富的课程才能造就适合孩子的教育生活。

一所国际学校的校长亲自接待了我们。最后，他希望我们提问，但我们没有提出什么问题，他有些失望。这件事一直深深印在我的脑海里。原来，我缺少思考问题、表达自我的意识和能力。

……

这些经历和思考，都记录在我的一篇随笔《我的课堂缺些什么》中。

我不由得想起了乔布斯说的一句话："因为我内心一直在寻找纠正错误的

机会……"这时候的我，对自身的问题似乎有了点感觉，但没有很坚定的立场，说："对，就是它了！"

2007年9月，我又开始了一个人的"折腾"，根据自己从马来西亚50多天培训中得到的模模糊糊的对教育教学的感悟，我开始了一个人的"改革"。

我建设班级书橱（其实当时也就是一个鞋柜而已），订了包括《读者》在内的11本杂志；建设了班级电影院，我很喜欢看电影，我觉得经典电影可以给孩子很多深刻的启迪；把班会课改成展示课，强调所有课程正常开展，不得占用；积极开展各种活动，丰富孩子们的生活。英语课堂方面，奖励提问和质疑，杜绝满堂灌，鼓励学生探究、发现和创造。结合教材，鼓励学生大胆进行诗歌创作、时装秀表演、对话表演、英语演讲等等，让英语真正成为学生喜欢的学科，这也大大增加了我作为班主任的个人魅力。

三年的坚守，给了我难以想象的回报。我不再被问题追着赶着了。班级中仍有不喜欢学习的孩子、家庭特殊的孩子，但他们能在班会课或其他方面找到自信。教室是他们喜欢的地方，这里有活动、有好书、有电影、有朋友。从那年开始，我的班级才真正意义上没有了"差生"。那届学生的中考成绩体育全体满分（全市仅我们班）、文化课总均分全市第一。

新的问题又来了，学生为什么会有这样我无法想象的优异学业？为什么他们会如此热爱学习？这到底是怎样的一股力量促使他们如此积极地成长？我的内心又产生了困惑。

如果给这三年取个名字的话，那就是"静悄悄的自我改变"。用"静悄悄"这个词，因为它的确是我一个人安安静静地在改变着自我、改变着学生，只是那时，我不知道为什么会有这些改变。

相遇后

命运的转折点，是2010年9月！因为班级成绩出色，学校安排我负责政教班级建设工作。正好海门教育正在推进新教育，而我负责这一板块。我学习的第一本书，就是朱永新老师的《我的教育理想》。

朱老师说："一个理想的教师，他应该是个天生不安分、会做梦的教师。教育的每一天都是新的，每一天的内涵与主题都不同，只有具有强烈的冲动、愿望、使命感、责任感，才能够提出问题，才会自找'麻烦'，也才能拥有诗意的教育生活。写诗是要灵感、悟性和冲动的，真正的教育家也应具备这样的品格，永远憧憬明天。冲动停止，教育就会终结。"

毫不夸张地说，我感觉我就是那个理想的教师。相遇新教育，就如同一位志同道合的朋友向我迎面走来，它很睿智地帮我回答了这么多年积压在我内心的困惑和思考。

我要大胆好好折腾一番了！

2011—2012年，这短短的两年里，我的教师生活发生着质的改变。

2011年11月，海门举办了全国新教育开放周，我带领奇迹树班第一次登台展示。

现在还记得我和校长的一段对话——

我：班级怎么在舞台上展示？

校长：你把班级故事写成剧本吧。

我：我怎么写？

校长：你怎么做就怎么写。

这一个月里，我第一次充满激情地创作班级剧本《成长·奇迹》。我不是语文老师，不擅长写作，所以为了写好剧本几乎每天十二点后才能休息，很多时候还为一个新想法、新发现而激动得失眠。这一个月里，我第一次充满自信地带着学生在舞台上展示。跟着音乐老师走舞台步、学舞台表演，无论台下的人们笑得有多夸张，我都当作是对我们的点赞鼓励！这一个月里，我和学生们一起编写了班级剧本《成长·奇迹》，印了 5000 份，后又加印，我也在年会上分享给了新教育同仁。当看到他们称赞我们的班级剧本时，我内心的快乐无法用言语表达，一切疲惫都在这样的快乐中烟消云散。

奇迹树班第一次全国新教育班级故事的展示得到了同行们的点赞，我又一次惊讶地发现我居然有如此潜力！

2012 年 11 月，奇迹树班连续两次在全国开放周展示，有了第二本记录班级故事的杂志《成长·奇迹——成长的信仰》。但这段时光对于我来说又是那么艰难。连续两次舞台展示，白天还要兼顾两个班上课，我晚上只能熬夜，过度的体力支出，使得我在第一次展示结束后嗓子哑了。那天夜晚，我和丈夫深夜找药店，好不容易有一家营业的，买了一瓶黄氏响声丸，一晚上就这么全部吞了，但喉咙仍是哑的。第二天在很多人的帮助下，勉强完成了第二次展示。全力付出后，结果并不如自己期待得那么好，内心的失落感留了很久很久……

不得不说，在这个过程中，如果没有团队的鼎力相助，没有一种莫名的力量支撑着，我很难一直走下去。每个前进的脚步里，都凝聚着自己的心血以及很多人的无私援助。

如果要给这两年取个名字的话，那一定是"艰苦奋斗的日子"。听新教育报告时的激情转化为实际的行动，其中付出的辛苦不是一般的老师所能承受的。

在后来的几年里，奇迹树班一直在新教育舞台上进行展示，展示缔造完美教室、班级卓越课程、教师成长故事、每月一事……

另一个转折点是 2015 年 1 月，我非常幸运地被推荐作为初中代表参加了在北京师范大学举办的全国新教育缔造完美教室叙事研讨会。我现在还非常清晰地记得整件事情的过程。

接到许卫国主任的电话时，我在去南通的路上。许主任让我给他发一份演讲的文字稿，我当时就蒙了，我没有文字稿。他让我立刻写。我正好带了电脑，便在车上开始写了起来。当从南通回到海门时，顺利写完，立刻发给了许主任。

没过几天，就接到了童喜喜老师给我的修改建议。她是多么认真啊，帮助我把每一句话都进行了修改（我至今还保留着）。接着就是去苏州演讲，由朱永新老师、童喜喜老师把关。

我现在还在惭愧，不知道为什么，我居然没能完成讲述。那天，我人生第一次感到如此羞愧，不可原谅的羞愧！那么好的机会，居然让自己给搞砸了。回到海门后，我就断了参加研讨会的念头，慢慢消化内心的失落。

第二天，我接到许新海局长的通知，让我去教育局。我已经做好了接受批评的准备。许局让我重新演讲，并组织了许主任和其他几个主任一起听。我现在还记得演讲完后许局的原话：殷卫娟讲的新教育就是真正的新教育，是最接地气的新教育！或许许局也没有意识到，这句话对当时已经失去信心的我是多么重要，它到现在仍一直伴随我、鼓励着我不断前行。

接着，许卫国主任带着我和高波老师去了北京。在北京每天练习演讲、每天修改讲稿、每天都面临着被淘汰的压力。那时候，有陈院、童喜喜老师、蓝玫老师等指点把关。许主任每天给我们讲新教育理念，我也是第一次如此深刻、系统地学习新教育，一个个理念被联系起来、被打通、被理清……我每天都在更新、升级！

当最后一天演讲的时候，我非常自信，脱稿演讲！窦桂梅老师的点评"我没有想到英语老师也能把故事讲得那么好"让我忍不住就在会场上笑出声来；朱永新老师会后表扬了我，给我签了名并写了祝福；我还和童喜喜老师合了影。他们的肯定，弥补了我在苏州演讲时内心深深的缺憾和歉意。

如果给这段经历取个名字，那一定是"无法忘记的感动"。这短短的十几天时间，给了我行走在新教育路上永恒的方向和动力。新教育的一行引路人，用实际行动向我诠释了"己立立人、己达达人"的内涵。

2010年到2018年，在学习实践新教育将近八年的时间中，很多苦恼困惑豁然开朗，很多问题也慢慢找到了答案，我从一个人的"折腾"，变成了和一群人共同前行……许新海局长、王领琴主任、吴勇主任、许卫国主任、李冰主任等海门新教育引路人，给了我一个又一个展示舞台，他们是我成长中的坚强后盾。

每次演讲中的肯定与鼓励、每次演讲后的点评修改，都化为一个个成长的印痕。

这八年里，我完全改变了自己的行走方式。全国新教育十佳教室称号、全国新教育十大榜样教师称号、南通市英语优课评比第一名、江苏省优课评比一等奖、南通市英语学科带头人……，在新教育理念的引领下，我缓慢而又坚定地跨越过一个又一个难题。

这八年里，我已经记不清走了多少地方、做了多少次"奇迹树教室里的故事"的报告、写了多少文字、认识了多少新教育同仁……，我越来越清晰地看到教育原本该有的模样。

如果说给这八年的时间取个名字的话，用新教育的话讲，就是"朝向明亮那方"。但我，仍是那个不安分、爱做梦的老师，我还想继续"折腾"……

2018年9月，我辞去公职，来到了南京明道中学——一所全新的私立学校，我很想看看自己能不能在一个全新的地方开出新教育的花儿来。

我仍坚持新教育的缔造完美教室，仍坚持写作，把每天的思考和行动记录下来……

大城市的家长对于孩子的考试成绩近乎疯狂地看重，这让我觉得新教育或许是治疗"城市功利教育"绝好的良药。

在张建波校长的建议下，我开设了班级公众号"奇迹树班的故事"，希望通过我们的力量让更多的孩子、家长、老师一起传递新教育的正能量，让更多的孩子获得"身心灵"健康成长。慢慢地，我们的教室由 33 个孩子扩展到了 1000 多人（关注公众号的家长），奇迹树教室有了自己更神圣的教育使命，"己立立人、己达达人"成了我们的班级公约……

忘记了是哪个晚自习，几个人在办公室和张校长聊关于教育的事情。聊到了新教育缔造完美教室，我仍然记得当时的对话——

我：张校，我们也加入新教育吧！

张校：好的，你去联系！

我：真的？

张校：当然，我也一直在学习新教育啊！

太高兴了！百合班、奇迹树班，让张校看到了新教育的魅力。事不宜迟，我立刻联系了陈院。我很清晰地记得，陈院说："感谢殷老师，欢迎加入新教育！"

那天晚上，我几乎没有怎么睡着。生活，似乎一切都是安排好的，无论是在黑暗中徘徊，还是朝向明亮那方。行动，一定会有收获；坚持，就会有奇迹。

2019 年 7 月，姜堰，我重返新教育年会，明道中学正式加入新教育。或许对于他人来说，这只是一次年会，但对我而言，意义非同一般，它让我相信了一点：这世界不会辜负一个心怀美好的灵魂。

年会第一天，我重新遇见了很多人……曾给予我很多帮助的引领者，虽短短的几句寒暄，但让我离开一年多不安的心安静下来了，感觉踏实了。

年会第二天，我遇见了朱永新老师。他从我面前经过时，我喊了一声朱老师，朱老师和我握了手，说："你也来了，殷卫娟老师！"朱永新老师一下子喊出了我的名字，让我很是温暖感动。

当我又一次站在台上，接过陈院颁发给我的新教育牌子时，内心很感慨：如果真正热爱，就永远不会离开，我始终与新教育同在同行！

如果给这一年取个名字的话，那就是"继续朝向明亮那方"。

再出发

2019 年 9 月，我又开始了在我擅长的领域耕耘：承担学生成长中心主任工作。明道教育的核心理念是"仁爱科学"，这也是当初吸引我的主要原因。它的教育主张与新教育的理念完全吻合。

在张校的引领支持下，"明道中学缔造完美教室共同体"启动了，"明道中学缔造完美教室、研发明道学子成长力课程"课题研究开始了，第一个卓越课程"明道中学生活课程"开始推进了……

明道1802奇迹树班的班级卓越课程研发仍在不断继续，"班级演讲""暑期生活小屋"……

或许，因为明道，因为我，因为明道有这么一群有追求的老师，新教育会在南京这个地方走得更远更深入……改变越来越多的孩子、越来越多的老师、越来越多的家长、越来越多的家庭……

我的内心啊，永远憧憬着明天，一个更美好的明天！

江苏省南京市明道中学　殷卫娟

李镇西说——

　　殷老师是在从事教育，也是在编织故事，不过这个故事首先不是"写"在纸上的，而是"活"在她每天的教育过程中。或者说，她把自己的教育人生当作一个故事来演绎，自己既是编剧，又是导演，还是主演，主题是"新教育和人的幸福"。

让生命怒放

别忘了答应自己要做的事情，也别忘了自己要去的地方。无论那有多难，有多远。

——题记

镇西茶馆，自由灵魂的深度引领

2018 年 5 月，我在浏览李镇西老师的"镇西茶馆"时，无意中发现了新教育实验网络师范学院招生的消息。新网师寻找并欢迎所有与新教育"尺码相同"的人。我们的"尺码"是：真正热爱学习，真正热爱教育，真正热爱生命。它犹如一声惊雷，惊醒了迷茫中的我。从此，我梦想的天空开始变得清澈，一潭近乎死寂的心水重新泛起希望的涟漪。

茨威格曾说过："一个人生命中最大的幸运，莫过于在他的人生中途，即在他年富力强的时候发现了自己的使命。"我虽然没有在年富力强的年纪遇到新教育，但我依然是幸运的。我的幸运在于，在教育生涯的末期终于发现教育竟然可以如此美丽。在新教育的路上，我的心永远年轻。正是因为结缘新网师，启发我对人生有了更深入的思考，让我的人生轨迹在知天命的年纪发生根本性的转变。孔子说："朝闻道，夕死可矣。"我想说，遇到新教育，什么时间都不算晚。新教育，前半程，我们无缘相聚，后半生，我们将不离不弃。

2016 年，一场突如其来的病痛和手术，曾让我感受到和死神擦肩而过的惊恐，也让我对生命有了一次刻骨铭心的顿悟。冯友兰在论佛教的顿悟时曾说："按照佛教的看法，人的修行，无论多久，就其性质说，都只是心灵的准备。要想成佛，必须顿悟，这是一个类似跳过悬崖的内心经验。禅师们用一个比喻说，'如桶底子脱'，当桶底忽然脱落时，桶里的东西，在刹那间都掉了出去。人在参禅的过程当中，到一个时候，心里的种种负担会像忽然没有了，各种问题都自行解决了。"我想，新教育对我人生的顿悟，也大抵如此吧。

从 1984 年参加工作到现在，算起来已经有 36 年了。回想这 30 多年的教学经历，自己一直处于一种懵懂的状态。36 年，说长不长，说短不短。我甚至曾无数次天真地设想，退休以后的日子该怎么过。后来，当我读到《岁月凶猛》一书时，冯仑的一句话给我留下深刻印象："人离金钱越近，那么财富离他就越远。"其实工作学习也是一样的。如果我们单纯为了得到什么而去努力，往往事与愿违。为什么在 50 多岁的年纪，还要加入新网师学习，很多人都会问这样一个问题。我想在新网师的学习中，寻找到教育的真谛，完成后半生的人生规划，让生命在夕阳中发出微弱的光，为自己并不完美的教育生涯，画一个相对圆满的句号。

2018 年 5 月，我组织学校老师成立了"苏霍姆林斯基学习小组"一起学习《给教师的建议》，并在此基础上成立了教师专业成长社区——心流俱乐部，定期开展读书活动。我还积极参加县电视台《朗读者》节目录制，参加德州市阅读训练营，为全民阅读推广作自己的微薄努力。

在学校里，我主动承担了家校共建和文学社的复刊工作。我协同学校其他科室组织了十场家校共建讲座，全部是利用晚自习时间完成。学校三个年级的所有学生家长全部参加了轮训。目前，我正计划开设家长空中课堂，利用微信群，普及家庭教育知识，引导家长亲子共读。

我们学校文学社已停刊六年之久。我自己注册了公众号，向青年教师学习编辑技巧，然后我自己选稿、改稿、编辑完成后发送分享到每一个教师、家长群。在知天命的年龄，下决心独立完成公众号的编辑，对我来说，是 2018 年最大的进步和成就。有人说，无论是身体还是心灵，总要有一样在路上。我有一颗不老的心，我愿，永远在追求新知的路上行走。每天读书或在电脑前编辑稿件，是我感觉最幸福的时光。可以说，这半年是我教育生涯最充实、最快乐的时光。

2019年1月，我加入了童喜喜说写团队，获取了"说写点评师"的资格，我现在正在童喜喜说写团队中担任义工导师。我为种子班写了一首班歌：我是一颗神奇的种子/不要看我小/我的梦想大/沐浴在生活说写的阳光下/你说快快发芽/我说快快长大/长出最绿的叶/开出最美的花。每天看到孩子们在自己的鼓励下开始爱上说写，爱上写作，也是一件非常快乐的事。

因为身体原因，我无法在一线上课。我选择担任班主任志愿者，主要是协助班主任参与班级管理，做一些力所能及的辅助工作。虽然没有报酬，但工作乐趣却是常人不能体会到的。5月6日，一次普通的班会，让我记忆犹新。在班会上，我引导学生做了一个感恩的小游戏"日行一善"，让每个学生说出自己为班里做的好事或好的表现，然后，全班同学一起说谢谢你。在班会上，我惊喜地看到，就连班里从来没有大声发言的同学都能站起来说出自己一个好的表现，享受全班同学的掌声和谢谢。最后，我还布置了一个家庭作业，就是回家向爸爸妈妈说一声：谢谢，我爱你。我想，人间最值得拥有和珍惜的还是亲情。这些孩子们大部分是人生中第一次享受这么热烈的掌声和来自全班同学的谢谢，看到同学们一个个激动的眼神，我也深深被他们的热情感染。学生们确实需要在班级里有存在感、认同感，只有在这样的氛围中，学生才会一点点树立起自信心，并逐渐找到学习的幸福感。而在同孩子们在一起的日子里，也让我的心变得年轻、透明，富有朝气。

2019年9月，我担任学校"红烛读写社"和"新父母读书会"两个读书会的主讲人，还组建了"追随杜威"教师共读部落，成员遍布全国各地。读书让我重新体味人生的幸福，而新教育让我重新找到久违的教育幸福，让我聆听到生命拔节的声音。

认识自卑，完成认知赶超

平平淡淡中，终于完成了第一学期《教育中的积极心理学》的学习。没有期待中的优秀。2019年上半年，我选修了李镇西老师的"教育写作"和郝晓东老师的"教育学经典解读"，开始了魔鬼式学习。

3月11日，我终于看到了自己的预习作业成绩，竟然只有50分。我的心一下子就凉到了极点。这是我无论如何都不能接受的成绩，这意味着我的第一次作业是不及格的。我问自己，你到底有没有能力完成这门功课的学习任务，我甚至有点怀疑自己的选择。我第一次感觉到自卑。我开始正视学习上的短板，同时暗下决心，既然自己抱着学习的态度选择了新网师，就一定要坚持走下去，决不言弃。

正当我沉浸在自卑情绪中不能自已时，一个喜讯从天而。3月13日，"2018新网师生命叙事十佳评选"揭晓，我居然名列其中。这是我加入新网师以来最激动人心的时刻。晚上，隔着屏幕收听了郝院长的第一次授课，感悟很深。实事求是地讲，怀特海的书非常难懂，即使在懵懂中交上作业，但自己始终没有真正领悟一二。翟组长详细讲解了预习作业的情况，同时也介绍了作业正确的解读方法，让我对以后作业的完成提高了信心。郝院长对教育目的的解读通俗易懂，让我们对教育目的、教育智慧、知识观、课程观有了全新的理解。郝院长提醒我们，生命叙事不仅仅是对过去岁月的解读，更要带有批判的思想，反思已经走过的人生，不断修正前行的路。

3月22日，我终于下决心提交第二次作业。因为周六一早要赴日照学习，所以提前交作业可以防止拖延，还可以防止漏交作业。但好事多磨。3月27日上午，在日照会场，我突然看到作业"退回重做"的消息。截止时间虽推迟到12点31分，但等我赶回宾馆才发现，U盘上没有备份作业。本想自己内文的编辑严格按照要求做，但在文件命名这一细节上还是疏忽了！于是，赶紧找人打开自己办公室的电脑，把作业传过来，用手提电脑编辑好，重新上交。下午，会议期间，又看了下进展，成绩居然出来了。虽然成绩仍不太理想，但努力过后的收获还是让我有了些许的安慰。这之后的三次作业我全部达到了优秀。学期结束，"教育写作"和"教育学经典解读"两门功课我均以优秀的成绩完美收官。

要想成为真正的自己，一是要真正沉下心来读书，蜻蜓点水的浅阅读只能收获表面肤浅的认识，永远无法达到卓越的顶峰；二是要认真啃读，钻研文本。

要想真正获取真知，必须下功夫。没有不厌其烦的啃读，没有透彻心扉的思考，就很难有真正的自醒，也永远无法成为真正的自己。

面对遭遇，完成人生蜕变

2018年相遇新网师，是我人生中最大的成长。这种成长，打破了自己原来固有的惰性，让我重新开始认识自己，加速了自我成长。这是新教育带给我人生的大彻大悟。而2019年4月，主动卷入新网师附属学校项目的建设，则是我的新教育人生的又一次大胆尝试。附属学校项目的开展，为我的成长开拓了另一个空间。

2019年4月1日，时光在读书中静静地流淌。15时03分，"优秀生命叙事群"的郝晓东老师发来信息：新网师招募附属学校项目负责人。我心一动，当即表态：我可以。随后手机端传来郝老师熟悉的声音，这声音只有听郝老师讲课时才能享受到。熟悉的声音，今天听起来格外激动、亲切。郝老师详细讲述了新网师附属学校项目建立的初衷和想法。这之后的几天，新网师重磅推出《新教育实验网络师范学院招募附属学校的公告》《新网师专家库征集优秀学员的公告》，引起全国各地中小学校、新教育教师的关注。能亲身参与新教育，并为新教育作出自己的微薄贡献，虽累点忙点，但心里总是甜甜的。

2019年5月，我勇敢迈出作讲座的第一步。作为一名有30多年教龄的老教师，除了年轻时参加过几次演讲外，真正登台的机会还真的不算多。2019年3月，我接受学校教研室冯蕾主任的邀请加入学校的"博雅讲师团"，成为讲师团的一员。对于我来说，一是拥有难得的学习锤炼机会，二是可以借此机会推广一下自己掌握的新教育理念。一举两得，何乐而不为呢。我开始积极准备。5月23日，我终于战胜自我，走上学校的博雅讲堂，向全校教师介绍了自己参加新网师学习的经历和写作体会。这是2016年大手术后第一次长时间讲话，我坚持站着完成了一个多小时的演讲。虽然有些紧张甚至忙乱，身体也有些不适，讲座完成时，双脚已不听使唤，但我坚持努力慢慢地走下讲台，向鼓掌的老师们致以谢意。

5月31日，人生第一次踏上太原的土地。用"晋善晋美"已无法形容自己的感受。六个小时长途跋涉的疲惫，从下车进入行知宏中学校报到的一瞬间烟消云散了。6月1日，在山西太原新网师首届高研班上，我进行了15分钟的闪电演讲。虽然只有短短的15分钟，却是人生最难忘的15分钟。我给自己定下的"争取让人生最珍贵的15分钟分分精彩，不负众望"的目标，终于成为现实。

6月28日，在济南匆匆做完身体复查后，应德州太阳城中学执行校长陈海祥邀请，我第一次以"专家"的身份，为太阳城中学教师进行了一个小时的讲座，为新网师造势。两天的身体复查，时间紧，而且大部分时间是在医院的长椅上等待检查。为了度过漫长的等待检查时间，我第一次尝试用看书消磨时间，效果居然不错。去德州演讲的稿子也是利用在济南检查的碎片化时间准备的。这是我第一次走出校门，为新教育"布道"。虽然连续两天的复查，身体有些疲惫，但有新网师使命的召唤，任务完成得还算顺利。

其实，自从2016年腰部做完手术后，每年复查都是安排在暑假进行，一是我和儿子都不用请假，二是时间相对宽松。今年复查时间的提前，源自一场"意外的惊吓"。

生命中总有一些意外的遭遇，让人猝不及防。命运弄人，但我们却不得不面对。年轻的时候，一次次读《假如给我三天光明》，却始终读不出其中的深意。2019年6月19日晚到20日中午，惊魂的13个小时让我对海伦的遭遇有了真正的理解，对人生又有了新的顿悟。

19日晚7点，一个平常的日子，我早早吃完饭，打开手机里的学习通APP，先顺利地签到，然后再静静地等待这个学期李镇西老师的最后一次授课。然而这次听课过程中出现了一些意外——9点半左右，正当我认真收听讲座时，我忽然听不到手机里李镇西老师的声音了！一种不祥的感觉涌上心头，我的双耳居然失聪了。

对于双耳失聪，2016年那场刻骨铭心的手术后，曾经发生过一次。那一次耳朵虽然没有完全失聪，但也持续了一个多月。还好，发生在养病期间，天天有人伺候，耳朵失聪，并没有太影响我的生活。而这一次，我是真真切切地感受到，听不到外界的声音了。况且，爱人、孩子都不在身边。我活动了一下四肢，感觉没问题，然后，试着慢慢走路，依然没有任何问题。我很快放弃了马上到医院急诊的念头。转而想，既然耳朵无法听李镇西老师的讲座了，那么干脆就写篇文章吧，于是，我在特别寂静的环境中，写了关于对附属学校工作第一次观察与思考的文章《行动是感动最好的诠释》。这恐怕是我最难忘的一次写作经历了。期间，我居然还就教育年会的问题和郭良锁老师进行了微信交流。不知道手机那边的郭老师有没有发现什么异常？现在回想起来，真的是一种非常奇妙的经历。利用难得的"清静时光"，我很快在电脑上完成了文稿的写作。因为在潍坊返德州的路上，我早已把文章的写作提纲记录在手机上，甚至连最终的题目也是在车上拟定好的，没有任何的改动，所以这次写作非常顺利。仔细校对完稿件之后，我便宽慰自己休息，准备第二天到县医院去做一次认真的检查。

第二天的检查可谓一波三折，先是县医院耳鼻喉科居然关闭了，后辗转到中医院，又碰上医生没有上班。在苦苦等待了近三个多小时以后，检查的结果却让我哭笑不得。从第一天夜里9点到第二天的中午，将近13个小时，让我一直惊恐万分的大病，竟然是耳朵堵了。耳朵里的污物很快被医生清理干净，我也终于恢复了听力。命运在危急时刻，再次给我开了一个大大的玩笑。好在，悲剧终究没有上演，现在看来，倒越来越像是一场喜剧。我在想，耳朵里的污秽，日积月累居然能够造成双耳失聪这样非常严重的后果，而我们的心灵，是不是也应该时常清扫一下呢？

8月27日，在济南遥强机场，我登上赴哈尔滨的飞机。此行的目的地是黑龙江省尚志市希望小学。这是我人生中第一次作为新网师附属学校项目组专家外出讲学。

尚志之行，对我来说是第一次真正意义上的讲学。我对这次讲学的讲稿、课件进行了多次打磨，尤其是对课件的准备可谓历经艰辛。最后，还是在儿子的帮助、指导下才最终完成PPT的制作。特别庆幸的是，正因为有了逼自己一把的磨砺，我PPT的制作能力居然有了一些进步。

27日下午到达尚志，晚上，我和同行的顾舟群老师在校长于红澎的陪同下，首先和尚志的部分教师进行了座谈交流。8月28日，讲座正式开始，虽然学校的礼堂还没有装修完毕，但老师们早早来到学校，整理会场。在尚志的讲座，是我见到过的最好的培训现场。一是人数全，几乎是座无虚席，二是每个人都在认真听，认真记，认真思考。这从下午的现场交流中老师们踊跃地提出问题、热烈地讨论就可以看出来。我是第一次在这么多人面前讲述新教育，言说我自己的教育故事，我努力地想把所有能量都释放出来，这样才能不负期望。

终于，轮到重量级专家亮相了。顾舟群老师，这位新教育的资深专家，把自己的晨诵、读书绘说和整本书阅读毫无保留地传授给大家，每一个话题都是那么的精彩，每一个话题都深深触动老师们求知若渴的心灵。巧合的是，顾老师开始演讲的时候，窗外传来一阵震耳欲聋的鞭炮声，这不期而至的热烈欢迎，是对顾老师最好的褒奖。我静静地坐在台下，享受着一位普通学员、一个普通学生的求知的幸福。

2019 年上半年在新网师的经历，与其说是学习，不如说是成长。由最初的信心满满地选课，到几次作业受挫；由最初的自卑、对自我的不信任，到最终经过努力一次次地完成自我超越；从应召担任新网师附属学校项目负责人，到帮助附属学校工作慢慢走上正轨；从久未登台，到勇敢走出校门宣讲新教育；从一次突发的失聪，到以强大的内心冷静对待变故，我在一次次自卑中，奋起超越，在一次次遭遇中，完成人生的蜕变。

清单学习，一场静悄悄的学习革命

2019 年 10 月 3 日是我坚持打卡每日学习清单整一个月的日子。有感于对每日学习清单的坚持，我写了《来一场学习清单的革命》这篇文章。写完以后，照例贴在打卡群，并发在自己的公众号上。没想到这篇不起眼的小文章，第一时间得到了诸多学友的关注和转发。更让我感动的是郝院长也在第一时间转发，孙影教授还留言"日拱一卒，是最好的学习"。其实，设计每日学习清单的初衷，仅仅是为了督促自己的学习。因为经过一年多的新网师学习，我已经意识到学习的重要性，同时也发现自己的懒散和随意。多数时候，我还是控制不住自己。虽然表面上是在学习，但心猿意马，想着其他事。对于自己的懒散，让他人监督根本不现实，最好的办法，就是自己管理自己。我想，对于一个成人，自我管理应该还是能够做到的。所以，我想依靠学习清单，把自己一天的学习规范一下。在学习清单中，涵盖了一天的四个阶段：早晨、上午、下午和晚上。其实，时间段没有必要划分那么严格，因为我们每个人每天都有自己的工作，只能抓住最容易支配的时间进行读书学习。

根据黄金三小时法则，用一天中效率最高的时段去完成最重要的工作，可以达到事半功倍的效果。黄金三小时的具体时段可以因人而异，但并不影响作用的发挥。我个人认为，最宝贵的时间首先应该是早晨，其次是晚上。早晨5～8点是人一天中效率最高的三个小时。一日之计在于晨。早晨头脑最清醒，精力最充沛，思维最活跃，注意力最集中，最可贵的是早晨心情最愉悦。很少有人早晨起来就抱怨、生气。在这一时段，学习的效率应该是最高的。可以起到以一当三甚至以一当十的效果。而晚上是写作的黄金期，一方面是汇集一天的思考、反思，另一方面是时间上有很大的可选择性、伸缩性，可长可短。而上午和下午还是以工作为主。周末虽然空闲时间多，但执行的难度往往更大，这可能是最考验我们坚持和定力的时刻。

在读书的过程中，我又发现了一个新问题，就是仅仅靠圈圈画画或者零星地批注，很多知识学习还是不够系统，有些东西看过后就忘记了。这可能与我的记忆力有关。于是，我又尝试设计了阅读记录本。记录本以A4纸为主设计，正反面都可利用。阅读记录本以天为单位，能够详细记录读书的时间、读书的篇目、书的作者，甚至可以标注读书的起止页码、阅读时长。最重要的还是摘录笔记。通过手写笔记，对阅读的思路有一个清晰的记录。这样做最大的好处是方便以后查阅。虽然不能完全做到每天都做笔记，但几天坚持下来，我觉得学习的效果增强了许多。算是一个加强版的学习清单。

河南汝阳的学习结束后，我对杜威已经产生了非常浓厚的兴趣。我想通过这半年时间的努力，多读几本杜威的书。经过几次购买，手头上已有了《我的教育信条》等大大小小十几本书。从7月份汝阳共读到现在，几个月下来，天资愚钝的我感觉自己依然处于懵懂的状态。我承认，学习杜威，啃读杜威的著作并不是一件容易的事。要坚持下来，需要一定的毅力和定力，同时还需要付出相当多的时间和精力。我也一直不断地拷问自己，到底为什么要啃读杜威，自己的阅读动机是什么，啃读杜威后会有哪些提升和改善？这些，恐怕都是我现在无法回答和预测的问题。如果套用杜威所说的"教育无目的"，那么，读书也可以说是无目的的，能够享受读书的过程本身就是快乐的。

恩格斯曾经说过，在很多学术领域，往往进门就是一片布满荆棘的沼泽地，你必须花点力气穿过去，接下来就是平坦的开阔地带。遗憾的是，我现在的感觉是，睿智的杜威一直在远远地看着我，而横亘在中间的，是一望无际的布满荆棘的沼泽地。我期望，在不远的将来，通过自己不懈地努力，一定会看到那片平坦的开阔地带。

日本作家芥川龙之介说："九十九步是一半，剩下的一步是一半。"新网师的学习已经证明，任何好成绩的取得，任何一点进步和提升，都不是轻轻松松、随随便便可以完成和实现的。陶渊明说："勤学如春起之苗，不见其增，日有所长。"未来的新网师学习，我必须付出更为艰巨、更为艰苦的努力才能实现目标。孟子说："有为者辟若掘井，掘井九轫而不及泉，犹为弃井也。"

行百里者半九十。这是一种警示，更是一种激励。让生命在非常态下怒放，做自己生命的主人，越积极投入，自我成长的能力就越快，工作的积极性就越高，能力发展就越全面，生命一旦走入一个积极的自发状态，能力便会全面自然生长，成功便成为自然而然的事情。新网师的榜样教师为我树立了成长的目标，新网师的卓越课程又给予我足够的阳光和水分。只要我坚持不懈地学习，也许不会每天都达到一个新的高度，但当我来到最后十里的冲刺阶段，一定能遇到期待中理想的盛典。

山东省德州市武城县实验中学　马增信

李镇西说——

　　新教育能够点燃人的生命。教龄36年，年近半百，身体重创，耳朵失聪，无法上课，失去讲台……换了一个人，可能就等着退休了，但马增信老师却一次次战胜自己，以自己的方式参与新教育实验。他在挑战自己，也在超越自己，在挑战和超越中，他获得了更加幸福的教育，也赢得了更加丰富多彩的人生。

荒漠甘泉

我为何总是如此不安

> 正当这人生旅程的中途，我从幽暗的林中醒来，我迷失了我正直的道路。
>
> ——但丁《神曲》

2009 年家庭变故之后，我从城市回到乡村，从研究员转为一线教师，在茫然失措的状态中过着茫然失措的生活。阅读、写作、专业成长等，这些曾经温暖我的美丽梦想彻底逃离我的精神空间。那时我明白，我已完全退回到一种物质化的生存状态。

两年后，我幸运地在一次招考中脱颖而出，以全市第一的成绩考进了市区重点中学。在新的起点上，我也想过回到书斋，重拾梦想，构建自己的精神大厦。但是，终究没有抵住现实生活的诱惑，被懒散与懈怠击倒：兼职，买房，装修，重组家庭……这一系列具体事件构成了我的全部生活。

此外，我在教育实践中也遭遇越来越多的困惑。我经常在课堂上跟学生说，今天抛洒汗水是为了将来的幸福人生，未来的时光里你一定会感谢今天拼搏的自己。有一天，在我又一次"售卖鸡汤"的时候，有个名叫欣儿（化名）的调皮的女生站起来说："老师，你总说现在的奋斗是为了将来的幸福，我也能理解。可是，如果通向幸福的过程中都是痛苦，那么，这段路程我为什么一定要经历呢？我没有选择的权利吗……"我一时语塞，接着陷入思考：这个孩子说的难道没有道理吗？为什么她会有这样的思想认识？你从心底相信你所说的全部话语吗？你要求学生去做的，自己做到了吗……

　　我因此对教育领域许多原点性质的问题产生了思考和追问，正如我在新网师"理想课堂高研班"的演讲中所说——

　　我怀着改良教育的美好情怀，为什么常常遭遇的是来自他人的怀疑和一脸不屑？

　　我也学习了一些教育理论，为什么抵挡不住应试教育的"枪林弹雨"以至于"缴械投降"？

　　我见识了各种教学理念、方法、流派，为什么依然不知道理想的教育"风是在哪一个方向吹"？

　　我知道要积极探索教育之"道"，却往往是"晚上想了千条路，早晨起来走原路"，为什么？

　　……

　　困惑敲打着敏感的心灵，我便时常感到不安。我清晰地意识到，一个教师，如果不能突破思想认识上的众多"围栏"，那他必得在教育生命中遭遇更多更大的"围栏"。

　　我想到了新教育。而我所在的区域不是新教育实验区，也没有实验校，于是，我决定加入"新网师"。

在教室里开一朵花

　　一间教室能给孩子们带来什么，取决于教室课桌椅之外的空白处流动着什么。

——雷夫《第56号教室的奇迹》

朱永新老师说："对于中国教育而言，最需要的是行动与建设，只有行动与建设，才是真正深刻而富有颠覆性的批判与重构。"新教育的美好理念必须要在教室里落地生根，开花结果。尽管到今天为止，我还只是新教育的"单干户"，但已开始了系列行动。

弘毅班是我从 2017 年带上来的一个班，共 48 个孩子。自 2018 年秋季学期起，因为我加入新网师学习，便开始尝试实施民主管理：师生共同商量班名，制定班规，推行学生自治，开展"生日课程"等。

拿班规来说，之前我自己制定过 22 条班规。我开玩笑地跟学生说，西点军校有 22 条军规，我们班有 22 条班规。但那些条款，都是我对着电脑独自想出来的，以恫吓和惩罚为主。跟李镇西老师学习了《民主与教育》之后，我修改了其中所有不合情理的条款。至于"生日课程"，则一直是我和学生之间的情感桥梁。我学习李镇西老师的做法，一般会送学生一件小礼物，书、相册、钢笔、笔记本等，有时也为孩子写生日诗。

尽管如此，我时常感到班级缺少凝聚力，因为缺少引领全体学生的"核心价值观"。这个"核心价值观"往往体现在班训上。在传统意义上，班训一般都由班主任依据自己的喜好提出来，从未跟学生商量过。尽管悬挂在教室内，学生依然感到这些"大词"与自己无关，遑论凝心聚力！

于是，我决定做一次调查。班会课上，我在黑板上写了以下词语：

真诚、善良、热情、孝顺、朴实、正直
勤奋、进取、坚韧、刚毅、自信、谦逊
纯洁、高尚、自立、智慧、宽容、严谨

我要求学生从中筛选，投票选出最重要的四个。全班共 48 人参加，收回调查问卷 48 份。统计结果显示，得票最多的是"孝顺"，33 票；其次是"善良"27 票，"真诚"25 票，"正直"25 票，"进取"23 票，"自信"20 票，"谦逊"20 票……"热情"3 票，"高尚"2 票，"纯洁"2 票，"朴实"1 票。

这个调查结果引起了我的思考：首先，排在前四位的没有一个跟读书求学有关，都是为人品性方面的要求；其次，排在第五到第八位的才与读书学习有关。我原先预计"坚韧""刚毅""自立""严谨"等会排在前面，但结果并非如此。

出于做人、学习两方面的考虑，也为了更加顺畅，我把文字整合成了"亲和诚正，勤谨信谦"，将之作为凝聚学生思想认识与精神力量的"核心价值观"。

赞科夫说："课本知识如果没有经过教师情感的加温，那么这种知识传授越多，你的学生将变得越冷漠。"他讲的是学科教学，但完全可以推及到班级的"核心价值观"，如果无视学生的思想和主体精神而从外部"植入"，那么对学生而言，它只是张贴在教室里的空洞口号而已！

创造生命涌动的课堂

只有师生的生命活力在课堂教学中得到有效发挥，才能真正有助于新人的培养和教师的成长，课堂上才有真正的生活。

——叶澜《让课堂焕发出生命活力》

在读到朱永新老师《知识、生活与生命的共鸣》之前，我乐于学习、尝试各种"教学法"，根本不知道"知识这一伟大事物的魅力"为何物。在新教育第十九届年会上，听李庆明博士的哲学课和陈国安博士的文学课，让我真正领略到了新教育所说的"知识的魅力"。在那里，完全没有中小学老师所恪守的"套路"，授课者凭借自己强大的知识背景，将课堂演绎得精彩绝伦！那些天，我的心久久不能平静：这不就是我长久以来渴望的"生命涌动的课堂"吗？

我也在自己的课堂里开始了艰难的"革命"，结果通常是失败多于成功。

前不久，轮到我开设校内公开课。我选的篇目是莫泊桑的小说《我的叔叔于勒》。为了上好这节课，我查阅资料，深入了解莫泊桑的生平、创作思想，参看他人的教学设计。其中，钱理群教授的《〈我的叔叔于勒〉略说》给我很多启示，我也由此了解到这篇课文原来还有一个开头和结尾——

一个白胡子穷老头儿向我们乞讨小钱，我的同伴若瑟夫·达夫朗司竟给了他五法郎的一个银币。我觉得很奇怪，他于是对我说：这个穷汉使我回想起一桩故事，我这就讲给您听。事情是这样的……

……

此后我再也没有见过我父亲的弟弟。以后您还会看见我有时候要拿一个五法郎的银币给要饭的，其缘故就在此。

钱理群说，莫泊桑是一位人道主义作家，《我的叔叔于勒》更多的不是批判，而是同情。于是，我决定把这作为课文教学的落脚点。为此，我做了如下设计——

任务一：读懂一个细节；

任务二：评说一个人物；

任务三：探究一个主题。

课堂上，我努力倾听孩子们的回答，观察他们的反应。孩子们也出乎意料地踊跃，课堂气氛很热烈。特别是有一个孩子，在我出示原文开头和结尾，询问这样写作的好处时，他一下子就说出了"人道关怀"这几个字，使我大为惊喜！

这节课是依据佐藤学的理论，试图构建"学习共同体"的一次尝试，我的课堂叙事《你听，阳光落在地上的声音》写了 7323 字，课后反思写了 1307 字。但我觉得还有许多不足需要在今后进一步在"事上磨"，以实现佐藤学提倡的"活动的、合作的、反思的学习"。

我想，生命涌动的课堂，必然是一种大的智慧，也是一种大的呼吸。

阅读是最好的"补课"

读书使人得到一种优雅和风味，这就是读书的整个目的，而只有抱着这种目的的读书，才可以叫作艺术。

——林语堂《生活的艺术》

"一个人的精神发育史就是他的阅读史。"为了推动孩子们读书，暑期我在班级中成立了"青柠读书会"，学生自愿参加。读书会成立后，我克服重重困难，策划了首期共读活动——和15个孩子一起共读乔斯坦·贾德的《苏菲的世界》。

七天时间里，我们从欧洲古代神话、米雷多斯学派出发，一路上经过希腊三贤、希腊文化时期，穿过犹太—基督教哲学，了解到了文艺复兴、宗教改革，见识了笛卡尔、斯宾诺莎的理性主义哲学以及洛克、休谟、贝克莱的经验主义哲学，迎着狂飙突进的启蒙运动，学习了康德、浪漫主义、黑格尔、祁克果、马克思、达尔文、弗洛伊德以及20世纪的存在主义哲学。

为了深入理解神话和宗教改革，我还向孩子们讲述了世界上最早的神话史诗《吉尔伽美什史诗》和茨威格的《异端的权利》，让孩子们感受到人类童年时期对于世界的理解及想象的神奇与魅力；而卡斯特利奥反对加尔文的史实说明，即使是"异端"也有不可剥夺的权利。

经过学习，孩子们明白了：最早的哲学是对神话的反叛，苏格拉底这个其貌不扬的人最可贵是他的理性，柏拉图始终想要逃离"洞穴"，而亚里士多德则是逻辑学的祖师爷。孩子们明白了，文艺复兴原来就是为了回归古希腊、古罗马的人文传统，而康德又是如何融合了理性主义与经验主义，把上帝从前门赶出去又从后门把他"走私"进来；黑格尔所说的"绝对精神"指的就是艺术、哲学、宗教；存在主义哲学直接催生了后现代主义文学；"等待戈多"的人根本不知道戈多是谁以及为什么要等待却依然在等待……

我当然知道，学生不可能完全理解这些深邃的哲学思想，但不要紧，至少可以留下一颗思考的种子。我相信，这颗种子在阳光、空气、水分的作用下，一定会发芽、生长，终有一天会开出芬芳、美丽的花朵。

愿哲学的智慧照亮孩子们的内心！

我曾说："加入新网师是我的教育生活中最重要的事件之一。随着时间的流逝，我越来越清楚地意识到，新网师的学习生活不仅对我的现在与未来产生了重大影响，而且也对我的过去产生了重大影响。"今天，当我回望来时路，我确认，是新教育理念唤醒了我，让我的教育生命在"夜晚"醒来。

我因此将扎根网师，并因此感到一种重大的使命……

安徽省天长市实验中学　徐明旭

李镇西说——

　　新教育实验的抓手，是教师发展；因为没有教师的发展，就难有孩子的成长，更没有教育品质的提升。而所谓教师发展，其基本途径就是阅读。这也是新教育实验把营造书香校园列为"十大行动"之首的原因。"新教育网络师范学院"由此应运而生。读书提升自己，也影响孩子，在这方面徐明旭老师是一个典范。徐老师之所以能够为孩子们开展那么丰富的阅读活动，是因为同样丰富的阅读使他胸中知识与见识的海洋波澜壮阔。而让尽可能多的老师都如此，这正是新网师的使命。

遇见新教育，我很幸福

我是一名哈萨克族幼儿教师，来自新疆奎屯市第二幼儿园。从事幼儿教育22年来，一直接触的是3—6岁的孩子，因此我已经能够很娴熟地了解每一个孩子的心理状态，无论在教育方法还是教育水平上都有了自己一些独到的见解和方法。多年来，我一直在坚守信念中幸福前行！

我一直坚信朱永新教授说的那句话："只要行动，就有收获！"自从2008年遇见不一样的教育——新教育以来，我的教育生活开始了翻天覆地的改变。从遇见新教育，到唱响新教育的实践之旅，使我深信：遇见新教育，可以遇见最好的自己；遇见新教育，也能遇到最可爱的孩子，最温暖的人群！新教育，改变了我的教育轨迹，丰盈着我的教育旅程！

记得刚开始上班时，从小没有上过汉语学校的我遇到过很多挫折和困难，如语言沟通问题，家长工作问题，处理孩子之间矛盾的问题，教育孩子问题，等等。于是我自学了汉语言文学，通过了汉语水平考试和普通话考试，并且取得了学前教育本科学历。刚开始我担任过保育员，后来通过不懈努力走上了教师的岗位，接着开始承担班主任工作。我很幸运，我是一个名副其实的孩子王，拥有属于自己的小天地和一群可爱的小朋友。

让我感到最幸福的一件事就是每天清晨站在门口等待着家长们带着孩子们到来，听到孩子们甜美的声音"阿老师好！"，我也会用我的微笑和拥抱回应他们"早上好！"就这样我们快乐的一日生活又开始了。我们班有 44 名幼儿，其中有 5 名少数民族小朋友，其余都是汉族小朋友，不管什么民族，我们都快乐的生活在这个充满爱的教室里。

我们的幼儿园已经成为师生们温暖的家，更是家长们愿意奉献的大家庭。每天清晨醒来，我们对新一天的班级生活充满着期待和向往。孩子们回到家时对我们的教室和老师充满了无限的留恋和不舍。这就是新教育给我们带来的幸福感。

我一直坚持做这几件事情——

每天给幼儿留下新生命的回忆。在每天的工作中，我会随时拿起手机留下孩子们最宝贵、最真实、最快乐的成长足迹，每天晚上家长们最盼望的就是从我们的群相册里看到自己孩子的点点滴滴，为了让每一位家长了解孩子在园的情况，我会耐心捕捉所有孩子的精彩瞬间，而我的这一简单举动对家长和孩子来说是多么宝贵的成长足迹！

以音乐为背景，让新生命教育伴随幼儿一日生活。我爱好音乐，就用音乐架起我与孩子心中的那座桥，用音乐引导他们如何遵守规则，如何学会尊重，如何学会交往，如何学会互相帮助。

从小班开始我们就专门设立了幼儿上厕所、洗手、喝水、坐端正、上下座位、走线、午睡、休息的音乐。随着音乐声小朋友们就会有序地开展各项活动。记得有一次上歌唱活动课时，我不停地咳嗽，歌曲没唱两句，就再也唱不下去了，这时班里最聪明的俊俊小朋友走过来说："阿老师你咳嗽了，休息一会儿吧！"其余小朋友也围了过来，用他们稚嫩的行动温暖我：给我端水，给我捶背，给我按摩……甚至第二天还给我带药！一想到这儿我就很感动。这，就是爱的表现啊！

缔造完美教室，享受幸福生活。我们创设了丰富多彩的新生命区角环境。区域活动是在正确的教育观、儿童观指导下，使儿童的认识水平、个性品质、社会化能力得到积极主动发展的重要物质条件，也是体现幼儿在玩中学，学中玩，寓教育于游戏和生活中的最好的体验形式。幼儿在自主游戏中学习知识、获取经验、提升能力，做游戏的主人，感受游戏带来的幸福与快乐！

记得有一次，我们班新来了一个小男孩叫帅帅。他很调皮、好动，在教室里特别自由，根本不听话，也不怕任何人。其实他特别聪明，可能是年龄偏小的缘故吧，总是喜欢抢别人的玩具，抢不过就哭闹，非得老师抱着他才安静，让我很是头疼。我每次都把他叫到身边耐心地讲解，告诉他这样做是不对的，幼儿园里的东西是大家的，要分享，要学会一起玩，轮着玩，换着玩。但他依然我行我素，想怎么样就怎么样，动不动就打小朋友，随手就抓人甚至咬人。让他道歉，他只会大哭。

通过和家长协商后，我把他的座位调整到乖巧的小朋友旁边，希望他能学到旁边小朋友的行为习惯。可是还是没效果，最后只能让他坐在我的旁边。这个办法总算有效果了。但是我也不能总让他跟着我，于是和他的妈妈协商解决的办法，他的妈妈也很头疼，家里有爷爷奶奶和爸爸护着，大家一起住，根本不让妈妈教训孩子，所以导致孩子根本不听妈妈的话。于是我进行了家访。他还有一个哥哥，刚上小学一年级，在家也是只要帅帅喜欢，哥哥都得让着弟弟。虽然爷爷奶奶很认同我的说法，但从他们的语气和眼神中，看得出他们对孙子的溺爱。我发现帅帅特别喜欢玩娃娃，于是想到了一个办法，就是要他答应我静静地坐五分钟，做到了就让他在区角活动时间玩喜欢的玩具，刚开始的时候他挺配合的，但最多坚持三分钟。慢慢地他可以坚持更长的时间了，但玩的过程中还是喜欢独来独往，不喜欢和其他小朋友一起玩，其他小朋友也不愿意和他玩。因此，每次发现他一点点的进步我就会抓住机会在班里表扬他，肯定他，奖励他小红花，并鼓励他继续努力。让小朋友们都主动找他玩，被人关注了，被老师表扬了，他就越来越喜欢上幼儿园了。听他的家人说他特别喜欢看电视，于是我就告诉他如果在上课的时候能做到和别的小朋友一样，可以在活动结束后看十分钟的动画片，他高兴地跳了起来！就这样他的坏习惯慢慢减少了，有礼貌了，学会分享了，懂事了，做错事了也能主动赔礼道歉了。一个学期内他的妈妈感受到了孩子的变化，非常高兴和感激。

阅读为孩子点燃一盏明亮心灯。父母是孩子的第一任老师，我们班还有很多家长是班级"新父母学校"的成员,我也是"新父母学校"的一名义工,让有特长的家长参与到班级管理上来,形成家园共读、家园合作、家园共赏的共育磁场。家长们也在各项活动中接受如何进行家庭教育和如何实现自我超越的指导,家长的素质正在飞速提升。

体会热爱大自然、热爱美好生活的情趣。为了让孩子们在丰富多样的实践活动中感悟生物的多样性、体验生命成长的奥秘,我为班级创设了自然角。孩子们在自然角里发豆芽、种洋葱、照顾花卉、养殖小动物。孩子们每天来到班里,总会先来到自己认领的动植物前,观察它们的生长变化。无形中培养了幼儿的观察力、探究力、毅力、生活自理能力以及热爱大自然、热爱美好生活的情趣。

每到节日,我们都会开展新生命主题活动。2018年新年来临之际我组织了一次"猜猜我有多爱你"亲子活动,我提前一周给家长秘密布置任务,让他们给宝贝录一段视频,准备在迎新年活动中给孩子们一个"爱"的惊喜。有些孩子的父母在外地,看到他们说给自己的悄悄话,孩子们感动着,被爱包围着,流下了感动的泪水。

诗诗小朋友的妈妈去内地学习了,只有父亲一个人带她,刚好在组织这个活动时爸爸来不了,我便一边组织活动,一边关注着诗诗小朋友。当她看到妈妈和爸爸录的视频时,哭了。我觉得应该是幸福的眼泪,我抱着诗诗悄悄在她耳边说:"你愿意让阿老师代替你的爸爸妈妈来和你一起玩游戏吗?"她高兴地说:"愿意!"

"爱"就要大声说出来!

"妈妈,你辛苦了!妈妈我超级超级爱你!爸爸,我爱你!……"孩子们稚嫩的话语感染着在场的每一位大人,他们悄悄拿出纸巾擦拭眼角流下的泪水。多么感人的一幕,这就是新教育的魅力!

孩子们对各种节日的来历及风俗都有了较深的了解,这激发了幼儿与家长对节日的关注,有利于后续活动的开展。同时在调查过程中有助于孩子们了解清明节、植树节的来历、五一劳动节的意义等。我们一起包粽子,包饺子,做月饼，做礼物给妈妈过妇女节，过快乐而有意义的儿童节，过教师节、国庆节，一起庆祝新的一年，一起打雪仗，一起逛农贸市场，一起去参观附近的邮局、超市，一起到社区捡垃圾，做环保小卫士，一起种菜、养花，一起养鱼、养乌龟，观察记录它们的成长过程。

教室里的生日祝福是我们班的一个特色，它体现的是对每一个生命独一无二的关注。生日，是每个人的独特符号与数字。在班里几乎每位幼儿至少过了一次生日。一般父母都很重视给孩子过生日，越来越多的家长也都愿意孩子在幼儿园过生日，于是蛋糕越来越大，礼物也变得越来越多，孩子们高兴得像花儿一样开放！

我还坚持做了这些家长工作——

每到新生进班，我做的第一件事就是通过家访了解孩子，了解家长。通过家长会、家园联系栏和家长培训等促成家园教育的一致性。

洋洋小朋友是我们班比较特殊的孩子，他来自单亲家庭。爸爸在打工，家里还有一位年迈的老奶奶，孩子跟着爸爸生活，生活条件在我们班算是最不好的。由于爸爸妈妈从他很小的时候就经常吵架、打架，导致他疝气、胆小，性格比较孤僻、没自信、不合群。于是我经常和他奶奶交流，或者直接家访和他爸爸聊孩子。我一进他们家，洋洋就立马跑进卧室，躲着不出来，听他爸爸说，知道老师要来了，他很紧张，但他还帮奶奶一起收拾自己的玩具了，说明这孩子还是很期待我的到来的。我主动到他卧室里，蹲下来先跟他问声好，然后轻轻地抱着他，让他感受到老师对他的关心，他不好意思地对着我说："阿老师好。"我随他在屋子里转了一圈，就一室一厅的小房子，没有沙发，一台 20 寸的老电视，只有一个频道，没有动画片看。他搬来一把小椅子，不好意思地说道："阿老师，请坐。"之后我和他爸爸了解了一些基本家庭情况，知道了夫妻感情不和，母亲精神不太正常，法院把孩子判给了父亲，父亲给别人打工，每个月也就不到 2000 元的工资养着一老一小。而且冬天没活干，只能自己找活干。白天一般不在家，有时整晚都不回家。当我随口问到中午饭怎么办，洋洋说奶奶做，听到这话，我鼻子一酸，心想：现在哪个家不都是母亲在家做好饭等候儿女的归来，而洋洋……，我只能抚摸着他的头说："好孩子，你的爸爸妈妈都很爱你，只是他们太忙了，奶奶年纪大了，你要听奶奶的话，你是男子汉了，要保护好奶奶，老师有空会来看你的，好吗？"他微笑着点点头，不说话。

回到家，看到自己的两个孩子，虽然我的大儿子从小有一型糖尿病，每天打四次胰岛素维持生活，但他有完整的家庭，瞬间为自己的孩子感到庆幸。

家庭的残缺，母爱的缺失，现实的生活条件，这样的境遇对于一个四岁多的小孩来说，简直太残酷了。这样的生活经历让我对他不由得多生出一份爱。当老师的我无法做到最好，只能尽自己的一份力，给这个小男孩的生活里增添一份微薄的暖意。

开学后，我又进行了一次家访，这次不仅是家访，我脑海里一直在想以后应该怎样去关心他，帮助他走出阴影，重新获得自信和快乐呢？对，那就是在幼儿园平时的活动中多给他爱、包容和温暖。尊重他的喜好，关注他喜欢玩什么？怎么玩的？果然，这个学期他有了自己的好朋友翔翔。有一天，我和孩子们聊自己的好朋友是谁的话题，大家都在说着自己的好朋友是谁，只有他不说话，我走到他跟前蹲下来问他："洋洋，你的好朋友是谁？"他不好意思地望着旁边的小男孩，不敢说，我就鼓励他大声说出来，他终于鼓足勇气说："我的好朋友是翔翔！"而翔翔也站起来说："我的好朋友是洋洋！"当看到他开心的笑脸时，我也为他高兴。从那以后的每日活动中，不管是在学习上还是在生活上都会鼓励他，表扬他，抱抱他，肯定他的进步。渐渐地这个小男孩的脸上有了笑容，早上能主动向我问好了，和小朋友们相处得更加融洽了。

也许自己不能成为孩子成长道路上的一盏明灯，但我想做一朵平凡而美丽的鲜花伴随着孩子们学前生活的每一天！

面对家长对少数民族老师的担心，我用我的爱，我的行动证明了自己。

那些毕业了的孩子们也会经常来看我，戴上红领巾，当上班干部，得了奖状都会和我一起分享他们的快乐。每到这时，我就觉得自己是全世界最幸福最富裕的老师！干这份工作，再苦再累，也值了，因为我赢得了家长们的尊重和孩子们最真诚纯洁的爱，这是一份任何东西都不能替代的荣耀！

在新教育的陪伴下我会坚守爱与责任，继续坚定地行走在这充满童趣的五彩世界里，描绘着我与孩子们的五彩人生。

选择了幼儿教育，就意味着选择了奉献。今天的一株株幼苗，将是明天的一棵棵参天大树，为了明天的参天大树，我将恪守"一切为了孩子 为了孩子的一切"这一信条，继续为这神圣而崇高的事业而奋斗！

新疆奎屯市第二幼儿园 阿依努尔·图亚克

李镇西说——

读阿依努尔老师的这篇文章，我眼前浮现出几年前我在奎屯的新教育区域工作会上，听她讲述的情景。当她载歌载舞地开始她的讲述时，我们都被她感染了。她深情的讲述，她活泼的舞姿，她和孩子们的故事，让我由衷地想，美丽的阿依努尔老师如此沉醉的样子，就是新教育应该有的样子。什么样子呢？就是美丽，有趣，开心，浪漫，好玩儿……新教育就应该是这个样子，教育就应该给我们的孩子还有我们老师带来这样的美好、有趣、开心、好玩儿，带来这样的幸福！

我是如何成功"策反"朱永新老师的

一

新教育实验一直非常重视互联网的作用。最初新教育的"六大行动"中，就有建立数码社区。最近，朱永新老师还专门出版了《未来学校：重新定义教育》一书，其中谈到了网络时代的学校形态、课程开放、教学方式、教育评价等等。20年前，处于萌芽状态的新教育实验，最重要的思想传播与实践分享的平台就是网络空间。具体说，就是教育在线网站——后来一大批新教育实验管理骨干和优秀教师都是在这个这个网站的论坛中成长起来的。如果说教育在线论坛就是新教育早期的"网络黄埔军校"，我认为是毫不夸张的。

但是，新教育怎么就和网络发生了关系，而且还建立了叱咤教育界好几年的教育在线论坛？这里面有一段非常有意思的真实故事。且让我慢慢道来。

二

2000年9月，我作为朱永新老师的博士生来到朱老师身边求学。学习之余，我担任了K12网站班主任论坛的版主。当时，朱老师不但是十足的"网盲"，而且连电脑都不用。人类已经进入互联网时代，可我的朱老师还停留在"笔耕"

时代。那些日子，朱老师时不时提醒我"不要把时间白白浪费在网上"——我当然不认为我上网是白白浪费时间，但朱老师是我的老师啊，我不好"顶撞"他，如果要慢慢解释，一句两句也解释不清楚。所以，我干脆辞去版主，眼不见心不烦！

辞去版主仅四个月后的一天——具体说，是2002年4月16日，朱老师请我吃晚饭。饭桌上，朱老师问起我的论文进度，自然又谆谆告诫我"不要迷恋网络"云云。这次我可没有唯唯诺诺，而是向他大谈网络对做学问的好处。

我从青年话题论坛谈起，然后又谈我在K12做版主的感受，我对朱老师说："网络本身只是工具和媒介，它自身并没有价值取向，全在于使用它的人。比如菜刀，在不同人的手中功能可能完全不同——或切菜，或杀人，或自杀。"我又说："网络也是一种阅读方式，或者说是一种做学问的方式，而绝不仅仅是一种娱乐消遣，何况我从来不会今后也绝对不会玩游戏的。"我还说："我在网络上结识了一批志同道合的朋友，这都是一群非常优秀的教育者，我们在网上一起思考教育、交流经验、碰撞思想，而且还打算以网络为中介进行教育科研呢！"当时，一起吃饭的还有袁卫星，他也向朱老师大谈网络如何如何美妙。

三

当时，我并不是被动辩解，而是主动向朱老师展示网络的魅力。也许是我的言辞恳切而真诚，也许是我说的网络魅力打动了朱老师，总之，我看到朱老师入迷地凝视着我，端着酒杯的手久久地停留于空中——他显然动心了。

当我说到我的有些网友就在苏州时，他问："在苏州都有谁？"

我说："工业园区教研室的焦晓骏！"

他立即说："马上请他来一起吃饭！"

我赶紧拨通了焦晓骏家的电话："市长有请！"

20多分钟后，焦晓骏来到我们的饭桌上。于是，我们一起向已经半醉的朱老师继续灌输网络的意义，苦口婆心兼语重心长，终于打动了朱老师的"铁石心肠"："哦，原来网络是如此美好！"

我见他面呈茅塞顿开状，便问他："朱老师，你为什么不开一个网站呢？我们通过网站联络全国更多的教育者一起干，岂不更好？"

但见红光满面的朱老师悲壮地将酒杯往桌上重重一放："干！"

我和晓骏、卫星都听清楚了，他说的不是"干"（gān）而是"干"（gàn），他的意思是我们也要建立一个自己的网站！

那天从酒楼出来坐在车上，我喜不自禁地对晓骏、卫星说："哈哈，没有想到我居然把朱老师'和平演变'了！"

四

很快，由朱老师挂帅的教育在线网站正式成立了。事后，朱老师在《自从上了网……》一文中，这样"招供"道——

我本来是对网络"不屑一顾"的，不仅反对儿子上网，而且也曾批评我的博士生李镇西"陷得太深"。我当时看来，他们是远离了严肃的学问而大肆浪费时间，虚度光阴。然而，批评归批评，儿子仍然我行我素，镇西更是痴心不减。再后来，我发现所了解的一些教坛才俊，如袁卫星、卢志文、焦晓骏等，竟然也都是"网虫"！他们在网上展露才华，在网上结交同仁，在网上指点江山，在网上激扬文字。互动的网络，给了他们一个表演的大舞台！我不由得想探个究竟。

终于有一天，我被"策反"了。2002年4月16日晚，我与镇西、卫星、晓骏小聚，他们不停地聊在K12如何相识、如何做版主、如何争锋。一句话：网上的世界真精彩。末了，他们乘着酒劲激将起我：朱老师，你为什么不开一个网站？那时，饱受耳濡目染的我几乎不加犹豫地决定："干！"

然而当时我没有意识到，朱老师所说的"干"，对我来说意味着什么——他是要我和他一起"干"！他很"武断"地要我当教育在线论坛的总版主——"就是你了！"

这可苦了我——好不容易辞去了K12班主任论坛的版主，这次又要当教育在线总版主，真是"刚出狼窝又入虎口"！我有点后悔"策反"朱老师了：我这不是"自作自受"吗？

但是学生就必须听老师的话，何况网络的魅力的确是难以抵御的，于是我走马上任了。

五

我又回到了虚拟而又真实的网络世界，重新开始了与远在天边同时又近在咫尺的网友们的精神交流。教育在线论坛共设"李镇西之家""菜鸟俱乐部""政协回音壁""专题探究""教育科研基地""德育论坛""管理在线""语文沙龙""班级在线""小教专区""家教之窗""滴石书斋""心灵港湾""英语园地""理科世界""文学时空""轻松驿站"等分论坛。一时间，各路英豪纷纷叩门而来，短短一个多月，教育在线就已经聚集起近千人的"教育志愿兵"队伍——我简直应接不暇。

严格说起来，与在k12不同，这次主持教育在线论坛已经不局限于网络务虚清谈了。在朱老师的率领下，我和网友们以网络为载体在更大的空间内为教育做了并还在做着一些实实在在的事：我们推出了"新世纪的教师应该读什么书"的征文活动，这些征文先在教育在线论坛首发然后推荐到各传统媒体发表，最后通过征文我们整理出新世纪教师应该读的中外教育经典书目；我们与《人民政协报》"回音壁"栏目合作，发起了"关注义务教育"的大讨论，一系列充满创见的帖子燃烧着网友们热爱教育的激情；我们还参与策划著名导演谢晋的新片创作，为新时期教师银幕形象的诞生出谋划策；我们还筹划出版一套"教育在线丛书"，将我们对中国教育的热爱、关注和思考表达出来并传播到更远的地方；我们还以网络为载体进行一系列教改课题的研究，朱老师最早的新教育（当时还叫理想教育）构思"理想教育实验方案"就在论坛发布，并引起广泛讨论……

六

　　教育在线同样有着浓浓的真情，许多网友都把我们的论坛称作"精神家园"。2002 年 7 月下旬，我携妻女旅游到了江苏，开始我一个网友都没有惊动，怕给他们添麻烦，但到苏州之前，我考虑时间会很晚不好登记住宿，只好给网友陶新华打电话，请他帮我预订房间。谁知我到了苏州，他不但给我订好了房间，还将我到苏州的消息广泛传播。朱老师晚上邀请我们一家喝茶吃饭，前来作陪的除了陶新华夫妇，还有焦晓骏夫妇和专程从昆山赶来的储昌楼夫妇——如此热情，真让我难以承受！

　　可是，我当时还不知道，来自网友的更大的热情还在后面等着我呢！在苏州待了两天后，我又到了昆山。昆山迎接我的不但有昆山人储昌楼，还有许多网友浩浩荡荡地从吴江、宝应、盐城、南通、上海赶来：谈永康、张菊荣、袁卫星、王军、冯卫东、笑春……女儿都很惊讶："爸爸，你在江苏居然有这么多的朋友！"

　　既然网友来了这么多，朱老师便决定干脆开个会，商量一下教育在线的发展。于是他和焦晓骏还有陶新华也从苏州赶来了。在昆山宾馆的会议室，朱老师首先通报了教育在线与《人民政协报》《教师博览》《师范教育》《新教育》《明日教育论坛》等多家报刊的合作计划，确立了与诸媒体互动的联络人选。然后网友们讨论了"教育在线文库"首批五套 25 本书的写作计划和编辑分工。五套书系分别为"教育随笔""教育报告""教育话题""教育理想"和"走进中学生"。最后，大家就教育在线的栏目设置、论坛的版块运转提出了积极的意见与建议。网友们还决定在明年组织教育在线扶贫支教的义务活动，以实际行动真正关注中国教育的均衡发展。

　　当我置身于网友热烈的讨论中时，我又一次禁不住想：谁能说网络是"虚拟"的呢？

七

教育在线论坛的痴迷者绝不仅仅只有我一个人，至少朱老师的痴迷程度就绝不在我之下。每天早晨五点过后，我起来打开论坛，便会发现朱老师早已经在上面了。有时他虽然离去，凌晨发的帖子便是他留下的足迹。有时他还会发一些类似《独自一人》《哈哈，又是独自一人》之类的帖子，向网友们诉说他如何像幽灵一般在万籁俱寂的论坛上游荡。在这些帖子中，朱老师往往做出很痛苦的样子说他一个人在网上如何孤独如何寂寞，但诉苦的字里行间却掩饰不了他对网络的痴迷，因而他的诉苦便成了一种炫耀——炫耀他和教育在线论坛的深情厚谊。

几天前，朱老师到成都讲学，随同他来的还有焦晓骏。当夜我去宾馆看他，刚寒暄几句就来了几位领导模样的人，我和晓骏赶紧知趣地离开了。我们出去找到一个网吧，刚打开论坛，就发现朱老师已经在网上了！我们连忙离开网吧回到宾馆，叩开朱老师的房门，他果然正通过笔记本电脑在网上漫游！我们不停地同朱老师说这说那，他嘴里不停哼哼，但眼睛却一直盯着电脑——那一刻，我和晓骏在他心中简直微不足道，他心中只有教育在线论坛！见他如此沉醉，我忍不住摇头对晓骏说："你看，朱老师两个月前还是标准的网盲，可现在迷成这样！唉，人要'堕落'是多么容易的一件事啊！"

也许有人觉得我与朱老师太随便了。是的，我在朱老师面前的确有些"放肆"。但当初并不是这样。朱老师是我的博导，但他毕竟同时又是市长，出于我对"当官的"一种偏见，我最初对他多少也有一点心理上的隔阂。然而，正是网络让我和他在感情上拉近了距离并在思想上实现了平等。

八

论坛建立之初需要征召分论坛版主，大家纷纷贴出申请争当版主，朱老师也"蠢蠢欲动"贴出申请想捞个版主当当（他的原话是"恳请总版主恩准"），而且果真也有一些网友争先举手表示同意，但作为总版主，我偏偏贴了一个帖子表示不"恩准"——

朱老师想开一个店，还"恳请总版主恩准"，啊，被市长求情的感觉真好！

经过总版主本人左半脑和右半脑的慎重研究，决定：不"恩准"！

理由如下：

第一，朱老师作为一市之副市长确实政务繁忙，如果陷进自己的"专卖店"，很容易上瘾，这对教育在线当然是再好不过，但对苏州人民却是一个"损失"，我真担心有影响啊！

第二，可以想象，朱老师想开的这个"店子"内容比较丰富，但很容易分散其他论坛的帖子，不利于整个教育论坛的"安定团结"。

第三，如果朱老师"开店"，我就得领导一个市长，我胆小，怕领导不好；如果因此而导致我神经紧张，将会影响整个论坛的运行，这也不是朱老师所希望看到的恶果吧！

朱老师，学生得罪了！敢于直言，唯真理是从，正是您对我的教诲，今天我兑现了！呵呵！

此帖一出，立即赢得了更多网友的拥护，原来支持朱老师当版主的人也纷纷倒戈。朱老师见大势已去，只好收回申请，安分守己地做一名普通网民。

后来我见到朱老师时，很得意地对他说："朱老师，我和你现在除了师生关系，还多了两层关系！"他不解："多了哪两层关系？"我很郑重地掰着手指对他说："第一，我们是网友关系；第二，我们是上下级关系——我是上级你是下级！"他听了，嘿嘿直笑，一脸灿烂的笑容让人感到他有说不出的亲切与纯真！

网络正是让我如此体验着人与人之间真正的平等。我和朱老师有了心与心的"亲密接触"，我对他产生了由衷的敬意，而他也以自己的人格魅力赢得了网友们的由衷的爱——不是对市长的仰视，而是对朋友的敬重。

九

后来，我实在太忙了，刘恩樵（网名"大潮河"）继任总版主，继续把教育在线论坛经营得有声有色，有滋有味。

一晃，快20年过去了。朱老师已完全和网络融为一体：不但坚持不懈地写博客，而且在"今日头条"上每天都和网友们互动。正是和互联网的亲密接触，才使他对信息时代的教育特点以及对未来教育的思考更加深刻，更加超前。

而曾经风风火火的教育在线已经完成了其历史使命，让位于更高端的网络平台新教育APP，但它当年以草根的方式凝聚新教育思考和种子教师的历史功绩，将永载新教育史册，给我们留下的温馨记忆也永远难以磨灭。

新教育研究院　李镇西

2019年8月22日

李镇西说——

我在写这篇文章的时候，整个心灵都回到了20年前。都说改革开放初期是"摸着石头过河"，其实新教育实验之初，也是"摸着石头过河"，朱老师当然也有基本的设想和思路，但远没有像现在这样完善的理论体系和实践模式。其中，教育在线论坛（网络）就是我们"摸"到的一块"石头"，而且可以说就是我们后来熬了20年"新教育石头汤"中最早的"石头"。

第二辑

新教育与班级行动

戒烟是一件非常痛苦艰难的事情，爸爸中途为此感到非常难受，在这期间儿子说："我也要给他做个榜样。"儿子每天坚持跳绳，不断超越，父子两人互相监督，互相激励，互相影响，共同成长。父亲彻底戒烟，儿子则成了跳绳健将。

　　　　　　　　——郭文红《我是这样引领家长的》

以梦为马，同心同行

我和新教育的故事，应该从2009年的那个秋天讲起。

从2009年到今天，十年转瞬即逝。

十年，人生有几个十年？

静夜里，我问自己，这十年如果没有遇到新教育，会是怎样的生活，会成为怎样的自己？

我不知道如何回答自己。

这十年，有多少汗水，无怨无悔地出；这十年，有多少泪水，无声无息地流下；这十年，有多少欣慰，发自心底地涌现；这十年，有多少遗憾，无奈地摇头；这十年，坚守初心不变，无悔来时路。

我的教室名字叫"小梅花班"，我称这些孩子们为"小梅花"，称他们的父母为"梅爸梅妈"。筑梦十年，我始终以梦为马，努力与"小梅花""梅爸梅妈""我的儿女我的家庭"同心同行，一起追寻幸福。

与小梅花们同行

梅梅拿着《我的自画像》沉默地读着，一遍又一遍。

我的自画像

富兰克林·奥哈拉

当我还是个孩子，
我只躲在草场的角落，
自己做自己的玩伴。

我不喜欢娃娃，
也不喜欢游戏，
动物们在我看来也不友好，
鸟儿甚至也飞走了。

如果有人找我，
我会躲在树后，
然后大声地叫："我是个孤儿！"

而现在，我成了所有美好的中心。
写着美丽的诗篇，
倾诉着美丽的梦想！

　　爱读诗的梅梅感觉富兰克林写出了自己的心声，作为"婚前子"，爸爸从来就没有喜欢过她，爷爷奶奶更加不愿意接纳她，所以不久，她彻底从那个家庭永远退出，有了另一个身份——"单亲家庭"的孩子。自卑、孤独、厌学、问题孩子……成了她的代名词。梅梅感觉自己就是造成家庭不完整的罪魁祸首，自己是一切错误的根源。生活中犯了错的她也不愿意接纳自己。

　　接手小梅花班时，我就在课堂上发现了梅梅，课堂听写，她瑟缩着身子，一副怕出错想躲藏的样子。根据马斯洛需求层次理论分析，我知道她严重缺乏安全感，处于最低层次需求。了解了她的家庭情况后，我知道长久缺失爱的梅梅，产生了自卑心理。长久的自卑和生活中的无力感，造成了梅梅价值观的扭曲和自我否定。

仔细研读了苏霍姆林斯基《给教师的建议》中无限信任学生及让词语活起来等论述，弗洛姆《爱的艺术》中母性之爱与父性之爱的理论，阿德勒《儿童的人格教育》中自卑与超越观点，马斯洛的需求层次理论，以及米尔斯提出的重要他人的概念等，我力图寻求通向梅梅这类"问题学生"内心的通道。

我决定采用新教育儿童课程的理念来疗愈梅梅。

我们首先选择经典童书《特别的女生萨哈拉》作为班级共读书。这是一个可以让眼泪慢慢地流出来，让心灵慢慢地疼痛，又慢慢地愈合的故事。在共读共写共同生活的那段日子里，萨哈拉的故事让梅梅总是默默地流泪，特别是看到萨哈拉写给爸爸的信时，她无声的泪流在所有小梅花的心里。我和教室里的所有小梅花暗暗努力，让梅梅感受到集体的关爱和温暖。

从那一天起，梅梅开启她崭新的生活之旅。

共读中，梳理萨哈拉遭遇的所有美好，小梅花们对照自己，寻找自己生命中的美好；梳理萨哈拉的挣扎和成长，小梅花们反观自我，看到自己的挣扎和成长；日日叩问自己"梦想是什么，怎么实现"，日日叩问自己"我需要怎样的努力"，小梅花们思考着自己的生命成长问题……这段日子里，我看到了梅梅成长的挣扎，也看到了她努力的模样。

为了实现共读共写共同生活对儿童生命成长的引领和唤醒，我开始思考如何更好地慰藉爱好诗词的梅梅。得知梅梅下周过生日，我悄悄作了准备。

我知道，不管哪个孩子，从心底里都想做个好孩子，梅梅生日这天清晨，晨诵的时间到了，我们深情吟诵着一首首小诗。诗歌——是孩子们心灵前方的那盏灯，我把梅梅的名字加入小诗《全世界都在对你微笑》，并把它作为生日诗送给梅梅。

　　　　　　　全世界突然对梅梅微笑起来。
　　　　　　绿树对梅梅招手，
　　　　　　花儿对梅梅挤眼，

小鸟儿在枝头吱喳叫，

小草儿们弯腰齐声问梅梅好！

而你——我们可爱的梅梅啊，

只不过暗暗下了决心，

从今要做个好孩子。

就这样，

突然间，

全世界都在对你微笑。

　　我偷偷地注意梅梅的神情变化，只见她的嘴角微微有了笑意，她是想做个好孩子的，我坚信，我从来就坚信。我要借来可爱的波迪老师的"烦恼收集器"，收集起梅梅的所有烦恼；我要像萨哈拉的妈妈那样在意梅梅每天的心情，看她今天是否有了新的朋友；我要和瑞秋一样坚信，梅梅心中那个美好的写作梦会成真；每一天都让她的笑声飘在校园，洒向教室，喜在同学们的心里。

　　惠特曼说得好啊，一个孩子向前走去，他看到什么东西，他就变成那东西，那东西就成了他的一部分……而一首又一首诗歌，就是我们在梅梅向前走去的时候，特别种在路边的紫丁香、高大的橡树、幽香的兰花、热烈的向日葵……在儿童最重要的童年时代，让这些或清新明亮、或睿智深刻、或充满灵性的诗歌，随着晨诵课程，自然而然地成为孩子们生命中的重要部分，他们的心灵也因此而澄澈敞亮。

　　生命中的每一天对于我们来说，都是重要的日子。我永远的萨哈拉呀！真盼望在你成长的路上，爱上阅读，爱上写作，有了自信，生命开出花来，掩藏不住那份优秀。

　　于是，暖暖的午阳下，我和梅梅手捧《特别的女生萨哈拉》又一起共读。在秘密旅程中，寻找一盏灯，照亮心灵。我和梅梅似乎读懂了，但似乎还有许多没有读懂！我一时觉得词穷，无法用语言来描述，无法描述一个老师对一个孩子的爱，无法描述我对那个女孩的期盼，无法用语言描述这段文字这段相伴的共读给我带来的心情……只是和她静静地读，静静地想象画面，静静地感受文字给我们带来的丰富的体验。这种体验让她一时忘了"一个人躲起来胡思乱想的快乐"，开始给我一个灿烂的微笑了。我很欣慰。

就在这时，期中考试来临了，一下子，梅梅仿佛从快乐的梦中醒来，她紧绷着小脸，紧抱着双臂，害怕成绩会如狂风暴雨般袭来。果然，不景气的"收成"招来妈妈单调的严加管教。她刚刚照射了一点点阳光的心灵封闭了。在孤独的心灵中有什么比信任更让她增加勇气呢？

我精心选择了《跌倒》作为第二天的晨诵诗。

风，跌倒了

才有了美丽的落叶

云，跌倒了

才有了滋润大地的雨水

太阳跌倒了

才有了静谧的夜晚

所以

我们不再害怕跌倒

让我们在跌倒时

用最美丽的姿势

站起来

梅梅，跌倒了，不怕

用你最美丽的姿势站起来

梅梅眼睛潮潮的，握紧拳头，她的眼神在告诉我们：相信我，一定会用最美丽的姿势站起来！

当再次走进我的萨哈拉，我把我们一路寻觅的灯始终高举，信任、尊重、勇气、温暖、美好……让它在孩子的心灵上空闪亮，让我们整装待发，去另一片天空寻找更亮的灯，出发前，教室外的走廊上，我和梅梅小指勾绕，轻声齐吟"拉钩上吊，一百年，不许变……"，郑重地起誓，"我一定会成为所有美好的中心，写着美丽的诗篇，倾诉着美丽的梦想！"

> 走了那么远
> 我们去寻找一盏灯
> 你说
> 它就在大海旁边
> 像金橘那么美丽
> 所有喜欢它的孩子
> 都将在早晨长大
> 走了那么远
> 我们去寻找一盏灯……

　　和种子约定，一定会看到成长；和岁月约定，一定会看到厚重；和梅梅约定，一定能看到"永远盛开不败的花"来自心灵……

　　和梅梅同一间教室的小梅花们，都有着不同的成长故事，与他们牵手同行的日子里，我们的故事很长，我们的约定不变。

与梅爸梅妈同行

　　如果没有梅花家庭的通力配合，这间教室不可能走得很远。家校共育是新教育倡导的教育方式。与梅爸梅妈同行的日子里，故事不断，精彩连连。

　　在九月的第一次家校联系会上，我向梅爸梅妈展示了上一届我带的梅香阁班级，展示中大家最感兴趣的是梅香阁的一个个儿童课程——梅香阁儿童写作课程中小梅花们流畅的文笔，梅香阁游学课程中小梅花行走千里路的执着，梅香阁社会实践课程中小梅花视野的开阔，梅香阁社团课程中小梅花七彩的生活，梅香阁口语交际课程中小梅花卓越的口才……这些课程的呈现让所有的梅爸梅妈们仿佛看到了小梅花们开始朝向卓越的路跋涉。

　　接着我们开始探讨课程是什么？

站在教室里，我们每个人都是课程。教师也好，父母也好，儿童也好，都是课程。我们要积极参与，共同研发，贡献力量。大家都要用行动来呈现课程的意义，用智慧来构建课程的架构，用理念来引领课程的朝向。

我们用课程架构我们的日常生活，小到一次治疗，一个事件，大到一个人的一生，只要我们的教育者带着明确目的，自觉地去设计和应对，它就能以课程称之。所以我告诉梅爸梅妈要有一颗敏感的课程意识，花开花落、鸟飞虫鸣、节日节气……都可以是我们的课程资源，都可以启迪我们研发课程。

9月28日是孔子的诞辰日，我们准备开启小梅花班的首届读书节。我们从9月开始，静静地捧起一本书。在这个课程中，我和父母们约定"一起捧起一本书"，从学校到家庭，从课上到课下，我和父母们都努力坚持每天捧起一本书。读书节时，故事妈妈们走进课堂，他们采取丰富多彩的展现形式：大家都精心准备了PPT，王越潼妈妈还精心制作了小猫鱼需要的头饰和小贴画奖品，左豪科妈妈给孩子们准备了棒棒糖，黄飞翔妈妈整理打印了我们的"小书虫阅读记录本"……我们的故事妈妈都经过认真、充分地准备，用生动活泼的语言，绘声绘色地给孩子们讲述了故事。孩子们目不转睛，听得津津有味，在不断思考、大胆想象与欣赏交流中不知不觉地度过了一个又一个愉快的下午。我们相信，因为这么一盏盏照亮孩子长大的灯，他们的成长会向着优秀、优雅、优美的方向发展。"故事妈妈讲故事，故事娃娃听故事。"虽然还有不少小梅花妈妈没有勇气走上讲台，但是她们对"故事妈妈"很感兴趣。她们常常打电话给我，问今天讲故事的妈妈是谁，她们讲了什么故事，或者什么故事适合讲给孩子们，也常有孩子的妈妈来问我给孩子讲什么故事好。给孩子讲故事成了她们每天的必修课。陈宏霖的妈妈说："因为我是'故事妈妈'，所以如果哪天晚上不给孩子讲故事，就会觉得很对不起他。"

在不断地研发中，我们的思考更加深入，设想更加大胆，于是就有了"小梅花科学课程之恐龙周"主题的出现。这一周里我们都做什么呢？我和梅爸梅妈一起设计课程主题，让小梅花追溯那段久远而神秘的时光，走进恐龙世界，了解恐龙生活的时代和环境，恐龙的种类，以及恐龙灭绝的原因……每天大课间观看中央电视台的视频资料——《动物世界——复活的恐龙世界》，中央科教台的视频资料《走近科学——恐龙灭绝的原因》，这样专业的科普视频真的是太珍贵了。几个梅爸梅妈主动承担了讲故事的任务，《我是霸王龙》《你真好》《你看起来很好吃》《永远永远爱你》成了我们的主题故事。每天下午一个主题——画恐龙、讲述恐龙、纸折恐龙、泥捏恐龙、恐龙化石挖掘、义卖恐龙。谢雨辰的妈妈带着孩子们画恐龙，崔正轩的妈妈讲述恐龙灭绝原因，王尧妈妈带着孩子们折纸恐龙，宋昀书妈妈带着孩子们捏泥恐龙，杨子尚妈妈带着孩子们挖掘恐龙化石……上午学习恐龙专题科普知识，确立主题，下午动手实践，在实践中探寻真知。整个恐龙周，每天都有梅爸梅妈走进教室里给小梅花们上课。正是因为父母们的参与，我们的课程才方式多样，内涵丰富，小梅花动手和思考的机会也越来越多。

丰富的生活，立体的阅读，卓越的课程，小梅花们的成长是幸福而完整的，我和梅爸梅妈们同心同行，小梅花的教室时时传出笑声，处处洋溢着歌声。

与儿女同行

我最欣慰的就是走进新教育的这十年来，我的两个孩子是我亲自教授的。一对儿女的童年，在新教育课程的浸润下，生命成长和心灵丰盈同时同步。一路走来，可圈可点的故事更是不胜枚举。

1. 解读名字，坚定美好的梦想

从进入小学起，儿子就特别烦恼，因为每一次他在同学们面前提到自己的梦想是"当国王"时，大家总是会哈哈大笑，看来是对他的梦想持怀疑态度。儿子小小的心灵里有了压力。如何更好地疏通思想，坚定梦想呢？我用了解读名字的办法。在周六的家庭聚会上，我从儿子的名字"慕昆宸"入手开始解读。我出示"宸"的字源，它的宝盖头是屋宇，下面是一条龙，这个字合起来是"帝王的代称"；宸游，旧称皇帝出游；宸极，北极星，喻帝王。这次解读不仅让儿子明白了名字的含义，还让他知道父母取名字时寄予了殷切的希望。为了消除在学校的误解，我做好课件，在儿子生日那天，在教室里讲述了名字的由来，并把《我不知道我是谁》这个经典的故事作为生日礼物带到孩子们面前。故事中的达利B是个英雄，但它不知道自己是谁。慕昆宸带着父辈们的希望，追逐自己的梦想，他起初也不知道自己是谁，班里的每一个孩子也不知道。从那天起"寻找自己，用不变的梦想寻找自己，用日日的行动寻找自己。我们都知道，终有一天，昆宸会遇到自己，那个卓越的自己"。当然女儿的名字在那次家庭聚会上，我也进行了深度的解读。

解读名字，坚定梦想。我仿佛看到，儿女怀揣梦想朝向远方跋涉的身影，坚定而温和。

2. 亲子共读，培养阅读的习惯

用阅读放飞梦想，一直是我家庭教育的核心理念。为了让孩子爱上阅读，我给孩子买书，从新书到家的那一刻起，我们就沉浸在书香里，我帮他俩把名字郑重地写在书的扉页上，从此这本书就有了主人。拥有书是一种非常美妙的感觉，我们会久久地陶醉其中。而后，在清新的黎明、恬静的午后、惬意的饭间，我们一起悄悄走进文字的世界，用想象编织一个个属于我们的故事。为了让阅读像呼吸一样自然，我日不间断地坚持晚饭后给孩子们读书，一本、两本、三本……只要孩子能静下心来听我读，我就不停下来。

短短几个月时间的听读，文字编织的世界深深吸引了他们。我们的藏书达到了近千册，挑战百万阅读量，千万阅读量，成了他们日常的生活方式。正如梅子涵先生说：阅读如同种植，虽然你不能很快看到收获，但枝头引来的小鸟的欢唱和洒下的点点阳光，会让你的心灵得到滋润。

3. 暮省日记，用智慧与子同行

写暮省日记是陪伴子女成长最好的方法。既不花钱，又不费力。坚持写日记也是对自己心性的一种修炼，我想看看自己是否能坚持，更想让孩子有一个看得见的例子。为了写暮省日记就会多一份留意生活的心，就会和子女之间多一份默契。在和子女探讨他们生活中的问题时，不知不觉开始从子女的视角思考，儿童是我的老师，他们教会了我全面地思考教育的问题。于是共读的故事、生活的小事、学习上的困惑、朋友间的秘密……都成了我们书写的内容，从生活到学习，从家庭到学校，点点滴滴，细细碎碎，或哭或笑，我们一起书写着属于我们的独特的生命传奇。

打开校讯通上我们的博客，788篇，几十万字的书写，一篇篇文字，记录下来，回头再看，就是美好的回忆。2012年，满满三大本的书写获得了焦作市培优扶弱教育日记的一等奖。这些都是额外的奖赏。

有时候记忆里偶然会跳跃出过去的岁月，曾经也许我们封存，某日午后灿烂的阳光下，我愿意慢慢地在明媚的光斑下再次捡拾一些让我久久不语，久久沉醉的记忆。

4. 丰富生活，教给孩子一生有用的东西

新教育的核心理念之一：教给孩子一生有用的东西。我是以努力缔造丰富的生活来实现这个理念的。

春天，我带着孩子们去大堤上挖野菜，一路上吟诵着孟浩然的《大堤行寄万七》、白居易的《赋得古原草送别》……走出钢筋混凝土的世界，走进心旷神怡的田野里，呼吸泥土的清芬，感受阳光的明媚，观察花骨朵的绽痛，就这样美美地沉醉在田野之中了。夏天走进菜园里，秋天走进果园里，冬天雪地里玩个够。感受四季，感受自然，诗意地栖居于大地上。

下雨天就到室外踩踩水花吧；风来时就摇放一只风筝吧；捡拾一片落叶，我们就做做树叶贴画吧；把玩一个空瓶子，我们就做做瓶子彩绘吧；剪个蝴蝶、折个飞机、捏个泥娃娃、挖个小化石……我们的生活里不断地涌现故事，涌现美好，涌现神奇。

丰富的生活中，孩子们学会了与朋友相处，与同伴互助；学会了观察自然，感受气象；学会了动手操作，深度探究；学会了面对挫折，执着前行……教给孩子一生有用的东西，真的比任何一次考场的分数都重要。

回首十年，坚守初心。

在与新教育同行的这段路上，我和这些同心同行的人的故事还有很多很多，我想满怀激情地书写，因为我知道这条路的尽头一定会有些什么吧！也有欢歌也有笑，也有收获也有泪，但我会无怨无悔地向更深处漫溯。

河南省焦作市武陟县育才学校　宋新菊

李镇西说——

　　从表面上看，新教育学校和其他任何学校似乎没什么不同：课程、科目、作息、学制……不都一样吗？即使是校本课程或社团活动，哪个学校没有呢？但我们从宋老师的故事中可以看到，因为有陪伴，有呵护，有书香，有故事，有诗情画意，有迎面吹来凉爽的风……新教育就是和其他学校不一样。无论梅梅，还是她的同班同学，或是宋老师的孩子，他们所享受的教育富有人性，充满人情，符合人道。这就是新教育。

我是这样引领家长的

引 子

先从一个小故事说起……

2016年9月1日傍晚，我们班的小宋同学对着刚下班进门的妈妈提出了这样一个问题：妈妈，你能不能坚持写家长日记？

无心插柳柳发芽

家长日记？家长日记是什么？

顾名思义，"家长日记"就是就是家长以父母的身份为孩子写的日记。

这是怎么回事呢？

在新教育的书中，我读到一句话："过一种幸福完整的教育生活。"朱永新老师解释说："新教育所说的完整，内涵是丰富的，从培养的目标来看，包括自然生命、社会生命和精神生命的完整，即身心灵的完整；从教育的主体来看，应该包括家庭、学校和社会的完整，只有这样，才能够真正形成合力。"

在这里，新教育的主体不只是教师和学生，还有学生父母。朱永新老师说过，没有父母的成长，就没有孩子的成长。作为一名班主任，我觉得引领并影响孩子父母的成长是我们的教育责任之一，关键是要找到这种"引领并影响"的载体。

我在琢磨，在寻找……

说来也是巧合，在2015年新接班的第一次家长会上，我对父母们提了一个建议——希望父母每天能够为孩子写几句话，不在乎你写多少，也不在乎你写了什么，只在乎写这个行为本身，希望父母能够用每天的坚持来告诉孩子：爸爸妈妈很在乎你，很爱你。

原本也就是一个建议，我没有把握孩子父母能够接受我这个建议，更没有想过会有什么结果。

不承想，在第二天小张交来的记事本（我和孩子每天进行交流的聊天本）上，孩子的聊天内容下面，孩子母亲清晰的四个字映入眼帘——家长日记。"希望你每写一句话的时候，默读，把话写完整。错题真正搞明白才能有进步！请记住！"

虽说内容看上去比较单调，但是能够开始写日记，这是一个崭新的开始啊！"家长日记"这四个字让我眼前一亮，多好的家长啊，多好的资源啊，如果能够用来引领更多的父母一同参与其中，该是多么令人神往的一件事情。

关键是，这四个字一下点亮了我的心，这不正好是让家长参与孩子教育的巧妙形式吗？于是，小张妈妈这短短的两行家长日记，拉开了我们班父母孩子共读共写日记的帷幕。

妙计一条带全体

看到小张妈妈的日记后，我便在班级抓住这个冒头的新鲜事物大加赞叹，然后再引导小张现身说法，听到小张说母亲昨天写日记时的表现后，很多孩子心里也都痒痒的。因为以往在家里，父母可都是什么也不做，只顾盯着自己写作业，现在，如果他们能够像小张妈妈一样，天天也和自己写作业一样写点什么的话，孩子们心里是非常期待的。

于是，陆陆续续又有几位家长参与了进来。

但这毕竟也是少数家长的自发行为，如何让更多的父母积极参与并坚持下去呢？这当然需要班主任老师的激励和引领，这就要说到我们班级的一个特别节目，那就是年终评选优秀家长。

评选程序首先是孩子们自主申报，自主推荐，推荐理由各说各话，只要有吸引力让大家愿意接受就行。自主申报之后就是全班评选，评选内容主要是围绕以下几点：

（1）坚持写家长日记。（说明父母用心陪伴孩子）

（2）家长讲座获得全班认可。（每周都会有一位家长走进教室开设讲座）

（3）学生本学期进步特别大。（孩子的进步也侧面说明父母的改变）

（4）热心学校班级公益服务。

这样的评选是从来没有过的，没有任何思维定势，也是不按照学生成绩和表现来的，这让孩子们觉得很有新鲜感。而且，平时被父母要求考试考前三名、期末要当三好学生之类要求压抑久了的孩子们，突然发现了一个父母能够和自己一样接受学校评比的项目，纷纷跃跃欲试，回家后常常督促父母坚持写家长日记，提醒父母积极参与学校的各项活动。

激情申报大反响

评选的日子终于到了，现场的竞争相当激烈，有事先准备好发言稿的沉着稳重型的，有心里七上八下没有把握但又不愿意放弃机会型的，也有申报现场受到小伙伴感染临场发挥型的……

"我妈妈现在不打我了，脾气变得好多了。"

"我爸爸原来从不写家长日记，现在哪怕夜里回来，也要坚持写完日记。"

"原来他们只跟我谈学习，提要求，现在能够跟我聊聊天了。"

……

场外的父母看到这一幕时，心里也是五味杂陈。

一位母亲激动地留言：意外——娃在校自发参加优秀家长申报活动；感动——没有准备申报稿，娃上台只说："我妈妈一个人带我很辛苦。虽然她有时候脾气不好，但是她已经在为我改变自己……"士为知己者死，女为悦己者容，妈为宽容娃继续努力！

另一位父亲说：今天很高兴知道孩子选我们，孩子那么善良和纯真，仅仅一些小事却一直记在心里，非常感动。

一位没有被自己孩子推荐的母亲黯然地说："今天听说班里举办推荐优秀家长的活动，通过这次活动我才知道原来自己在儿子心中还不是很合格、很称职。其实我自己觉得已经进步很大，不乱发脾气，不去揍孩子，周围很多人也感觉到了我的变化，但是对于孩子可能还不够，我一定更加努力，做一个合格的妈妈，你也不断进步，我们一起进步。看谁进步得更快！"

颁奖典礼惹人羡

每个孩子都希望自己的父母当选，怎么选呢？对于孩子来讲，家长日记的数量就是一个绝佳的硬杠杆，所以在经过轰轰烈烈的自我申报之后，每个候选人上台展示父母倾情陪伴的成果，在孩子们热烈的讨论、综合的考量声中，本班历史上首次诞生了十位优秀家长。

为了让接下来的颁奖典礼更加精彩，我让十位孩子模仿中央电视台"感动中国年度人物"的颁奖词，为自己的父母也写上一段颁奖词，并准备一个能够代表自己心意的小礼物。当然这一切都是悄悄进行的。

隆重的颁奖典礼如期举行，幸福和感动也如期而至，年轻的父母做梦也想不到人生中会有这样感动的一天，自己挚爱的孩子亲自为自己颁奖。听着孩子们奶声奶气又神情庄重地宣读自己亲手写的颁奖词，再接到孩子们出其不意递上的小礼物，爸妈们的心都要醉了，眼角都闪烁着激动的泪花。

我们一起来分享一段颁奖词：

爸爸妈妈，谢谢你们用自己的努力争取到这次机会，我也因为你们才幸运地拥有了为你们颁奖的机会。

这种坚持十分不容易。已经夜深人静了，你们才披星戴月回到家，在我熟睡时，你们开始写家长日记。有时你们晚上有事儿，也会抽空回来写。为了写出更出色的日记，你们会不断和我沟通、交流，将一些好玩的事儿写进去。

爸爸妈妈，谢谢你们为我付出那么多。就是因为有了你们，我才能有这样一个幸福的家。

台上的同学和家长沉浸在幸福和感动中，那么台下的同学和家长又是怎样的心情呢？别人我不清楚，但是我知道有人是特别羡慕的。

被赶鸭子尬上架

小宋妈妈是一个工作比较繁忙的公务员，做事情的特点是非干不可的一定认真完成，可干可不干的事情要看喜不喜欢或者是否必要，至于写家长日记这件事情嘛，她觉得都是一群跟着老师转的家长才会做的，自己不屑于此，所以，一年下来也就只写了三五篇。

回到文章开头的地方，小宋为什么会选择在2016年的9月1日向母亲提出请求呢？因为自从参加了上次的颁奖典礼，对颁奖同学羡慕不已的小宋心中就有了一个美丽的梦想，他期望能够在今年召开的优秀家长的颁奖会上，由自己亲手为妈妈来颁奖。

于是，他就对着刚下班进门的妈妈提出了这样一个问题：妈妈，你能不能坚持写家长日记？

儿子的这个请求，让小宋妈妈经历了从敷衍到感动直至沉溺其中的过程。

望着儿子恳切的目光，小宋妈妈不忍心直接拒绝，但是对自己到底能够坚持几天，心中也没有底气。于是就哼哼哈哈先对付着写了几天，可没多久就开始犯懒了："儿子，妈妈今天能不能不写日记啊？"

儿子认真地教育道："不行啊，平时你不是总让我做什么事情都要坚持吗？你也要坚持啊！"

妈妈没辙，只好继续坚持着，写着，写着，又不想写了，继续跟儿子商量："儿子，妈妈今天能不能不写日记啊？"

儿子说："你是不是又想偷懒了？"

"我真不是想偷懒，我是实在不知道写什么了……"妈妈无可奈何地说着。

哪知道儿子听了这话后，一本正经地说道："你不知道怎么写啊？那好吧，我来给你提供一点素材，我们两个谈谈话，你把我们的谈话内容写上去就可以了……"

哭笑不得的妈妈没有办法，只好硬着头皮继续写起来。

家长日记载温情

在儿子的督促和要求下，妈妈就这么不停地写啊写，一天不落的坚持让儿子有了不一样的感受："原先妈妈不写日记的时候，一直在另一个房间看电视，她在那边看电视的时候，我就感觉有点孤独，自从写了家长日记以后，陪我的时间多了，我写作业的时候，她就会在我的房间里看看书了，我就不会觉得孤独了。"

儿子的话让妈妈内疚自责不已，不断地坚持居然收获了意想不到的感动——中秋节那天，母子俩照例聊着天，儿子突然发现妈妈的额头长出了一根白发，就说我来帮你拔掉吧，妈妈欣然同意，没有想到，越拔越多，越拔越多，儿子一边拔着，一边无比伤感，最后居然嚎啕大哭起来：我还没有来得及长大，还不能照顾妈妈你，你怎么一下子就老了呢？这份感动被妈妈永远地定格在了那天的日记中。

儿子的孝心时常让妈妈感动，妈妈的行为也在感动着孩子。一天妈妈病了，发高烧，浑身绵软无力，回家就躺在床上，孩子虽然很想让妈妈坚持写日记，但还是懂事地说："今天你生病了，日记就停一天吧。"话虽这么说了，心中还是觉得有些懊丧，打算明早到校报告老师妈妈因为生病才没能坚持的，可是没有想到第二天到校后打开日记本，却发现妈妈早已经写上了，原来妈妈看出了儿子的心思，凌晨五点挣扎着爬起来，坚持为孩子写下了日记，妈妈说这么做就是不想让儿子失望……

坚持书写出意外

就这样，妈妈一天不落地写着，国庆七天，整整写了七篇家长日记，双休日，妈妈也是每天坚持聊天，坚持书写，没想到，竟然写出了意料之外的的事情，妈妈突然发现孩子变了——

10月11日，妈妈写道："孩子有了不小的进步，以前少做作业、漏做作业的现象现在几乎都没有了，学习态度端正了，学习成绩也上来了……"

小宋同学是一个性格温和，从不惹是生非的孩子。由于父母是高龄得子，家中条件较好，加上幼时身体羸弱，所以父母相对比较包容，对他的学习成绩虽说也比较在意，但是只要孩子一说不舒服，立刻就会停止一切作业要求，即使是考试也不在乎。时间长了，孩子也就对作业不太上心了。但是现在，这毛病居然改了！

10月25日，妈妈发现了其中的奥秘："看来孩子在和我比赛，看谁表现好，我要做优秀家长，他也要做优秀学生。"

妈妈觉得孩子变得更有上进心了，更容易沟通了。看着孩子的变化，察觉变化的原因后，更加坚定了她坚持写家长日记的决心。

孩子真的变了吗？我们看看班级其他同学眼中的小宋："一个以前很文静的孩子，转眼就变成了进步巨大的优秀学生，以前不愿意天天写日记的家长，转眼就变成了坚持写家长日记的优秀家长……"

表率垂范彰显奇效

对庭教育而言，父母的示范是对孩子最好的教育。父母是孩子的第一任教师，是孩子效仿的最直接的榜样，父母对孩子的示范作用是全方位、立体化的。

小曹爸爸是一个抽了28年烟的老烟民，通过坚持撰写家长日记，自觉阅读学习认识到自己的行为对孩子产生的影响——儿子做事丢三落四，虎头蛇尾是自己的问题之后，于是作出重大决定——戒烟。他说他要给儿子做个榜样，让孩子做事学会坚持。

戒烟的过程漫长又艰苦，但是他始终告诉儿子："爸爸戒烟跟你改正毛病是一个道理，不是做给别人看的，而是发自内心地自觉改正！"经过两个月有计划的戒烟行动后，爸爸终于在 5 月 1 日彻底戒烟。儿子非常高兴，说："爸爸很诚信，他说今天戒烟的，果然戒了。虽然不时很难受，还干呕，爸爸挺住！"爸爸告诉儿子："没有香烟的日子其实很轻松，感谢你和妈妈的支持与鼓励，28 年的习惯从此发生了改变，我一定会坚持下去，不让尼古丁卷土重来。"

戒烟是一件非常痛苦艰难的事情，爸爸中途为此感到非常难受，在这期间儿子说："我也要给他做个榜样。"儿子每天坚持跳绳，不断超越，父子两人互相监督，互相激励，互相影响，共同成长。爸爸彻底戒烟，儿子则成了跳绳健将。他们不仅收获了父子间亲密的情感，更加收获了坚持的力量！儿子在班级各方面表现进步显著，责任心、上进心明显增强，做任何事情都力求做到最好，成为深受同学敬佩、老师信任的优秀孩子。

正如孩子妈妈写的："在教育抚养孩子的道理上，我们也处于一个自我修行的过程中，谢谢儿子给了我这个机会，让我不断重新认识完善自己。"

良性循环共成长

爸爸坚持戒烟、陪伴儿子读书，妈妈坚持陪伴孩子运动，夫妻两人抢着写家长日记，这个家庭里父慈子孝，其乐融融。这份自觉坚持，这种意志品质，这样的榜样力量是孩子乃至我们班级的一笔巨大财富。在父母的影响下，孩子做任何事情都能坚持到底，不怕挫折和失败，不断挑战和超越自我，学科成绩进步显著。就拿跳绳来说，他居然可以连续跳"双飞"三分钟不断，这需要怎样的意志力量才能做到呀！在期末的时候，四年级又不是运动员的他竟然战胜了六年级的运动员大哥哥，以单跳、双飞都是全校第一名的成绩出征市区运动会的赛场。

小曹的改变、小曹爸爸的故事也深深激励和影响着班级更多的同学和家长，大家都纷纷表示要把孩子当作自己一生最大的事业来做，与孩子一同学习，共同进步。

家长群里也不断记录着父母们的可爱变化：

"今天晚饭后我和孩子一起欣赏了郭老师在交流群里分享的其他同学的聊天本，聊天本的内容丰富多彩，图文并茂，天马行空，但又万变不离其宗，把所学所思所想都结合起来，个个都是思想迸发出来的热烈火花，令人耳目一新，我和孩子都受益匪浅，学习别人的优秀经验，取长补短才能不断进步。"

"训子千遍不如示范一次，我们需要用积极的方式去引导孩子。今天爸爸从单位抽空回来陪了儿子 20 分钟，等妈妈回家后再赶去单位工作，承诺晚上九点前到家也做到了，晚上到家后也没有像往常那样电话消息不断，而是认真阅读了家校群里郭老师发的优秀聊天本，边看边称赞，写得真好我们可以学啊！然后跑到儿子房间默默陪伴去了。"

家长日记促变化

一路走来，父母们收获颇丰，父母共写亲子日记也成了一种常态，满满的日记，满满的故事，字里行间充溢着浓浓的温情，学校、家庭生活中共读、共写、共同生活的场景、事件都被一一记录其中，真正实现了家校合作共育。

正如小蒋爸爸所言：日记不是为谁而写，而是家长更多地去关注孩子、倾听孩子的一个很好的载体，在这里，记录的不仅是孩子的成长，同时也是家长的成长。

小宋妈妈不无感慨地说道：因为有了我的改变，才有了孩子的改变。我们互相认同、彼此激励，收获了母子的亲密无间和共同成长的喜悦，这份喜悦让我们有信心去迎接未来更大的挑战。

孩子为什么能够发生改变呢？通过近五年的实践、观察，我发现让孩子产生变化的真正原因其实是家长因写日记而改变了自己，从而影响了孩子。

1.赋予孩子生命成长的力量

因为日记的内容会被老师及孩子甚至其他家长阅读，所以父母们都会选择一些孩子的闪光点，值得赞赏的事件，或者是一些温暖的题材来写，这样的夸赞就是在不断给孩子注入成长的力量。父母的家长日记实际上是孩子的生命叙事，生命叙事的过程也是赋予孩子的生命以意义的过程，孩子在阅读自己生命叙事的过程中不断地发现自我生命的意义，不断地强化自我认同，获得滋养生命的源泉。

"今天下班回家晚，孩子听到门铃跑出来给我开门，告诉我回家后主动在写作业，现在已经完成了。我想这应该就是这段时间我们每天聊天、每天拥抱所建构的这种和谐的家庭关系对孩子专注力潜移默化的影响，这种变化是在不知不觉中形成的，以前他是被逼着学，现在是主动学。两种都是学，可是效果却千差万别。"

经常进行这样的正面描述，其实就是对孩子做的一个积极的心理暗示，它在告诉孩子，爸爸妈妈欣赏你这种主动学习的样子，久而久之，孩子就会建立起对自我的良好认知。

2. 促进家庭亲子关系和谐

父母们要想每天有内容可写，首先就要花时间去用心陪伴孩子，和孩子交流沟通，而这个写的方式也不是家中保姆或者老人能够替代的。无形中，家长日记促进了家庭亲子关系的和谐，父母亲自参与抚养对孩子的发展具有重要作用。

"以前下班总是将工作和应酬放在第一位，现在每天下班就往家里赶，一切不必要的安排能推则推，似乎只有尽快回到家，看见孩子，才觉得心里踏实。"

"我想为先生点赞，他终于意识到我和孩子需要他的帮助。他昨晚在单位加班，我打电话提醒他，他立刻赶回来与儿子讨论起作业题，还主动写起了家长日记，觉得自己有话说。真正用心思在孩子身上，父母自然是有话说的。"

孩子在这样用心的陪伴下，觉得无比快乐：我觉得自己现在很幸福，爸爸妈妈天天都能回来陪着我，争先恐后地写家长日记，还会耐心地给我讲题目，跟我一起运动。

北京师范大学协同创新研究中心的数据调查显示，亲子关系的增长可以促进孩子的高层认知、品德行为、学业成绩、学校归属感的发展，同时也可以降低网络成瘾和早恋行为的发生率。

3. 鞭策父母进行自我反思

在书写家长日记之前，很多父母对于孩子身上出现的问题经常会进行简单归因，或归因于配偶的低智商，或归因于学校的办学理念、教师水平、班级氛围、甚至是同座位孩子的学业水平、品德修行等等，出了问题也就是简单粗暴地打骂一顿，似乎就是尽到自己的管教责任了。

写日记之后，父母在每天陪伴孩子的过程中，也开始了细心观察，耐心琢磨，开始试着认真思考，正确归因，为什么自家孩子和别人家的有那么大的差异，为什么身上的缺点那么难以改正？

小朱爸爸发现：平时孩子在家写作业时，他的桌上、床上总是乱糟糟堆满了书、本子、文具，地上也扔满了东西，手上的文具也是走到哪儿就丢到那儿，回头就再也记不得。原来孩子学习中出现的很多问题正是生活习惯的延续，已经严重影响了他的进步。

这样的反思可以促进父母进行正确归因，找到孩子身上问题的关键所在，然后再有的放矢地进行纠正，这样的认知没有长期的陪伴、坚持思考反思是很难做到的。

在寻找答案的过程中，父母们又开始了自觉学习：上亲子培训班，阅读名家书籍，深入思考研究，改变教养方式等等。

4. 言传身教给予孩子榜样示范

随着学习的深入，教育专家的话语逐渐进入父母的视野，父母们渐渐意识到教育的真谛，比如苏霍姆林斯基的话语："每瞬间，你看到了孩子，也就看到了自己，你教育孩子也就是在教育自己……"比如陶行知先生的话语："教育就像喂鸡一样，强迫着去做事是没有效果的……"经过大师的熏陶，父母们开始发现："孩子其实不难教育，难的是我们做不到，难的是我们改不了。"

有了这种认识的提升，知晓了孩子身上的问题其实正是自身问题的折射，带来的必然是父母的改变——家长日记的内容从简单的指责、批评、挑刺儿、提意见变成了自我反思和提醒，更有行动上的蜕变和重生。

一个在学校经常打其他同学的孩子说："今天我要给妈妈点赞，因为她周末和爸爸相处得'快乐'极了，再也不像以前那样和爸爸吵架。"因为母亲在家里的改变，孩子在学校也少了许多戾气，年纪小的孩子最容易受到父母改变的影响而迅速的发生转变。

孩子说："今天我只考到91分，还有不认真或者不仔细审题而导致的错误，妈妈并没有打我，而是心平气和提醒我，我想为她不打骂我点赞！"

妈妈说："这段时间以来，我也是收获满满，不良情绪也能得到控制。正如孩子所说，面对他考试中出现的计算漏题，我也能心平气和地说话，孩子自己都感到意外，的确在祥和的氛围中，孩子更乐意去思考，去表达。"

几年的"家长日记"实践带来的学生、父母和我的积极变化，让我再次想到新教育的宗旨："过一种幸福完整的教育生活。"

对于此，我个人的理解是，第一，享受"幸福完整的教育生活"的不仅仅是孩子和老师，还有学生父母，因为这三者构成了教育共同体，只有三方都感受到了幸福，这种幸福才是完整的。第二，学生父母必须参与幸福教育生活的创造，没有父母的参与，没有家庭与学校的合力，就不会有真正"幸福完整的教育生活"。

而我，用班级小小的"家长日记"实践活动，不但让孩子，也让他们的爸爸妈妈享受到了成长的快乐，而他们的成长又影响了孩子的成长。这刚好印证了朱永新老师说的那句话——没有父母的成长，就没有孩子的成长。

南京市芳草园小学　郭文红

李镇西说——

　　作为新教育实验的"个体户"，郭老师很会讲故事。而她之所以"会讲"，首先是因为她"会做"而且"会想"。新教育倡导家校合作共建，而在她的实践中，不是让家长完成"给作业签字"之类的"配合"，而是积极地引导家长通过改变自己来改变孩子，实现亲子互相促进共同成长。郭老师还在实践中找到了一个便于操作且行之有效的载体："家长日记"。每一个新教育人都这样贡献出点点滴滴的智慧，便是我们的"石头汤"。

点燃幸福

一

2015 年 7 月 19 日，一个难忘的日子！朱永新老师应邀来我市举办新教育通识培训。带着曾经的"熟识"，我竟以一个"知己"的身份，激动无比地迎接朱老师，迎接新教育。这次报告使我充分认识到，新教育是一盏明灯，她用信仰的力量构建了中国教育的"理想国"；新教育是一种追求，她在力所能及的范围内营造了中国教育的"桃花源"；新教育是一面旗帜，她以理想的方式向当下的中国教育说"不"；新教育是一种自觉，她用行动告诉人们，中国教育到了"返璞归真"的时候了；新教育还是一剂良方，她用阅读的力量为师生过一种幸福完整的教育生活奠基。

朱老师演讲结束后，校领导让我带着这几年来在"家校共育"方面取得的一些成果，向他作个简短的汇报。朱老师非常开心，让我们和下午作讲座的蓝玫老师联系。

中午，我们提前到会场，找到蓝玫老师时，她激动地说："朱老师临走时专门给我打电话，叮嘱我关注一位来自新沂的做'家校共育'的王智慧！"

从那天起，我就开始热血沸腾。冥冥中，我觉得自己有了方向，也找到了组织。

同年8月，我有幸参加山东省日照市五莲县举办的种子教师研训营，深切感受到这里聚集着一群痴迷教育的狂人，亦是我所能体悟和喜爱的人，是我愿意接近和成为的人！同时，他们也用自己的行动昭示天下：这是一群有梦想的人！更令我惊喜的是，朱老师当着全国种子教师的面，表扬了我们新沂市的追梦新教育，表扬了我们新安小学的家校共育，还点名表扬了我，对我在家校共育方面的一些做法给予了充分的认可。

我再也抑制不住内心的激动，在会场就给我们校领导发短信，申请带一年级。我要用全新的理解，全新的姿态，开启我全新的教育生涯！

二

新教育的声声召唤，让我提早进入了角色。在那年的暑假里，我就开始构思新班级的文化：班名、班徽、班旗、班诗、班歌、班级精神、孩子口号、教师口号、家长口号等等。我还设计了家长志工挂牌，思考了家校共育课程……

想象着，每天早晨用一首小诗开启孩子美好的一天，中午用《新教育的一年级》浸润孩子的心灵，晚上让孩子们根据白天发生的故事读写绘……定期召开家长交流会，带他们和孩子一起读书、学习、成长……

一切都向着明亮的那方！

开学后，领导宣布我带一年级（6）班的85个孩子的语文课，兼任班主任及年级组长。此外，我还具体负责学校的家庭教育研究所工作及一个国家级课题的研究工作……很多关心我的同事都心疼地问："你干吗要带一年级？那么多孩子！那么难教！"我笑了，然后神秘地跟他们说："我准备过一种幸福完整的教育生活！"

在他们看来，我似乎是疯了。

三

为了能给学生和家长提供更多更好的教育，我比以前更加努力学习，更加主动成长。

　　每次新教育发起培训，我都积极参与。两年多的时间，我参加了海门、河南、山东、广州等地的培训近十次。

　　如果说一次次培训为我点亮明灯，那么一本本阅读让我有力前行。

　　顺着新教育人的指引，我学习了朱永新教授、李镇西博士、孙云晓专家等大部分的著作；我参加了新教育网师培训，选修家校共育课程，读了专业的家教书；为了领读家长，我研读了数百本家庭教育专著；为了领读学生，我阅读了《中国小学生基础阅读书目》中推荐的所有书籍；为了领读自己，我阅读了心理学、教育学、哲学、文学、历史学等领域的书籍。除了读，我还听，樊登读书会、喜马拉雅、懒人听书等都是我常用的听书软件……坐着时就读，走着、躺着时就听。

　　每天早晨，我五点起床，坐在灯下读书、学习、做笔记；每天晚上，我十一点休息，坐在灯下反思、总结、做整理……几年时间，我做了80多万字的读书笔记，探索梳理出家校共育的"1236"模式，编辑了三本近40万字的家校共育校本教材，还编写了《新生入学家长指导手册》，设计了家长读书笔记、新生家长入学通知书……

四

　　为了唤醒家长的阅读和家庭教育意识，在我的建议下，学校做了"改变，从阅读开始；教育，从家庭出发"的巨幅标语立于教学楼顶，营造了良好的教育氛围。

　　我用近六年的时间实践、思考和积淀，总结出"给家长的35条建议"，从家庭教育理念到教子方法，一一普及给父母。学校把它做成35块展板安装在校园围墙的栅栏上，供每天接送孩子的家长驻足学习。（"35条"在2016年家庭教育国际论坛上展示过，也于2018年8月发表在《中国教育报》的家教周刊上。）

　　我们根据孩子的年龄特点，父母的成长需要，特地为家长量身订制了24本家庭教育必读书目，实施父母培训制度化——要求父母每学期必须读完两本书，参加两次读书交流会和主题培训会。

组建家长领读者团队，由每班十个愿意学习、用心陪伴孩子的榜样家长组成。他们协助班主任做好班级领读工作。

为促进家长的阅读与学习，我们布置家长作业，分每天"小作业"和每周"大作业"。我们每天晚上都要布置两项作业，一是学生作业，二是家长作业——阅读家教书、做读书笔记。每周五，我们会给家长推送优秀的家教文章、小视频、影视剧或樊登读书会的一本书，让他们学习，周一上交学习心得。

为引导家长与孩子共读、共写、共同生活，我们每学期结束后都引导家长书写生命叙事，让他们回顾本学期自己和孩子读了哪些书，有哪些收获，有哪些改变……最后结集成书。如，我们太阳花班的家长生命叙事集《晒太阳》，曾多次在新教育会议上受到朱老师的表扬。

到底家长学习了多少、成长了多少呢？我们又特别制定了"新父母成绩单"，从家庭和谐、陪伴成长及父母阅读等方面，对家长予以考核。这里重点引进孩子给父母评分的办法，让孩子对父母进行实时监督。

另外，我们还把家庭教育的一些基本理念与教子方法编成剧本演给家长看，编成歌曲供他们传唱。《为爱成长》就是我们以"家庭教育"为主题编词、谱曲、演唱的一首歌。

五

家长们通过阅读家庭教育方面的书、参加交流会和培训、做班级志工、参与学校亲子活动等有了巨大改变。

有这样一位母亲，小学二年级都没读完，根本无法独立阅读。自从我布置阅读第一本家教书《朗读手册》开始，她就跟儿子说："宝贝，你来当妈妈的小老师教我认字，好不好？"儿子一听这话，读书的劲头就更足了。就这样，一年下来，妈妈的阅读已经完全没有障碍，只是不会写字而已。她说："王老师，我记性不好，在你还没布置下一本书之前，我就把手里的这本书一遍一遍地读，有的书都读了四五遍。现在我发现，饭可以一天不吃，书不可一日不读！"孩子也在教妈妈认字读书的过程中学习更加积极主动，性格更加自信开朗。

一位卖麻辣烫的父亲，每次总能最先读完布置的家教书，最先上交读书笔记和读后感。他的笔记本封面、封底、内页到处都是油渍，甚至有些地方还星星点点地粘着些辣椒粉末！翻开他的笔记本，扑面而来的就是麻辣烫的味道！他的书写也不是很漂亮，摘抄也不是很多……但这丝毫不影响我们读出他的认真，他的努力，他的用心，还有他的虔诚！孩子也在父亲的影响下，非常热爱阅读，二年级时就能独自阅读一两个小时，每晚不读书不睡觉。

每学期期中，我们都组织孩子在"新父母成绩单"上为父母打分，然后在"融亲情润我心"一栏写上自己最想对爸爸妈妈说的心里话，这总能极大地触动每一位父母。正如一个孩子这样写道："亲爱的妈妈，希望你以后不要再打麻将了，我想要你陪陪我，给我读故事。"不知什么原因，孩子写好后又改为"感谢爸爸妈妈，爸爸妈妈辛苦了！"虽然擦了，但重重的铅笔字痕清晰可见。孩子真诚的呼唤，擦亮了妈妈蒙尘的心灵。她在此栏中写道："看着儿子把原来的文字擦掉，重新改写，我的内心非常痛，泪水也夺眶而出。我知道儿子是担心老师批评我才改的……我多么恨自己，母亲做得如此糟糕。我知道儿子只是想让我多陪陪他，而我……从今天开始，我一定会按儿子想的去做。请儿子监督！也请王老师监督！"这位妈妈后来真的不再打麻将，亲子关系也变好了，孩子也变得越来越阳光。

……

类似的故事还有很多。我们的家长中有上班族，也有专职父母；有公司老板，也有个体商户；有大学毕业的，也有小学毕业的；有亲生父母，也有继父继母……无论哪个层面的父母，都在读书学习、亲子陪伴中有了了不起的进步。主动参与是他们的姿态，阅读是他们的秘密武器，交流会是他们互传能量的主阵地，陪伴是他们的第一心得，成长是他们的最大骄傲，改变是他们一家人的福气。

一个家长的改变，最直接的受益者是孩子，然后是整个家庭。用一位父亲的话说："自从孩子妈妈参加学校读书、培训活动以后，她就变了，变得有耐心了，再也不像以前那样一给孩子辅导作业就'河东狮吼'，搞得家里'鸡飞狗跳'。我们家终于呈现出久违的一片祥和，孩子也随之越来越懂事，越来越爱学习。我这心也踏实了，工作之余也更愿意回家了……"

要改变学生，必先改变其父母。父母改变了，孩子就成长、幸福了。以前，让孩子通知家长开家长会，总会有一些孩子很失落，因为他们的父母"有事"不能参加。如今，期中过后，这些孩子会问："什么时候开家长会啊？"那期盼的小眼神儿中流露的是喜悦与幸福！以前，调查家长的读书情况时，一些孩子总是很难过："妈妈说孩子好好读书就行了，家长还读什么书？"如今，家长早早就读完了推荐书目，孩子总是迫不及待地过来问我："老师，咱们班什么时候开家长读书交流会啊？"那美滋滋的小模样，流露着以父母为豪的得意……

随着读书与学习的深入，家长们明白了"教育的王道就是执着地栽培自己"。所以，他们主动把自己培养成了孩子的榜样，要求孩子做到的自己首先做到。

近年来，凡到我校参观交流的老师，都说我们的孩子脸上洋溢着舒心的笑容，浑身散发着蓬勃的朝气……

六

我的"1236 模式"，由一个班级推广到一个年级，又推广到一所学校，甚至整个新沂市。2018 年，我赴陕西省宝鸡市千阳县启文小学支教。两个多月的时间，我就以"1236 模式"把他们学校的家校共育氛围带动起来。

随着新教育的深入开展，几次全国性活动在我市举办，我校的家校共育也被全国新教育同仁所认可。所以，每年学校都会吸引很多外地教育同仁参观、交流。我也因此登上央视，在全国新家庭教育文化节、全国新教育年会等不同场合做分享。

还有什么比点燃一个人的梦想更幸福的事儿吗？何况，是一群人的！

孩子的需要是我坚持的理由，家长的成长是我不懈的追求。家校共育，改变了太多的老师和家长，改变了太多的孩子和家庭，同时也改变了我，成就了我。

江苏省新沂市新小教育集团一分校　王智慧

李镇西说——

　　的确，"还有什么比点燃一个人的梦想更幸福的事儿吗？何况，是一群人的！"我们以前理解的"一群人"往往仅指学生，而新教育点燃的更有孩子的父母。教师、学生及其父母互相点燃，彼此共同成长，幸福因此而绽放。这就是新教育所说幸福教育生活的"完整"所在。

"我就是课程"

楔 子

"传奇"是唐、宋时代文言短篇小说的一种，也是明、清时代戏曲文学的一种，指情节离奇或人物行为超越寻常的故事。我与新教育的相遇就是一段"传奇"。我亦用三年的经历成就了一本师生合作的"传奇"。以下，我就用戏曲的结构形式将这段"传奇"向各位一一道来。

第一折：顽石空降武侯区，校长力荐新教育

2016 年秋天，我来到新学校——成都市武侯实验小学，与二年级（3）班（朝天乐班）的同学相遇。所谓"惺惺的自古惜惺惺"，刚一到学校，校长付华女士慧眼识珠，看出我这个从其他学校硬生生跨区空降到武侯实验小学的顽石可能有几分开发的潜力。新教师见面会上，校长了解到我的个人爱好是戏曲时，立即眼前一亮，马上提出要我把戏曲融入学校文化建设之中。

这里有必要对我们学校所在的成都市武侯区作些介绍，这么说吧，没有武侯区的教育平台，估计顽石还是顽石。武侯区是全国新教育实验区，还举办过第十八届新教育年会，而我们学校早就是新教育实验学校了。

校长热情地向我介绍新教育的理念，也不管我这个新教师到底会不会接受，能不能消化，并提出要求：你不是喜欢戏曲嘛，戏曲——可以是课程！说起来容易做起来难，初进校门的我连基本情况都没摸熟，对新教育是什么都还没缓过神来。碍于校长肯让我唱戏的面子，我准备观察一段时间再说。

恰逢此时，新教育专家李镇西老师也正以武侯区为基地，召集对新教育实验感兴趣的一线老师，开办了李镇西博士研修站第二期。搭上了武侯区的教育东风，虽然我刚接触新教育，但还是尝试写了一封申请书，提交了一份3000字的阅读报告，然后幸运地成为其中的一员，开始了为期两年的学习。两年中，每个月，李老师都会邀请一名教育界的专家给学员们作报告。李老师带领我们学习新教育，走访省内外名校，慢慢地，我对新教育从陌生到熟悉，从认识一个名字到亲身去践行其中的理论。

新教育的体系很广，很多刚接触的老师会觉得举步维艰，难以下手，李老师是这么告诉我们的：新教育并不是推翻以往的东西，而是做一些我们平时在学校里做的最基本的事情，只是你不知道，新教育不是要掀起革新，而是要让教育回归本真。

教育的本真是什么，我那时候并不清楚，我只知道我的本真是：踏踏实实教书，清清静静唱戏。

第二折：建课程百花齐放，拍昆曲班门弄斧

新教育有"十大行动"，针对我的特点，校长给了我一条建议：戏曲可以成为班级课程，你——也可以是课程！课程可以是教材，是科目，也可以是一个人。利用自身条件，开发卓越课程成了我的一个小目标。于是，我尝试着将戏曲融入课程，不再只局限于带学生听听曲唱唱戏，慢慢地，从最初的零碎的单一的传播戏曲变成了主动开发戏曲课程、构建班级文化。

三年间，我们以班级为单位开展了多项戏曲课程，都统一以"娃娃"二字开头，有看戏、学戏、演戏、写戏、画戏等等，只要能跟戏曲相结合的内容，不管属于哪个学科，哪位老师负责，我们都来者不拒。人间小世界，戏曲大舞

台，在戏曲的世界中，众生平等。课间走近我们班，你就能听到咿咿呀呀的戏曲旋律，电子屏幕上循环播放着各种戏曲名段给娃娃们"洗耳朵"。走进我们教室，你就能看到以戏曲为元素打造的班级文化建设，展示墙上的每个版块都是以曲牌名命名的，剧照、戏曲故事、文章小报都充满了戏曲韵味。

校长也没闲着，经常在关键时刻"神出鬼没"，在我唱戏唱得正欢的时候出来泼冷水、敲警钟，时不时地就把我堵在过道上或者唤到办公室"喝咖啡"，一番言辞恳切的交谈，透露出她对我这块顽石由衷的满意与淡淡的忧伤：你还是要晓得你是教语文的。

各位放心，我没忘，与语文相关的戏曲课程正在向我们奔来。"娃娃写戏"以语文学科为立足点，带领学生将语文教材中一些故事性较强的课文改编为课本剧，其特色是——采用了传统元杂剧的体式，每个故事都分为四折，并且酌情增加了戏曲唱词的写作。将全班43个同学分为11个小组，以小组形式合作改编剧本。从四年级上册的《一枚金币》到下册的《秉笔直书》，再到五年级上册的《将相和》，每学期练习一次，并且呈进阶式加大难度，从戏剧剧本慢慢过渡到戏曲剧本。

语文学科准备好了，综合实践课程就是水到渠成的事。剧本就是用来表演的，于是我们成立了"娃娃排戏"剧组，分工明确，有编剧组、导演组、统筹组、道具组、服装组、化妆组、电脑组与表演组。每位同学根据自己的意愿选择加入一个小组，每个小组负责剧组中的一项具体工种。

以前学校要排个节目，就是家校合作大家一起"鸡飞狗跳"，一个星期不得消停，"娃娃排戏"用了整整三个星期时间，但是全程不用家长帮忙，演出那天台上台下幕前幕后全部由学生一条龙完成，家长坐着看热闹就行了，这是真正可循环再生式的环保型班级排练。演出最终的效果模仿了《国家宝藏》的形式，全班一起呐喊"守护国宝，秉笔直书"，有的家长居然被感动得落下泪来。这项以戏剧表演为基础，跨越了美术、信息技术、朗诵、化妆、写作等多学科的综合课程获得了区综合实践活动特等奖。

接下来，我再介绍一项重要的课程——"娃娃拍曲"。"娃娃拍曲"课程学习的是世界非物质文化遗产——昆曲。昆曲有600多年的历史，是我国最早的戏曲种类之一，有着"百戏之师"的称号。而且我们不只学唱曲，更重要的是学唱曲的方式——照着"工尺（chě）谱"打着节拍学曲，这就是拍曲。拍曲是很多曲社传承昆曲曲唱的方式，大人学起来也不容易，属于文艺性与学术性相融合的一种活动。我们带着学生一起进行手工抄谱、识谱、唱谱等活动。

四年级下学期，江苏省昆剧院的昆曲表演艺术家孔爱萍老师做客我们的课堂。孔爱萍老师是《牡丹亭》中杜丽娘的扮演者，平时午饭时段我们都是看着她演的杜丽娘下饭，谁知道有一天"丽娘姐姐"真的能从屏幕上走下来，来到我们眼前，跟全班同学一起唱戏、聊戏，一时霁月光风耀课堂，此情此景此生再无双。

"娃娃拍曲"最后被"拍"回到了它的发源地，这是我们这部"传奇"中最为离奇的一笔。2019年10月，在李镇西老师的推荐下，受苏州市教育局邀请，我居然来到了昆曲的发源地昆山市千灯镇，将"娃娃拍曲"课程带到了昆山的课堂上。一听说是四川来的老师，居然还要给他们讲昆曲，当地的老师们脸上都露出了蒙娜丽莎式的微妙笑容，这就好比外省人到四川开火锅店，什么叫班门弄斧，这就叫！可作为四川人，爱昆曲爱到能够到发源地上课，这上的就不是课了，是情怀，是新教育带给我的又一次传奇，它向我证明：在新教育课程建设的道路上迈出去的每一小步，都在未来的日子里有了回响。

第三折：娃娃画戏三连跳，基金资助初携手

其实故事说到这里，才是"传奇"真正的开启。前面三年，是一个长长的引子，是一个厚积薄发的铺垫，没有之前的任何一步，这个"传奇"都不会诞生。

我们班有一个与绘本相关的课程——"娃娃画戏"。二年级的暑假，我布置了一项班级特色作业：从学过、看过的剧目中选材，每人制作一个戏曲绘本。暑假结束后，每位同学都带来了他们的成果。其中，《梁祝》《劈山救母》《窦娥冤》等剧目深受学生青睐，不少学生选择这些作为他们创作绘本的题材。

三年级暑假，我们对"娃娃画戏"第二期进行了升级，一起打造了师生合作的原创戏曲绘本。这是真正的纯粹的原创，因为我是一个文学爱好者，唱得

不过瘾还要自己写剧本。《浣花笺》是我们创作的一个昆曲剧本，以成都历史上著名的女诗人薛涛制作浣花笺的故事为主要内容。我来写，同学们来画，采取自愿参与的形式，利用暑假，每星期进行集中创作三次左右，开始参加的同学不少，可最后仅有三位同学坚持完成了全部画稿的绘制。绘制完成后，我们还邀请了两个平时书写比较好的同学给画稿手工抄写文字。开学时，三位同学的作品制作成了绘本成品，作为班级的文化建设项目放在教室里供大家阅读。

2019年春天，新教育基金会举办童趣手作公益作品展，向新教育各试验区征集学生的手绘作品，我将最具代表性的一本《浣花笺》绘本寄给了新教育基金会，得到了新教育基金会秦兆勇老师的青睐。秦老师对这本师生原创绘本大为欣赏，他在朋友圈贴出了一条消息，开玩笑地问有没有出版社愿意接洽出版？秦老师的一位朋友看到后，想起了成都市武侯社区发展基金会正在寻找一些发展社区文化的项目，于是，我在四月末的一天，接到了素未谋面的秦老师的电话，他向我推荐了该基金会的征集讯息。世上的事偏偏如此凑巧，武侯社区发展基金会的"春耕计划"寻找的是成都本土的文化项目，最好是能直接服务于武侯区的，而我们就在武侯区，经过新教育基金会，从上海绕了一圈，惊讶地发现：咦，原来你也在这里？

我们以班级的名义，申报《浣花笺》绘本的出版。我带着绘本的主创凌可人同学一起去参加了基金会的现场答辩，评委们对"娃娃画戏"的课程很感兴趣，成都的小学生画成都的历史名人薛涛，成都的名胜景点望江楼、百花潭、浣花溪，很有天府特色。绘本项目顺利获得了武侯社区发展基金会的支持，这是基金会第一次对小学生群体提供资助，四年级的暑假，我们将为绘本的正式出版而奋斗啦！

第四折：名家助力出绘本，师生合作创传奇

获得了资助，这既是动力，也是压力，要成为正式的出版物，可跟我们挂在教室里的自制绘本不一样了，它需要更加用心的创作与精心的打磨。我们成立了《浣花笺》2.0版本创作小组，一共有七名主要成员。

凌可人同学是主绘，任务是把剧本中每一出的内容以画面的形式绘制出来。首要任务是设计人物造型——既要符合历史，又得是戏曲扮相。我们一起翻阅专业书籍，如《中国昆曲衣箱》《昆曲艺术大典》等，观摩戏曲经典作品，如《牡丹亭》《桃花扇》《西厢记》等，遵循戏曲造型的设计原则，先设计出不同人物的形象。设计完人物，才是绘画的重头戏——根据故事内容绘制画面。凌可人同学一边画，我一边指正，重点是讲解戏曲扮相上的细节，边画边改，用了一个月的时间，她完成了全部33幅主图的绘制。

龚旭初同学负责绘制戏服插画。之前的"娃娃排戏"课本剧表演获得了区综合实践活动特等奖的好成绩，旭初在剧组中就是服装组的小组长，对戏服设计有一定的经验。这次的戏服设计，比课本剧难度大，要根据人物所处的环境、所经历的事件设计配套的服装、佩饰等，主角一个人就有好几套服装。

何佳炫同学负责设计戏曲人物表情。她平时喜欢画一些动漫类的小插画，加入绘本组后，她选择了生、旦两种造型，画了20多张戏曲表情，有的被选进了绘本里，作为主图背面的装饰。既然表情都设计出来了，如果能做成一套真正的表情包，在微信聊天中可以使用，岂不是一举两得物尽其用。

我们以班级的名义向微信表情开放平台提出了上架的申请。可万万没想到，这套表情的上架是那么曲折，经历了十次以上的被驳回、再修改，我们屡屡心灰意冷，全靠一腔执着死撑住不放弃，最终柳暗花明，"娃娃有戏"Q版表情终于在微信表情平台上架了。可以毫不谦虚地说，这是我们成都市小学生第一套正式发布的原创表情包。

不仅老师、家长很喜欢，纷纷下载转发，同学们也很有成就感，于是，我们的表情包设计又开始了第二期的创作。在美术课上，大家一起画戏曲表情包，在信息技术课上，邀请电脑制作人员进入课堂，现场演示将手绘图转换成表情包的制作过程。最终，凝聚了全班同学智慧的"娃娃有戏"第二期表情包顺利在微信表情平台上架了！

绘本中的文字全部由学生手工抄写，分为毛笔书法与钢笔书法两种。每一出的回目名与引用的薛涛的诗词都由毛笔书写，赵可谢妍同学一直坚持练习书法，这个任务就交给了她。故事说明、定场诗和戏曲唱词，由祁玉馨、卞春智两位同学分工用钢笔抄写。

还有两位重磅级嘉宾为我们的绘本增光添彩：

戏曲名家何赛飞老师帮我们题写书名和开篇题词。何赛飞老师是著名影视演员，也是越剧表演艺术家，她一直很关注我们学校的戏曲社团的发展。何老师也是一位书法高手，她的老师都本基先生，是徐悲鸿大师的传人。何老师得知我们有这样一个前所未有的戏曲项目，欣然为我们的原创作品作了题字。

我教育道路上的恩师，李镇西老师慷慨作序。"娃娃画戏"是在新教育"我就是课程"的理念之下诞生的，又经过新教育基金会的推荐，再由李镇西老师来作序，有着一种莫名的缘分牵系其中。

在多方的支持下，2019年10月，《浣花笺》绘本由西苑出版社正式出版。这是一本师生合作的原创作品，也是在新教育课程理念之下绽放出的小小花蕾。三年前，当我刚接触新教育时，万万没有想到，有一天我们可以将戏曲与课程结合得如此紧密、融洽。新教育理念中的"我就是课程"在我们班生根发芽，戏曲从我的个人爱好变成了班级的特色，教师个人的"我就是课程"脱变成为了班级的"我们就是课程"。

尾 声

三年中的三个暑假，"娃娃画戏"课程从全班的自由发挥到师生合作，从仿作到原创，从看戏到画戏，也从一个班级文化项目成长为一本真正的书籍，将一个老师业余创作的戏曲剧本变成了当代校园中的一段现世"传奇"。

三年前，一切只是从爱好与兴趣出发，在新教育的理论下慢慢摸索，三年后，似乎多了一些目标与责任。我期待的是，这一代小孩打开电视后，不会对戏曲频道觉得陌生，在外语说得顶呱呱时却不了解中国传统文化，能跟外国人交流却听不懂传统戏曲的咿咿呀呀；我更期待，当他们长大后，面对人生荣辱沉浮，能回想起在千百年前的戏曲故事中早有如此经历，如《南柯记》中淳于梦梦入槐安国为南柯郡太守20年又梦醒一场空的故事，知晓人生有绚烂光明的时刻，也有失意伤感之时，亦如《牧羊记·望乡》中所唱的"论兴衰贵贱由天"。

这些道理他们在孩提时代便已知晓，只需岁月去一一验证，而那些戏曲舞台上演绎的家国情仇、那些戏词中阐述的人生百态、那些戏曲角色的悲欢离合，都在他们童蒙时代的耳畔响过、眼前掠过、口中念过，都在他们稚嫩的画笔下勾勒过……

成都市武侯实验小学　胡艳

李镇西说——

　　因为有了戏曲课程，胡艳增加了多少"额外的负担"啊！然而她却沉醉其中，而且没有丝毫功利心，这只是她个人的浓厚兴趣和爱好而已。可因为这爱好恰好和教育重合，她便成极具职业幸福感的老师，虽然她现在依然"什么都没有"——我指的是高级职称啊、获奖证书啊、各级荣誉啊……在她身上，突出体现了新教育的一个理念："幸福比优秀更重要！"我想，人生最大的幸福莫过于其爱好和其职业是一回事吧！

愿做点灯人，散作满河星

"以美启真，以真引美。换一种眼光，在数学与诗画之间架起至真至美的桥梁，在科学与人文相得益彰的大道上寻觅世界本来的模样。"

2019年7月13日上午，全国新教育实验第19届研讨会颁奖盛典在江苏省泰州市姜堰区举行。我领衔研发的"诗情·画意·数学眼光：换一种视角欣赏诗"课程荣获"全国新教育实验十佳卓越课程"大奖，以上是我上台领奖时的颁奖词。

我回到座位，与我靠近的一位陌生老师用羡慕的眼光看着我，并同我交流起来。

"老师，您应该是教语文的吧？"

"您是怎么知道的？"

"'诗教'通常是文科老师尤其是语文老师的'专利'，与理科老师'无缘'。我看到您的获奖课程与古诗词有关而进行的猜测。"

"对不起，您猜错了，我是一名数学老师。"

缘起：学生作诗"声讨"数学

事情还得从一则新闻说起。

"数学是死亡之源/学它像入地狱般痛苦/它让孩子绞尽脑汁/它让家长急得转圈/它让校园死气沉沉/它使生命慢慢离去/生命从数学中走去/一代代死得超快/那是生命的敌人/生命从数学中走去/珍惜宝贵的生命吧/一代代死得超快"。五年前，兴仁中学数学组的一位老师读着一则网载新闻——《小学生作诗"声讨"数学：数学是死亡之源》，这则新闻引起我们数学组教师的热议：

"新闻中的小学生，之所以讨厌数学，是因为她对数学不感兴趣。"

"小学生能够作诗'声讨'数学，说明其对诗词是感兴趣的。"

"在这些学生眼里，数学可能就是一些生冷的符号、一套冰冷的逻辑、一种呆板的文化、一种费脑的思维。"

"数学与诗歌，一个冷静一个热情，一个严肃一个活泼，一个高冷一个唯美，一个理性一个感性。热情、活泼、唯美、感性是孩子的天性，孩子当然喜欢诗歌而冷落数学了。"

"从教师视角看，学生讨厌数学，与教师把数学教学当成纯粹的教授数学知识、进行技能学习的活动而忽视了人文教育有关。"

"如何解开这个'讨厌数学'之难题呢？"

"数学解题中有一种方法——回到定义。你知道数学与诗歌最初的定义吗？"

"'数学'一词在古希腊文中的最初意义相当宽泛，是'学到的或理解了的东西'，只是到了亚里士多德时代才开始专门化。而'诗学'的最初意思是'完成的、做好的或取得的东西'。因此有人说'数学'和'诗学'对公元前4世纪以前的古希腊人来说，很可能指的是同一件事。这说明数学与诗词同源，是数学与诗词融合的有力支撑。到了现代，由于数学和诗学在各自领域不断深化发展，使两者'貌离'，然而通过用诗的意境去解读数学，用数学的思维去解读诗词，仍可看到两者的'神合'。"

"教师在数学课堂恰当地引用诗词，数学课堂多一些人文气息。学生在诗意氛围中获得全新体验，给探求知识的过程增加了惊喜。"

"其实，这不就是陶行知的'诗教'思想吗？"

……

一则新闻引起我们数学组老师的智慧交流与思维碰撞，促使大家形成了这样一个共识：学陶师陶，践行陶行知的"诗教"思想，在数学教学中恰当地运用经典古诗文，将数学思想化为美妙的诗意，展示数学与诗文的联系，把理性抽象的数学直观形象化，让学生在诗情画意中学习数学，激发学生学习数学的兴趣。于是，一场"以陶为师，让数学课堂飘溢人文诗香"的教学实践活动在兴仁中学数学课堂中悄然展开。

蹭课：月有阴晴圆缺

古诗词内容丰富，博大精深，选择什么样的古诗词与数学融合呢？

我首先想到的是学生耳熟能详的中小学语文课本中出现的古诗词。如何正确理解这些古诗词呢？怎样选择适切的古诗词与数学融合呢？面对这些问题，我和数学组的伙伴们一起开展了跨学科听课。

一次，跟我搭班的语文老师秦源源开设公开课，她那天执教的是苏轼的《水调歌头·明月几时有》，我"唆使"数学组的老师一起去她的课堂"蹭课"。

听着秦老师充满诗情的吟诵，看着PPT中呈现的优美的图画，我的思绪也跟着诗意起来，情不自禁地默诵着："人有悲欢离合，月有阴晴圆缺……"

"悲"与"欢"、"离"与"合"、"阴"与"晴"、"圆"与"缺"，这不都是我们中学数学中的具有相反意义的量的意境吗？

如果数学老师能在数学课堂上引导学生从这一独特的视角审视苏轼的这首诗，让学生感到数学课还可以上得这么富有情趣，那不就是把枯燥的数学变得妙趣横生、诗意盎然了吗！

之后，我在教学"相反意义的量"时，总是提前请学生朗诵苏轼的《水调歌头·明月几时有》。

课堂上，我启发学生："'人有悲欢离合，月有阴晴圆缺'反映了一个什么规律？"

学生答："人有悲就有欢，月有阴就有晴，'悲'与'欢'，'阴'与'晴'都是对立的矛盾。"

"这种矛盾是普遍存在的，'悲'与'欢'，'阴'与'晴'不仅是对立的，而且是同一的"，我及时引导学生，"事物是变化发展的，从悲到欢，从阴到晴，都是在发展，在变化……"

我又问："如果用数学的眼光去看待，这是什么数学问题的意境？"

学生答："用数学的眼光去看待，'悲'与'欢'、'离'与'合'、'阴'与'晴'、'圆'与'缺'都是具有相反意义的量。"

学习相反意义的量，恰当地将古诗词引入课堂，用古诗词的意蕴展示数学的理性美，引领学生用全新的眼光来审视抽象的数学，增强了学生学习数学的乐趣。

试课：横看成岭侧成峰

"良好的开端是成功的一半。"《左传·昭公二十一年》中说道："《军志》有之：'先人有夺人之心，后人有待其衰。'"数学课堂引入情境，可以融合诗词，让学生感到学习数学有趣、有味，继而因趣而爱学数学，因趣而乐学数学。钱建华老师曾上过一节"三视图"试验课。

课前，他让学生朗诵苏轼的诗《题西林壁》。

开始上课，他用多媒体出示各个角度的庐山风景图片，问："这种情景能用两句诗来叙述吗？"

学生马上联想到"横看成岭侧成峰，远近高低各不同"。

钱老师又问："同一座山峰从不同的角度可以看到不同的景象，那么数学中的很多立体图形，从不同方向看到的也可能是不一样的图形吗？"

学生：……

在本课学习结束时，他再一次引导学生学生吟诵苏轼的《题西林壁》，让学生进一步体会"横看成岭侧成峰，远近高低各不同"的数学意境，帮助学生熟悉简单几何体的结构特征，提高学生的空间想象能力、几何直观能力，进一步培养学生的应用意识。

课后，学生们对学习"三视图"引入的诗词，记忆犹新，情不自禁吟诵起苏轼的诗："横看成岭侧成峰，远近高低各不同……"

一位数学"后进生"说："原来'三视图'就是'横看成岭侧成峰，远近高低各不同'。"

我们数学组的老师在分享自己感受的同时，我向数学组献出金点子："为了深入探究如何在数学教学中恰当地运用经典古诗进行人文教育，建议数学组开展'让数学课堂飘溢人文诗香'专题小活动。"

沙龙：眼中人是面前人

数学组第一次专题研讨开始了。

我说："诵诗文，悟意蕴，用数学眼光欣赏诗中几何概念的人文意境，今天大家来交流收集到的案例……"

"前不见古人，后不见来者——直线的意境。"

"我住长江头，君住长江尾——线段的意境。"

"相见时难别亦难——平行线的意境。"

"漠漠水田飞白鹭，阴阴夏木啭黄鹂——对称的意境"

"轻舟已过万重山——平移的意境。"

"大漠孤烟直——线面垂直的意境。"

"长河落日圆——直线与圆相切的意境。"

"海上生明月——直线与圆的三种位置关系的意境。"

"举头望明月，低头思故乡——仰角、俯角的意境。"

"水底日为天上日，眼中人是面前人——全等形、相似形的意境。"

大家你一首我一首，你一句我一句，吟诵着、诠释着。

"刚才，大家交流的是几何方面的成果，接下来请大家交流一下收集到的代数方面的成果。"我提议说。

"无之以为用——零的意境。"

"墙角数枝梅——用字母表示数的意境。"

"人有悲欢离合，月有阴晴圆缺——相反意义的量的意境。"

"善数不用筹策——指数的意境。"

"雁聚河流浊，羊群碛草膻——集合的意境。"

"寻隐者不遇——概率的意境。"

"太极生两仪，两仪生四象——笛卡儿坐标系的意境。"

……

沙龙活动结束时，数学组明确了下一次活动交流的主题：古诗词中的数学建模。

之后，我们还围绕"数学建模""数学思想""数学解题"等话题进行了古诗词数学意境的研讨。

意境：一片吴山越水

"吴老师，您在编写课程文本时，插入了不少书法、图画作品，与古诗词非常匹配，使课程文本更加生动活泼，二者相得益彰，您从哪儿找到这么多的素材呢？"学校里一位语文老师惊奇地问我。

我告诉他，在研发课程的过程中，我一边阅读古诗词，一边查阅（网络）文献资料，发现不少诗词配的书画很绝美，诗的情感与画的意境相得益彰，耐人寻味，极富情趣，感到非常有"诗情画意"。于是，在二稿中，我插入了与这些与诗词相互映衬的美丽书画，同时，将校本课程名由原来的"数学眼光：换一种视角欣赏诗"更名为"诗情·画意·数学眼光：换一种视角欣赏诗"。

"吴老师，您这里的'诗情画意'有什么寓意？"

我说："诗情，正如刘禹锡《秋词二首》之一所言'晴空一鹤排云上，便引诗情到碧霄'，范成大《荆公墓诗二首》之一所言'半世青苗法意，当年雪竹诗情'；画意，正如欧阳修《盘车图》所言'古画画意不画形，梅诗咏物无隐情'。诗情画意，正如宋代周密《清平乐·横玉亭秋倚》所言'诗情画意，只在阑杆外。雨露天低生爽气，一片吴山越水'。"

"那么，数学眼光是什么呢？"

我回答："有人说正如郑板桥《咏雪》所言'一片两片三四片，五六七八九十片，千片万片无数片，飞入梅花总不见'，还有人说正如宋朝理学家邵雍《山村咏怀》所言'一去二三里，烟村四五家，亭台六七座，八九十支花'。

"其实，这不是我认为的蕴含数学意境的古诗词。

"研发此校本课程，我有一个关键词：古诗词中的数学意境。

"那么，什么是古诗词中的数学意境？

"古诗词中的数学意境是指古诗词中呈现的那种与数学情景交融、虚实相生、活跃着生命律动的韵味无穷的诗意空间，或指古诗词中所呈现的那种与数学情景交融、虚实相生的形象系统，以及其所诱发和开拓的审美想象空间。"

我是这么想的，也是这么行动的。

建构：散作满河星

为了研发卓越课程，我一头扎进诗海里，诵李白的《静夜思》，欣赏"举头望明月，低头思故乡"中仰角、俯角的数学意境；诵《黄鹤楼送孟浩然之广陵》，欣赏"孤帆远影碧空尽"中极限的数学意境；诵李商隐的《无题》，欣赏"相见时难别亦难"中平行线的数学意境；诵贾岛的《寻隐者不遇》，欣赏"只在此山中，云深不知处"中存在性定理的数学意境；诵白居易《赋得古原草送别》，欣赏"一岁一枯荣"中周期函数的数学意境……我整理成的万字论文《数学眼光：换一种角度欣赏诗》，发表在《数学教学研究》2013年第5期上。

2016年10月，我校作为全国第四届课博会分会场，来自全国各地的领导、专家在观摩了我上的校本数学课程后，特别感兴趣。南通大学理学院、南通市乡村初中数学骨干教师培育站、南通市初中数学学科基地等相继邀请我作该课程的专题讲座，并给予很高的评价。所有这些都为我研发卓越课程"诗情·画意·数学眼光：换一种视角欣赏诗"增添信心。2019年7月，"诗情·画意·数学眼光：换一种视角欣赏诗"荣获"全国新教育十佳卓越课程"殊荣。2019年8月20日，新教育研究院主办的《新教育》以《在数学与诗画之间架起至真至美的桥梁》为题，刊登了我的新教育实验叙事。2019年9月11日，《通州日报》

的"教育展台"栏目用一整个版面的篇幅，以《数学课堂里那一片吴山越水》为标题对我和同事们研发卓越课程的事迹进行了报道。

一次，学校召开校本课程研发推进会，校长说："兴仁中学研发出来的馨仁课程，就应该有兴仁中学的样子，这个样子就是吴佑华老师研发的具有国家级水平的卓越课程'诗情·画意·数学眼光：换一种视角欣赏诗'……"一位同事评价道："是的，在践行朱永新教授发起的新教育十大行动中，吴佑华老师就是这样的'点灯人'，正如查慎行的《舟夜书所见》吟诵的那样，'月黑见渔灯，孤光一点萤。微微风簇浪，散作满河星'。"校长的讲话、同事的评价虽是溢美之词，但亦是对我的新教育实验成果的肯定。

诗教：灯火阑珊处

这是我上校本课程"诗情·画意·数学眼光：换一种视角欣赏诗"的一个教学片段：

"大家还记得王国维在《人间词话》中是怎样描写做大学问的三种境界的吗？"

我的话音刚落，学生们便齐声朗诵起来："古今之成大事业、大学问者，罔不经过三种之境界……"

"王国维所说的做大学问的三种境界，同学们在语文课上已经学习过，如果从数学角度去理解，该怎么理解呢？"

学生们的回答精彩纷呈：

"问题是数学的心脏，研究数学的第一境界是发现数学问题。"

"第二境界便是探索数学问题。这是一个求知的过程。"

"第一阶段发现数学问题，第二阶段探索数学问题，第三阶段解决数学问题。"

"你被一个数学问题困扰许久，苦苦思索终不得结果。可是某一天，脑中灵光一闪，心中豁然开朗，原来它早已在你心中扎根，只待时机到来就破土而出。你这才知道，原来你一直努力寻找的，其实已经在你身边。知识或者人都是如此……"

"解数学题特别是解较难数学题还可以品味数学之美。"

"昨夜西风凋碧树，独上高楼，望尽天涯路——努力过后才能体会到的艰辛美。"

"衣带渐宽终不悔，为伊消得人憔悴——为挚爱而执着之美。"

"众里寻他千百度，蓦然回首，那人却在，灯火阑珊处——成功后的喜悦美。"

"著名作家王蒙说过，最高的数学和最高的诗一样，充满了想象，充满了智慧，也充满了灵感与激情，更充满了创新与挑战。数学教学的魅力，不仅在于一个个天衣无缝、无法推翻的性质、公式、定理、推理，还在于数学与文学、哲学、美学的完美融合。"

哲思：向着明亮那方

我用一个数学人的眼光，从数学中挖掘其蕴含的古诗词意境，起初只是偶尔为之，谈不上研发卓越课程，更没有想到能荣获"全国新教育实验十佳卓越课程"大奖。

2013 年，我有幸参加了朱永新教授发起的新教育实验，成为全国新教育实验的一名种子教师，"过一种幸福完整的教育生活"的新教育理念，唤醒了我那沉睡了的教育梦。我与广大教师一起践行新教育"十大行动"：师生共写随笔、构建理想课堂、研发卓越课程……我反复琢磨、体会朱永新教授在《新教育》中给予我们的启示："我们需要的是行动，我们需要的是坚持。只要行动，就有收获。只有坚持，才有奇迹。"我开始守望新教育——聆听大师的教育智慧，分享专家的教育心得，汇聚田野的教育创造，助力有缘的教育梦想。我开始守望新教育——呈人之美，成人之美。帮助我的新教育共同体成员过一种幸福完整的教育生活。我常常思索，怎样才能"过一种幸福完整的教育生活"？我想到了走出去"聆听窗外声音"，想到了读几本关于新教育的书、写一点教育生活的感悟，想到了"营造书香校园""师生共写随笔"，想到了与志同道合的同事一起"研发卓越课程",想到了上几节市、区、校公开课去研究如何构建理想课堂……近几年,我有幸多次参加郑州、徐州、厦门、泰州、海门等全国的新教育活动,与全国新教育实验区通州区负责人杨晓华主任、全国新教育实验研究院许卫国科长等进行深入的交流,受益匪浅。

研发卓越课程,我追求真正的卓越。我先后研发了"知仁·兴仁·达仁"学校仁文化课程,"幸福农事"生活课程,"诗情·画意·数学眼光:换一种视角欣赏诗"知识拓展课程,这些课程成为学校的标杆性课程,也引领着学校老师们积极参与卓越课程研发。学校要落实新教育"十大行动",我做领航人,为学校做顶层设计;做有心人,推进学校仁文化建设。多参与、多观察、多动手、多反思、多动笔,我撰写的学校课堂改革的叙事文章《朝着"教学做合一"的方向》被《中国教师报》(2017年12月20日第692期)用一整个版面的篇幅刊登在"样本·现代课堂"栏目上,中国教育新闻网进行了转载;总结学校新教育实践经验的文章《朝着"新教育"那方》被选录在新教育研究院编著、湖北教育出版社出版的《相信种子,相信岁月——新教育实验管理操作手册》一书中;不少新教育叙事(随笔)被《德育报》《教育》《南通日报》《通州日报》等录用;积极参与学校研学课堂改革,构建理想课堂,建设数码社区,缔造完美教室,家校合作共建,每年在市、区、校范围执教公开课或作专题讲座,宣传、推介新教育理念。校长说,学校荣获"全国新教育实验优秀学校""全国新教育实验示范学校""南通市新优质学校",离不开我的努力,我听了很欣慰。我和我的新教育团队的老师不再感到教师工作缺乏激情,不再感到教师生活单调乏味。

现在,我与我的新教育同仁们,正带着理想与激情,带着思想与理念,带着路径与方法,朝着新教育明亮那方前行!

江苏省南通市通州区兴仁中学　吴佑华

李镇西说——

数学课被吴佑华老师上得诗意盎然，难怪她的"诗意数学"被评为"全国新教育实验十佳卓越课程"。有人误以为新教育只是属于文科的，其实不然。吴佑华老师以自己的实践告诉人们，新教育课程的诗意是渗透于每一个学科的。我还想说，所谓研发卓越课程，是从教师的精神世界里"研发"出来的。没有教师的职业情怀和专业素养以及广博学识，就没有卓越课程的诞生。

像夏洛一样为孩子织网

卢志文老师曾经说："新教育不是贴标签，不是赶时髦，新教育是唤醒，是编织，是仪式，是刻写，是穿越，是成长。"应该说，我和我的学生就是在新教育里成长的。

2007年5月，张硕果老师带领我们焦作市50多名教师到山东省淄博市临淄区金茵小学学习，说是要学习如何营造书香校园。没想到，这次学习给我们带来巨大的震撼！这次偶然的相遇，让我跟着张老师走进了新教育。

十几年过去了，算起来，我应该是新教育的一名老兵了。这十几年，跟随新教育团队一路走来，我犹豫过，委屈过，但更多的是坚定、坚持和坚守。我知道无论如何，自己都不可能再回到曾经的老路上去了，因为新教育已成为我生命的一部分。

《夏洛的网》中，夏洛曾这样说："生命到底是什么啊？我们出生，我们活上一阵子，死去。一只蜘蛛，一生只忙着捕捉和吃苍蝇是毫无意义的，通过帮助你，也许可以提升一点我生命的价值。"作为一名教师，一名新教育的教师，就应该像夏洛一样，编织一张张生命的网，让一个个孩子朝向美好，并以此提升自己生命的价值。于是，在新教育的旅程中，我对孩子的生命进行了一次次的编织……

拥 抱

这是一个特别爱动、爱打架的孩子。他的书包里、口袋里，总是装着一些小玩意儿。上课不是玩东西，就是扰乱旁边的同学上课，没有人愿意和他做同桌。老师批评他，他一副害怕的表情，却又梗着脖子做出不服气的样子。老师批评他之后，他会在老师转身之际或离开之后，在背后恨恨地说："再吵我，我就打119告你！"他还不知道究竟该打110还是119，心中就充满了怨毒。表扬他，他呆呆地看着你，满腹狐疑地望着你，依然无动于衷。每个老师都对爱动的他束手无策。上幼儿园、学前班时，他总是坐在教室的最后一排，成为角落里的孩子。他叫家之。

家之的妈妈对孩子的教育就是唠叨、打骂，因为妈妈总觉得孩子成绩不好。在家里，他经常被脾气暴躁的妈妈打骂，这使他形成一种既胆小又逆反的性格。家之来到我们班，让我头疼不已。他的座位调了一次又一次，来告状的学生一个接一个，要求给孩子调座位的家长来了一拨又一拨。

一天，家之同桌的家长来给我反应情况，说家之用铅笔把他们家孩子的肚子扎流血了。我给家之调了座位，新同桌根本不敢把东西装到靠近家之那边的口袋里。没几天，新同桌也来告状，说家之把痰吐到她的桌子上。多可气的孩子！我找来家之，和他谈心。家之一副漠然的表情，满不在乎地告诉我："妈妈打我、骂我，我都不怕。"停了一会儿，他又怯怯地说："但我怕黑，怕孤独。"孩子心理问题的根源就在于此！母亲的严厉使他把同学当成发泄情绪的对象，也使他产生深深的厌学情绪。他也把对家长的恐惧投射到黑暗、孤独中。

望着眼前这个冷漠的孩子，我没有指责他，而是轻轻地把他抱在怀里。家之紧紧地贴着我，脸上写满了疑惑。我问家之："老师为什么抱你？"家之迷茫地摇摇头。我告诉家之："你犯了错误，老师抱抱你，是因为老师对你的宽容。你知道什么叫宽容吗？"家之点点头，我接着问："老师对你宽容，你有什么感觉？"家之一脸真诚，说："老师抱抱我，我心里非常感激老师。"

真是个聪明的孩子！我趁此机会告诉家之："你和别人发生过矛盾，如果学会宽容，别人也会很感激你。"孩子明白了，郑重地点点头，说："谢谢老师的宽容！"

之后的日子，家之和别的同学发生冲突，我都会抱抱他。我告诉他，要学会宽容。渐渐地，家之和同学之间的冲突少了，和妈妈的关系融洽了，对待学习的态度也端正起来。我和家之妈妈不断地鼓励家之在学习上取得进步。孩子在学习中有了尊严，我们点燃了孩子"想成为一个好人"的火花。一次家长会结束，家之妈妈满含热泪上前抱住我，感谢我还给他一个可爱懂事的孩子。这样的孩子，在学校里没有被老师歧视，赢得了生命的尊严！

这样的拥抱，这样的宽容，班里每个孩子都得到过，一个孩子写下这样的文章：

"来，老师抱抱你。"常老师亲切地说。

我的头埋得更低了，我在犹豫，在害怕。老师张开双臂，我猛地扎进了老师的怀抱，滚烫的热泪一直往外涌，脸更红了。

"老师，我错了，我以后一定改正。"我哽咽着说。

"乖，不哭，老师原谅你，老师相信你也是无意的。"老师紧紧地搂着我说。

我说了不该说的话，让老师生气了。是老师的拥抱让我懂事了。面对老师，真是羞愧，当时真想有个地缝钻进去。那一刻，在一旁的妈妈也哭了。老师的拥抱原谅了我，我一定记住，一定改正，努力学习。

我们班的每一个孩子都被老师拥抱过。在我们过生日时，老师会给我们一个祝福的拥抱；在我们进步时，老师会给我们一个鼓励的拥抱；在我们受委屈时，老师会给我们一个安慰的拥抱；在我们取得优异的成绩时，老师会给我们一个肯定的拥抱；还有在我们为困难退缩时，老师会给我们一个充满信心的拥抱；在我们犯错时，老师会给我们一个宽容的拥抱。老师的拥抱给了我们力量，给了我们温暖。

我珍藏着老师给我的拥抱，我喜欢老师的拥抱。

就是这样的拥抱，让所有孩子包括家之感到老师的宽容，让他们获得了自尊带来的能量。

石 头

老师的拥抱，让孩子们感觉到了爱，获得了安全感，孩子们的性格有了很大改变。他们变得开心起来，每天脸上都挂着微笑，也能和同学们和睦相处。但是，爱动的孩子依然不能安安静静地听课学习，不停地做着小动作。怎样能够让多动的孩子安静下来呢？

刘景的生日快到了。生日，是孩子生命成长的关键时刻。孩子过生日时，用朴素的仪式、美妙的诗歌开启生命的黎明，会让孩子感受到生命的美好。根据孩子爱动的特点，我找到了《会思考的石头》这首诗送给刘景，希望他能变得像诗中的那块石头一样沉稳，会思考。

本来打算到商店买一块石头送给刘景，可是由于事务繁忙，没来得及给他买石头。我就在石头堆里找来一块漂亮的石头，把它洗干净，装在一个精致的小盒子里，打算在刘景生日那天，当我们全班为刘景朗诵《会思考的石头》时，把这块普通的石头作为生日礼物送给他。

4月8日早上，一场春雨悄然而至，这场春雨也是赶来为刘景祝福的吧。雨点啪啪地敲打着窗户，像是在祝愿他变成一块安静的石头，一块会思考的石头。在春雨的伴奏下，我们全体同学为他送上最诚挚的祝福：

亲爱的刘景

忽然　你想变成一块

会思考的石头

静静地坐在那儿

一动也不动

清晨迎接朝霞

夜晚仰望繁星

变成一块会思考的石头

日子很充实　也很轻松

一个安静沉默的刘景
在思考着严肃的事情
真的　你知道了学会思考
人才会变得聪明

多少孩子羡慕呀，吴越说："我生日那天，哪怕老师送我一根枯树枝，我也要珍藏一辈子。"这首诗也给每一位同学以心灵的震撼。朗诵完这首诗，上课时每个孩子都端端正正地坐着，静静地思考问题。他们都变成了会思考的石头。张家齐在家里写作业时特别认真，妈妈问他为什么。他说："我要做一块会思考的石头。"

刘景在日记里写下了这样的话："老师送我一块石头，一块会思考的石头。就是希望我做一个像石头一样会思考的孩子。石头是一动不动的，我却动来动去，像鱼一样。做石头就要改掉多动症。我相信，我一定会变成一块石头，一块会思考的石头！"

刘景特别爱动，父母认为他有多动症，曾带他到北京检查治疗，也没有让他改掉爱动的毛病。一首《会思考的石头》，让刘景慢慢地变了，上课变得安静了。有时他刚要开始做小动作，我就会说："会思考的石头，你在思考什么？"刘景就会羞涩地一笑，马上坐端正开始听讲。任课的老师都说刘景变乖了。

跌　倒

刘景在一点一滴进步着，新的错误也在一件一件出现着。

学校举行新教育开放日。开放日的第一项内容是我们班的生日诵诗展示。刘景也要参加展示。这一天，刘景又出现了新问题。

早上，我早早来到学校。刚走到校门口，就发现刘景噘着嘴站在大门口。

他没有穿演出的衣服，两手空空，看来送给他的石头也没带。一看到他的装束和他的状态我就大为恼火，按捺着情绪问他原因。他说爸爸妈妈都没在家，自己忘了这件事。这时，训斥是不能挽回局面的。我让他去操场上先找一块石头来代替。

当我安排好学生后到操场上找他时，他正呆呆地站在操场北边，两只手不安地搓来搓去。我什么话也没说，走上前去，领着他一起去找石头。可是整个操场竟然连一块小石头都没有，我们在一个角落里找到一个砖头块，暂且代替我送给他的石头。来到班里，我又让他和一个同学换衣服，一切准备就绪。刘景此时也变得高兴起来，我拍拍他的肩膀，轻轻地告诉他："遇到事情我们勇敢面对，就可以找到解决的办法。"刘景睁大了眼睛，目光变得异常坚定，用力地点点头。他明白了，遇到事情只要勇敢面对就可以想办法解决。带着这样的心情，刘景参加了展示活动。这次活动他完成得很出色。

演出完回到教室，我们全体同学朗诵了这样一首美妙的诗——《跌倒》：

风　跌倒了
才有了美丽的落叶
云　跌倒了
才有了滋润大地的雨水
太阳　跌倒了
才有了静谧的夜晚

所以　我们不再害怕跌倒
当你跌倒时
就用最美丽的姿势
站起来

我对同学们说："今天早上，刘景跌到了。他要演出，却衣服不换，石头不带。但刘景没有趴下，他用美丽的姿势站了起来，出色地完成了这次演出。"

这时，大屏幕上打出稍加改动的第二节诗：

　　　　所以　勇敢的刘景不再害怕跌倒
　　　　　　当你跌倒时
　　　　　　就用最美丽的姿势
　　　　　　站起来

　　同学们用最动听的声音读着，从同学们深情的声音里，刘景听出了关心，听出了鼓励，听出了勇敢的精神。这节课使刘景真的变成了一块会思考的石头。

秃　鹤

　　随着年龄的增长，孩子们逐渐开始关注自己身体上的某些缺陷。王铭的手上长了一个瘊子，他就每天带着一只黑手套，想遮住这个瘊子。同学们拿他开玩笑，他就很生气。后来同学就故意气他，说这个瘊子是班里的一个女生侯惠宇。侯惠宇倒没生气，王铭却气得哇哇大哭。为这个瘊子，他三天两头和同学打架。我批评他，他不服气地说："为什么每次总是批我？"

　　那天下午，我兴冲冲来到学校，准备午读时间领着大家读曹文轩的《草房子》。刚走进校门，一群孩子跑来告状，说王铭在教室里大喊张丹是他老婆，还拽张丹的裤子，把张丹吓哭了。

　　来到教室，只见张丹坐在座位上哭泣，一群学生围着王铭在指责他。王铭气哼哼地和周围的人吵着，丝毫没有认识到自己的错误。我想批评他，可看到他和其他同学对立的样子，知道批评他也不会有什么作用。

　　忽然，我想到了《草房子》中的秃鹤。

　　秃鹤是一个秃顶的孩子。随着时间的流逝，六年级的秃鹤感觉到因为自己的秃顶使他成为同学们"戏弄"的对象，自尊心受到了伤害，他为此做出了反常之举。他用不上学来逃避同学异样的眼光，用生姜擦头希望在七七四十九天后长出头发来，用戴帽子企图遮掩自己的秃头。当这些都使自己陷入更"糟糕的境地"时，他索性在广播操比赛这样的重大日子里，把自己头上的帽子甩向了天空，导致全校的广播操失控，而错失了"第一"的荣誉，"就这样，秃鹤用他特有的方式，报复了他人对他的轻慢与侮辱"。即使秃鹤用这样严重的错误来报复别人对他的侮辱，但是，他还是纯真的。他希望通过这样的举动来得到大家的认可，得到大家的尊重。当学校的文艺演出缺少一个秃头的演员时，他毅然站出来，承担起了这个重要的角色，而且把这个角色演得一丝不苟，活灵活现。秃鹤在演出中感悟到了，只有为集体做好事才能得到大家的认可，得到大家的尊重。

想到这里，我平静地对大家说："其实王铭特别像秃鹤。"几乎所有孩子都异口同声地说："他不像！""秃鹤值得同情，王铭根本不值得同情！"我没有给孩子们解释，而是让大家拿出《草房子》，朗读秃鹤因为会操时捣乱同学们都不理睬他的情节。

读着读着，孩子们醒悟过来，王铭和秃鹤一样，因为自身的一点小缺陷感到自卑，想赢得尊重却越来越被人瞧不起。原来自己班上的王铭同学也是值得同情的！

下了课，几个孩子主动跑过去，拉着王铭的手向他道歉。王铭也深深地认识到自己的错误，真诚地向张丹鞠躬道歉。

王铭消除了心理阴影，明白了自己总是挨批的原因，之后的日子里，他努力学习。我们都说王铭是我们班最英俊的少年！

三鞠躬

孩子会犯错，教师在教育过程中也会出现失误，在孩子心中留下创伤。我们也需要编织孩子的梦想，让孩子的心灵走向美好。

那天下午，学校的财务老师走进教室来收孩子们订报纸的钱。订报纸的同学把钱交给老师，然后把自己的名字写到老师的本子上。财务老师临走前又问了一句："还有谁订报纸吗？"只见子君举起手来，着急地说："老师，我刚才交钱了，但没有写我的名字！"老师就把写名字的本子给了子君，让他把名字写上。

我们继续上课。忽然，这位老师急匆匆地闯进教室，冲着子君说道："子君，你说钱交了，我刚才清点钱数发现少了20元钱。你到底交了没有？"

"我交了！"子君辩解道。

"那我收的钱动都没动，就从教室走到办公室，怎么就少了20？"老师继续追问。

"我真——交了！"子君努力为自己争辩。

看到眼前的情景，我也参与进去，问子君："你今天带了多少钱？"

"我带了10块钱。"

听到子君的回答，班里的孩子们脸上露出疑惑的神情，小声议论："一份报纸20元，只带10元钱够吗？"

子君赶紧解释："我还从妈妈给我的压岁钱里拿了10元。"

看到子君桌子上放着的他中午刚买的书，直觉告诉我，子君在撒谎。我必须查出实情，查问必须进行下去："你买书的钱是哪儿来的？"

子君回答："是姐姐给的钱。"

追问钱的来历，子君一会儿一个说法，不得不让人怀疑。如果再追问下去，一定对子君不利。于是，我对财务老师说："你先走吧，这件事我来帮你处理。"劝走了老师，我转身走到子君身旁，语重心长地对他说："子君，从刚才的谈话中，我们听出来，钱，你就是没交。你是我的学生，也是我的孩子，老师不想其他老师对你有看法。"说着，我从口袋里掏出 20 元钱，交到子君手里："老师给你20元钱，你去把这钱交给财务老师。"子君含泪接过我给的20元钱，一步一步挪出了教室。我暗自高兴：既解决了问题，又保护了孩子。

晚上，子君的妈妈给我打来电话，和我聊了半个多小时。她在电话中告诉我，孩子确实没有撒谎。从电话中我听出来了一位母亲在孩子受到伤害后的那份心痛。

放下电话，我的心久久不能平静。我想起李镇西老师说过：孩子处于做梦的年龄，应该让他们做梦，这是对生命的尊重。宁可暂时被学生欺骗，也不冤枉一个学生。我错了，我真的错了！我自以为关心孩子，实际上是在伤害孩子。我用自己的 20 元钱在告诉大家，这个孩子在骗人，在说谎。我给孩子的心中加了一个大秤砣，让它重重地压着孩子。我为什么没有更加深入地调查研究就轻易地作出判断呢？我为什么不能多听听孩子的声音呢？

站在窗前，望着窗外昏暗迷蒙的天空，我的心中充满阴霾。做教师 20 多年，我怎能犯下如此错误呢？唉，当教师真难呀！明明想保护孩子，反而伤害了孩子……

我必须找到弥补自己过失的方法。慢慢地，一轮月亮穿过云雾，天空变得明朗起来。望着天空的明月，我想到了送给孩子的生日诗。在孩子受到伤害的时刻，能温暖孩子心的就是送给他的生日诗！我的心也渐渐明朗起来。

第二天来到教室，我首先做的第一件事就是走到孩子面前，深深地向子君三鞠躬。所有的孩子都惊呆了，他们用诧异的目光望着我，好像不认识我一样。我郑重地告诉孩子们："你们的老师做错了一件事，我伤害了子君，我要向他道歉。"子君的眼泪喷涌而出，这是如释重负的泪，这是能够重新赢得同学朋友尊重的泪。

我走上讲台，打开电脑，把生日诗的PPT播放出来，并把子君请上讲台。所有的孩子都站起来，用最甜美、最柔和的声音送上大家的期望与祝福。

子君被诗歌深深地打动了，满脸幸福，昨天的伤害已在他的心中消退。他尽情地享受着诗歌带给他的快乐，在诗中慢慢地汲取着力量。

此时，子君的目光是那样的坚定，神情是那样镇定。往日有些顽劣的他变得文静、安详。

看到眼前发生了巨大变化的孩子，我在心里默默地说：感谢生日诗，让我重新编织了孩子的梦，挽回了教育的失误。

这就是教育的魅力。教育是什么？它是新希望，它渴望遭遇，遭遇许许多多大家司空见惯、习以为常的事物，其中更多的是错误，然后我们静悄悄地改变它，把它变成美好的故事。当孩子们的心灵得到滋养时，我们的教育变得这样简单，变得这样具有诗意。

收　获

教师节，刚上大学的云哲给我发来短信：

亲爱的常妈妈，我是云哲，今天是教师节，祝您教师节快乐！教师节到了，我们正在军训，虽不能探望老师，但挂念之心常在。现在我已经是河南理工大学的一名大学生了。您在小学时对我的影响至今仍觉得受用非凡，多读书读好书的习惯一直伴随着我，多怀善念将心比心至今于我仍是一笔珍贵财富。小学六年至今我都算不上是一名成绩优秀的学生，但我觉得我一直都很幸福快乐，也在尽力使周围的人都感到快乐。亲爱的常妈妈，感谢您六年的辛苦付出，如今您用诗歌书卷滋养的孩子们都已长大。望常妈妈能够家庭美满、身体健康，教师节快乐。

您的孩子：云哲

读着这样的文字，夏洛的身影出现在我的眼前。像夏洛一样为孩子们织网是一件多么幸福和快乐的事情啊！

我很喜欢读诗，诗人用笔写下令人心驰神往的文字。其实，教师也是诗人，是在用心血写诗，写着孩子们的美好未来。不过教师的诗不是写在纸上，而是写在学生的心里，写在学生的生命里……

跟随新教育已经走过十多年，未来的十多年，也许更多的日子，我愿意继续像夏洛一样为孩子们织出美丽的生命之网……

河南省焦作市解放区环南一小　常瑞霞

李镇西说——

    我在想，若干年后，常瑞霞老师的学生们回忆他们在常老师身边的日子时，会想到什么呢？具体的课堂知识、课后作业估计想不起来了，但家之一定记得那个温暖的拥抱，刘景一定记得那块会思考的石头，孩子们会记得名为《跌倒》的诗歌，还有《草房子》……而能给孩子们的将来留下温馨记忆的教育，就是好教育；能给他们留下这样美好记忆的老师，就是好老师。比如常瑞霞。

一个老师两个娃

秋季开学，我满怀对教育工作的热忱之心，想在本学期的工作中更上一层楼，然而，事实并非我所想，我所带的四年级只有两名学生。一个老师两个娃，乍听起来，是多么的轻松自由，甚或让人发笑。可他们都是特殊的孩子，学习中欠缺的太多，他们却全然不知。而我，曾经的想法也完全破灭，不知到底何去何从？

每天看着那两双闪亮而渴望的眼睛，我的担心一股脑消失了。我是一名教师，他们无论怎样，也是我的学生，一个也不能少，一个也不能落下。因为我深爱着教师这一职业，瞬间，我的自信与魄力似凤凰涅槃的伟力指引着我去完成一个老师两个娃的使命，走向那鲜为人知、不曾企及的远方。

正当我无所适从的时候，我有幸接触了新教育，认识了朱永新教授，在教育教学之余，阅读了《致教师》《让孩子创造自己》《新教育实验：为中国教育探路》和《爱心与教育——李镇西素质教育探索手记》等书籍，它们也成了我的枕边书，在我迷茫时，让我看到了一股清泉，哪怕是一个老师两个娃，我也幸福满满。

走近新教育，学习新教育，我们便找到了新的教育生活。从晨诵，到午读，再到暮省，没有了往日的埋怨，没有了今日的唠叨，只有对现在教育生活的把握，努力让自己沉醉在一个老师两个娃的教育生活中，就是我现在最大的幸福。

教育因爱而永恒

我出生在农村，我深知，农家孩子唯一的出路就是好好学习，考上大学。每天，看着他们在教室里端端正正乖巧学习、使劲学却赶不上的样子，让我既激动又苦恼，因他们爱看书而激动，因他们学不会而苦恼。虽然我只有这两个学生，但他们也需要阅读，也需要老师时刻关心鼓励，我不奢望他们像其他学生一样优秀，但我毕竟还有收获，毕竟还有希望。

源于此，我努力营造适合这两个孩子的特殊书香班级，而它更像是一个温馨的书香家庭。朱教授说："用心了解才是开始，把儿童真正当作一个人来看待。"是啊！即使特殊，也不应当遗忘。我们班王历成，帅气可爱，个高健康，一眼看去，没有什么与众不同，但只要一谈学习，便令人头疼。已经上小学四年级的他，汉语拼音还不能全部默写正确，声调也没有办法区分，汉字只会认一些简单的诸如"一、二、三、天、地、人"之类的字，朗读课文也只能读出自己会认的字，不能连贯成句，更不要说对课文的理解了。

就是这样的一个学生，我每天坚持带着他晨诵，面对面、手把手教他，他也每天坚持学习，哪怕一天学习一个字也行，阅读一页也行，他那么渴望知识，那么追求美好未来，看着他，我更加不能松懈，我觉得肩上的担子越发沉重。是啊，我不能放弃！我坚决不能放弃！

正如新教育所说，改变教师的行走方式，给予孩子们一种积极的学习方式，培养他们健全的心智，让他们度过一个快乐平安的童年。我们的教育，需要的可能并不是美丽光环的照耀，而是脚踏实地一步一步走过来的那份汗水。小草啊，你不要羡慕鲜花的娇艳多姿，你也有自己阳光灿烂的春天！

我飞得慢，但我想飞

我的另一个宝贝叫王亚丽，一个高而瘦的女生，总喜欢向老师问问题，善于说话的她更是可爱。

给她上课的我，总是把语速放慢，因为她接受知识需要一个漫长的过程。

学习了新教育，我才知道"老师，要做一个欣赏者和帮助者，让孩子创造自己"。于是，我把什么都慢了下来。因为慢，一切变得更加精彩。

上课时，她更加积极回答问题了，即使回答得很简单；平时，她更愿和我聊天了，即使问那些不着边际的问题，我也总不厌其烦地回答她。就像朱教授所说，永远不存在抽象的儿童，一个小学生，永远有他特定的年龄、性格、性别、经验、兴趣与独特的智能。伴随着新教育的步伐，王亚丽每天都在寻找自己，都在进步，的确，"童心最美，童言最真"。

有了新教育，我的教育更有了温度。就像朱教授所说："发现孩子成长的秘密，从孩子对面走到孩子身边，就能看到生活中最真切的孩子。"

每天早早起床，王亚丽就为奶奶准备好温开水和药，为母亲准备好洗脸水；中午回家，更多的是父亲做饭，吃来吃去永远离不开的就是那碗"散饭"就着一点素菜。洗锅抹碗，是王亚丽的工作。双休日其他同学玩耍的时候，正是王亚丽最忙的时候，她要赶着时间背着背篓去田间地头割满整筐整筐的杂草来喂养兔子，只有兔子吃好了，父亲才能把它卖个好价钱，奶奶才有看病的钱，母亲才有一件像样的衣服，自己才可以买到一支心爱的钢笔……

"让孩子勇敢做自己，发现自己，找到自己。"因为慢，她便更加努力向前，使劲地飞，坚持不懈地飞，飞得久了，也到达了目的地；因为她的慢，我更有了耐心，更学会了等待。真的，我们每个人都有辉煌的那一刻，需要的只是静待花开。

"努力培养孩子现实的能力，播种美好，才能收获美好。"我把充足的时间留给了她，她也在时光的浪花里击打出属于自己的声音——六一儿童节参加了学校里的文艺表演并获奖，秋季运动会上获女子赛跑第一名，书香校园诗歌朗诵大赛中获第二名……

等　待

新教育的三年研学，三年实践，我们收获了很多。通过晨诵，让两个孩子养成清晨学习的生活方式，习诵优美的母语；通过午读，找到适合两个孩子的读本，师生共读，亲子共读，实现了老师、学生及家长真正的共同生活，改善了家校关系；暮省，我同他们一起，用心记录着我们之间的点滴进步、点滴生活，编织着最有意义的生活，让这两个家庭真正感受到了这种幸福完整的教育生活。

三年以来，感受着新教育，享受着新生活，让我领略到了等一等、停一停的魅力。给两个娃上课，我学会了一种新本事：等待。因为等待，让我适应了这两个"慢"孩子，让我也有更多的时间不断探索"慢"教育。静心想来，一切"慢"下来，学生的发展才会"满"起来，我们的教育有时候真的需要"慢"下来。

五年级的语文学习，更多关注的是学生大量阅读、分析问题的能力，而王亚丽虽然有一点进步，但是依然未能完全掌握这一能力，即使我竭力尽能，她收获依然甚微……

这天上语文课，讲到文中一个过渡句。我们在四年级时就已经深入学习了过渡句，王亚丽听得明白，也会运用，可今天又遇上了过渡句，她却一问三不知。于是我走到她旁边，指着这一个过渡句又问了一遍，她还是默不作声。这可是我以前作为重点内容专门讲过的知识啊！现在她居然忘记了……我只能"慢"下来，再"慢"下来。

"这一句找到了没有？"

"找到了。"

"这种句式以前学过没有？"

"学过。"

"在哪里学过啊？能不能想出来？"

"能。"

……

就这一个过渡句问题，我引导了她整整六分钟，她最后才回想起来，此时，下课的铃声已经响起来了，我的课没有按计划完成，但我帮助她掌握了过渡句，成全了她对知识的不放弃，更加成全了我的等待。

"发现孩子的学习密码，依然可以享受教育慢艺术。""慢"学生的"慢"

教育，需要的是老师的耐心等待，不管"慢"孩子有多么"慢"，不管"慢"在哪里，不管结果如何，都不要吝啬等待，哪怕是付出不为人知的苦也是值得的，我想我会做到，我也会努力做到，因为他们是我爱的学生。

流水账作文

上午，连同自习课，我总共有三节语文课，准备给学生教作文。我们要写的作文的主题是"母亲"，我根据这两个学生的实际情况，通过谈话的方式引导他们思考故事、构思结构，并给予及时指导。

听说作文是写母亲，王历成很积极，举手想说话，我便抓住时机让他站在讲台上畅所欲言。刚开始，他有些不好意思，扭扭捏捏半天，终于走上讲台，我和王亚丽把最热烈的掌声送给了王历成，因为是第一次上台，他心中忐忑，也格外激动。他说了半天，却说得不是很清楚，但他对母亲的那种孝顺在不经意间流露出来。听他讲故事，我听到的更多的是他希望得到母亲对自己的陪伴。

王亚丽看到王历成都能这样勇敢，自己也坐不住了，她悄悄看了我一眼，我知道了她的意思，也把掌声送给她，鼓励她上台讲话，这可是我带这个班以来王亚丽第一次主动上台啊！往日的自卑悄悄从她脸上褪去，取而代之的是多了一些灿烂的笑容。

我忽然明白，"教育是一种唤醒，在孩子心里深埋理想的种子，教育就是一种幸福"。即便是一节简单的作文课，我也努力等待、努力唤醒，静悄悄地见证奇迹。

作文课还在继续，两位同学的故事让我及时调整了整体上课计划，用上了"现实版"的教案。本以为学生说得这样好，写出来的作文也会很好，但事实却出乎意料。在第二天交上来的作文中，王历成的是白纸一张，王亚丽虽然写了很多，但都是流水账，这让我有些傻眼，花了整整一上午的时间，难道就得到这样的结果？

之后的一天时间，我一直待在教室里，拿着作文本，根据他们的情况，面对面一一指导写作。王历成最终还是因为不会写生字作文没有写出来。我把王亚丽写的每一句话,顺着她的意思完整地扩写出来,并适时给予她写作方法的指导,在将近一个下午的辅导中,《我与母亲》这篇作文终于出炉了。看着修改之前的作文和之后的作文,王亚丽读了又读,读完以后,她居然趴在桌子上哭了。

"聆听窗外的声音才会热爱生活,觉醒的人生才会绽放光彩。"循着哭泣的声音,让我再次走近了他们,一个学生的成长需要的不仅仅是老师的"传道,受业,解惑",更需要的是来自父母、家庭的爱,这才是关键。而王历成、王亚丽他们两人并没有真正得到父母的爱,小小的年龄本应活泼可爱,享受童年的乐趣,可他们却比同龄的孩子经受了更多生活的苦难,承受了更多心理的负担。走在放学队伍里的他们两人,或多或少回避不了其他同学异样的眼光,刺耳的话语。

流水账作文,对他们来说,已经是最真实的作文了。虽然他们并没有深入思考过自己的生活,但是毕竟用自己脆弱的笔头写出了自己的生活,我可能改变不了他们什么,我只希望他们自信快乐。

开学第一天,拥抱你我

开学伊始,我给我的两个宝贝准备了一份特殊的礼物,在他们收到礼物的那一刻,眼里闪烁着感动的泪光。

当上课铃声响起时,我拿着书迫不及待地快步走进教室,眼前一亮:靠近教室窗台的两个宝贝端坐桌前,等待着我的到来。几盆鲜花摆放得井然有序,讲桌、黑板擦得一尘不染,教室窗明几净,温暖的阳光照在他们的脸上,看着红扑扑的。时不时,窗外传来麻雀的歌唱,一切显得那么温馨舒适。

"用心洞察孩子的内心世界,实现生命最好的可能。"我向他们打了招呼,他们也向我问了好,我让他们站在我面前,他们脸上的微笑突然消失了,感觉很吃惊,不知道我要干什么,我说:"我有两份礼物要送给你们,猜猜第一份礼物是什么?"王历成看了看我,说:"老师,你手里没有拿什么礼物啊?"我说:"礼物不一定用手拿啊!"话音刚落,我便用双手轻轻地抱着王历成,他感到很诧异，也很激动。

"王历成，你长高了！真帅！我希望你在今后的学习中更帅！"

说完之后，王历成默然无语不吭声了，我知道为什么，但不能说出来，只是紧紧地抱着他，大手牵小手的感觉真好，他也下意识地抱了我一下："老师，好久没有人抱我了，谢谢你！"他深深地鞠躬之后，回到座位上，眼睛更加明亮有神。

王亚丽看到我的礼物以后，更加高兴："老师，我也要抱抱，谢谢啦！"她主动地抱了过来，我也张开双臂，迎接这名特殊的学生，她曾经是那么娇小、自卑，如今已经成长为一个挺拔自信的大姑娘了。

"王亚丽，个子又长高了！脸上又多了笑容！对啊，无论怎样，我们都要笑对生活。"

的确，"用美好唤醒美好，孩子心灵健康，才能拥有幸福人生"。长了一岁，王亚丽长大了很多，懂事了很多，轻轻的一个拥抱，让她更有底气说话，让她更有自信学习。

是啊！一个小小的师生拥抱，看着是那么微不足道，而在开学第一天，孩子们拥抱了温暖，拥抱了自信。你瞧，孩子们说话更有礼貌了，做事更有干劲了，相信自己，力争上游，为自己、为家人、为老师，脚踏实地，去迎接属于自己的光明，去温暖属于自己的美丽童年。

结缘新教育，我已经走过了这不同寻常的几年，最好的教育润物细无声，就是这一点点收获和希望，让我更加热爱我的这两个学生，让我更加钟情于我的新教育事业。我生长在这片黄土大地上，我想把新教育的种子也撒在这片土地上，虽然很渺小，但是也能给需要阳光的孩子指明前进的方向。

只要我们心中有梦，我们就应该笑对人生，相信自己，相信孩子，永远向着幸福的教育生活前进，向着心中的梦想前进，努力努力再努力，绝不放弃。

甘肃省兰州市皋兰县魏家庄小学　魏乐仪

李镇西说——

　　把难题当课题是最真实的教学科研，而对于教师来说，班上每一个后进生都是最现成的"科研对象"。珍惜、善待、研究、突破、转化这样的"科研对象"，我们的教育感情会更加充沛，教育理解会更加深刻，教育智慧会更加丰富……这就是教师的成长，也是教育的幸福。魏老师正是这样的成长者和幸福者。

静待花香四溢

我于 2014 年接触新教育，一颗"新教育"的种子在我的心中萌发。五年的耕耘，让我和孩子们在新教育之路上播撒汗水，收获希望！

故事一：缔造完美，朝向完美

"因孩子留恋她在实验小学'雨竹苑'度过的点点滴滴，在现在学校的班训征集中，她的'雨竹园'班训有幸被采纳，故而'雨竹苑'精神得以延伸！感谢老师为孩子传授竹的气节！"这是孩子们进入初中以后，小文妈妈有感而发，在孩子上小学时的"雨竹苑"QQ群中的留言。当我看到这些文字的时候，既感动又欣慰：原来我们缔造的完美教室一直都在，即使孩子们进入初中，但"雨竹苑"的精神一直留存在孩子们心间！这让我想起了我们曾经缔造的完美教室——"雨竹苑"。

一、凝心聚力

马卡连柯曾说："教育了集体，团结了集体，加强了集体，以后，集体自身就能成为很大的教育力量了。"可见，老师们对班集体的指导和影响，对班级凝聚力、自豪感的培养，对一个班集体的发展起着至关重要的作用。

我们的班名——"雨竹苑"。分析我所带的班级，我们凭借什么能让孩子们获得激励，让大家"劲往一处使，心往一处想"。我们想到了竹，自古以来，很多文人墨客都曾写下与竹有关的诗文，他们笔下的竹，或清新，或坚毅，或谦逊……我们又想起了那雨中之竹，青翠而富有神韵，总是一个劲儿地向上长。于是，班名"雨竹苑"便应运而生了。

我们的班级精神——谦逊、乐观；积极、向上！

我们的班级愿景——愿孩子们像雨中之竹优雅谦逊，始终拥有一颗上进之心；愿孩子们像雨中之竹不断进取、乐观向上！

我们的班级口号——雨竹雨竹，超凡脱俗。

当我们的心中拥有了共同的目标，我们便多了一种向往，一份希冀，一种期待……

二、生根发芽

如何让"雨竹苑"这颗美好的种子种进孩子们纯净的心田？我和孩子们一起解读我们的"雨竹苑"。我和孩子们一同欣赏图片，看春雨中的嫩竹、暴雨中的翠竹、秋风萧瑟中的竹林、漫天飞雪中的劲竹。大家感叹着竹的勃勃生机，为竹顽强的生命力叫好。我们欣赏墨竹图，有的含蓄朦胧，有的玲珑可爱，有的意境深远。于是，孩子们也用画笔描绘了一幅幅翠竹图，并配以自己喜欢的文字。

我们一起吟咏竹的诗词："扬首望青天，默默无闻处，萧瑟多昂然。勇破身，乐捐躯，毫无怨……"我们阅读有关竹的现代诗歌："我是一支竹子，小小的竹子。当春雨渗透大地时，我从地上萌芽生长。那时是多么憧憬蓝天白云的潇洒，山河大地的美丽……"孩子们在诵读之后，也用心写下了一首首稚嫩的小诗：

我是一支竹子，

一支小小的竹子，

当我萌芽的那一刻，

我的心中就有一个愿望：

成为一支最高的竹，

向着太阳，

向着明亮那方。

我们观看纪录片《森林之歌——竹语随风》，有孩子在看完后这样写道："谁能在最短时间里长得最高，谁就有资格享受充足的阳光。这是一场竹子之间的比赛、一场生命的比赛……"

逐渐的，"雨竹苑"的班级精神开始浸润孩子的心灵。"雨竹苑"这颗稚嫩的种子开始生根、发芽。

三、出土长叶

一次，学校开展运动会，那次运动会共有三项集体项目的比赛：武术操、拔河、接力赛。赛前，我们认真练习，作了充分的准备。可是，比赛结果很有戏剧性，我们班居然获得了三个第二名。有孩子在文中感叹"我们真的很'二'！""唉，三个'二'！"很明显，孩子们已经被一种消极的态度影响，以至于他们对自己生活的集体不再自信。为了重树孩子们的自信心，我们开展了一次主题班会课"像竹一样坚毅"。从赏析古诗词到欣赏现代散文，再到找寻孩子们身上的"闪光点"，孩子们更加自信了，班级自豪感、凝聚力也增强了。在课后的日记中，有孩子说："我们获得三个'第二'，正说明我们班有实力，因为我们距离'第一'仅一步之遥。只要我们坚持锻炼，像雨竹一样积极向上，我们就会做得更好！"

还有一次，我班接到一项比较紧急的任务，要在一两周的时间内排演一部校园心理剧。当编剧老师写好剧本后，小演员们便积极地行动起来。最初，主要演员是一群女孩子，她们下课时练习，周末相约在广场练习。正当她们练习得如火如荼的时候，由于剧情需要，主要演员将换成另一批男孩子担任。可爱的她们从大局出发，毫无怨言。这不正好体现了"雨竹苑"倡导的精神吗？故事中的小男孩来自农村的一个单亲家庭，为了照顾生病的爷爷，分担妈妈的辛劳，他"逃学"去打工挣钱……剧本虽然源自于一个真实的故事，但毕竟与大多数孩子的生活相距甚远，道具的准备成了我们特别头疼的问题。但是，"雨竹苑"的孩子们特别团结，群策群力，几十样道具，居然让孩子们给找齐了。小城找来了陈旧的中山装，小文找来了破旧的竹椅、草帽、草鞋等，小蓓找来的道具最多：衣服、床上用品、拐棍、药罐等，还有小力、小晨、小冰……琳琅满目的道具堆满了整个讲台，背后有家长们的支持、理解。在大家的努力下，这部校园心理剧获得了市一等奖！

敢于直面现实，敢于担当，大家团结一心、不怕困难，我们似乎看到：一根根稚嫩的竹子正迎着风雨，勇敢地生长着……

四、开花结果

阅读，应该成为一种习惯，更应该是孩子们生活中的一种乐趣。

琅琅书声从"雨竹苑"的晨诵开始了。晨诵内容有不同的主题，如：竹的诗词、竹的散文、竹的对联、国学经典、现代诗歌等。孩子们放开喉咙，大声诵读，陶醉其中。

静心午读，孩子们走进书的世界。自己的书、同学的书、图书室里借来的书，成了孩子们午读时最好的伙伴。他们静静地阅读，写下自己的阅读心得。"不动笔墨不读书"，每个学生都有读书笔记本，孩子们进行个性阅读，灵活运用各种读书方法，有的侧重摘录，有的善于提问，有的为自己的读书笔记配以生动的插图，有的喜欢写心得体会。小熙说："我喜欢语言优美的散文、凝练简洁的诗歌，以及情节曲折的小说等。它们都让我获得丰富的精神食粮，增长我的知识，丰富我的语言。"小渝说："我认为读书可以丰富我的知识，可以教给我做人的道理，还可以陶冶情操，让我的想象力更加丰富。"……

好书分享，共同畅游书海。每天值日的同学为大家推荐"我最喜爱的一本书"，孩子们向同伴介绍自己读过的一本好书，并且回答同学提出的相关问题。同学们交流阅读心得，畅谈阅读体会，阅读更有目的性。孩子们不只是一味地追求故事情节，而是一边阅读一边思考，让阅读更有价值。小渝同学在此活动中脱颖而出，有机会参加了中国读书达人秀的活动，获得四川赛区三等奖。小渝感慨地说："在比赛的日子里，我认识了更多的读书达人，他们推荐的书籍让我的视野更加开阔，他们滔滔不绝的讲演让我佩服不已。"

阅读，也许并没有立竿见影的效果，可是，文字慢慢地浸润一定会带给孩子深远的影响，这是潜移默化的。刘熠柯同学便是在阅读活动中逐步成长起来的。通过阅读，我们发现刘熠柯同学的语感越来越突出，朗读课文时，他总能读出与别的同学不一样的韵味，他的朗读也能让人产生画面感。多彩的校园生活，让孩子的个性不断彰显。在成都市少年儿童国学经典诵读活动中，刘熠柯同学参加表演的《满江红》获得成都市一等奖，这个节目也在成都电视台、四川电视台参加录制。他表演的岳飞豪迈、大气，把一腔忠愤、满怀壮志的爱国将领形象表现得惟妙惟肖。自此以后，大家都笑称他为"小岳飞"。大家的帮助，让他不断成长。在全国青少年五好小公民"少年向上，真善美伴我行"主题教育活动中，他和众多的孩子一样，经历了从阅读指定读本到参加征文、演讲比赛的过程。由于他参与过较多的活动，积累了一定的表演经验，所以他在这一活动中脱颖而出，能够有机会去长沙参加全国演讲总决赛。

"雨竹苑"丰富多彩的读书活动，在学生中形成了爱读书、读好书的浓厚氛围。学生的阅读能力、写作能力、口语交际能力有了提高。"问渠那得清如许，为有源头活水来。"喜爱阅读的孩子们、开心阅读的孩子们，必定会见到那汩汩清泉，得到甘泉的滋养……

竹，青翠挺拔、虚心有节；雨中之竹，生机勃勃、奋发向上、不畏严寒……我希望孩子们犹如那雨中之竹，谦逊、乐观；积极、向上！

故事二：研发课程，丰盈生命

课程与教室紧密相连，"教室一头挑着课程，一头挑着生命"，教室文化影响着孩子的成长。我尝试着将课程与教室文化相互融合。

一、课程由来

一年四季，各有风采，各有韵味：万物复苏的春天，柳条初绿，燕子呢喃；朝气蓬勃的夏天，绿荫蔽日，蝉鸣悠悠；绚丽多彩的秋天，彩林遍野，果实累累；沉寂清冷的冬天，白雾弥漫，梅香悠然……如何让孩子们感受身边的美好？如何让孩子们体会四季之美？"四季课程"应运而生。同时，我们也希望"四季课程"能丰富孩子们的课余生活，为习作积累素材；让家长们可以有更多时间陪伴孩子，增进亲子间的情感。我们班的"四季课程"就这样开展起来了。

二、课程开展

我们班的"四季课程"从金秋启程，走过了秋冬、送走了春夏，孩子们触摸四季、描画四季、晨诵四季、阅读四季、描写四季，他们在一年四季的时光中体验、锻炼、成长！每一个孩子在其间的经历，必定是他们成长之路上的宝贵财富！

1.触摸四季，欣赏美景

秋高气爽的季节，我们开启了"四季课程"之旅。秋，一个落叶纷飞的季节，一个五彩斑斓的季节，为了让孩子们在季节的更迭、景色的变幻中，感受秋天的美好和韵味，我班的秋季之旅开始啦！在家长朋友们的支持下，孩子们到金山森林公园中认识自己不知晓的树木，阅读树木"铭牌"上的内容，了解树木的特性。他们到公园、小区、绿化带等地找寻自己喜欢的落叶，有的孩子把奇异的树叶收藏起来，做成好看的标签或串成树叶项链，或是做成树叶贴画等。当落叶纷飞的时候，我让孩子们周末时去和落叶玩一玩，有的孩子用金黄的银杏叶拼出"叶子真漂亮"的话语，有的孩子把遍地的落叶堆叠在一起，感受树叶的蓬松与舒适……

天寒地冻的冬天，丝毫不能阻挡孩子们对生活的热情。当晶莹的小颗粒飘落下来的时候，寒冷的天气并不能阻挡孩子们对雪的渴望。记得那个寒冷的冬天，终于下雪了！下课的时候，孩子们都特别兴奋，纷纷仰起小手、小脸去感受轻盈的雪花颗粒。于是，我把他们带到了学校操场上，他们用各种方式迎接雪花的飘落……当晨雾弥漫的时候，我让孩子们在浓雾中观察这谜一般的世界，晨雾中的景致忽隐忽现，好一种朦胧之美。霜，冻僵了孩子们的小手，但随后的艳阳则温暖了每一个孩子的心灵，当红彤彤的太阳从东方的远山后逐渐升起来的时候，我带领孩子们站在教室外面的阳台上欣赏着它，每个孩子的笑脸都沉浸在灿烂的朝霞里，那一刻，孩子们感到多么的温暖和幸福……当春节来临的时候，孩子们也用自己的方式迎接新年的到来：有的孩子贴上了"福"字，有的贴上了窗花，学过书法的孩子则自己写春联，有的孩子则去欣赏年画……他们在不同的方式中感受着年的味道，感受着中国的传统文化。

明媚的春光中，花儿装扮着五彩的世界，孩子们来到大自然中，找寻春天的足迹，孩子们的笑脸犹如花儿一般可爱。亭亭玉立的玉兰树下，片片飘落的花瓣带给孩子们无限的乐趣与遐想；洁白无瑕的李子树下，孩子们的心地也一定如李子花一般纯净；粉嫩的桃花装点着这个可爱的世界，让我们的生活更加多姿多彩；一团团、一簇簇的樱花挂满枝头，像雪花一样圣洁，如清风一样清新宜人。在这个春光烂漫的季节中，春游活动是孩子们最为盼望的。老师也借此机会指导孩子们观察沿途的迷人风光，教给小朋友们观察的方法，让他们学会感受迷人的春色。

随着快乐暑假的到来，孩子们的旅行开始启程了。他们去各地旅游，领略祖国的不同风光，感受祖国山川的秀美，体会家庭亲情的温暖。夏季，天气变化极快，就像孩子的脸，说变就变。为了让孩子们初步感知与我们息息相关的天气，我让孩子们注意观察云朵的变化，体会天气与云朵的关系。

2.描画四季，陶冶性情

秋，多彩而清爽，孩子们用五彩的画笔描画自己心目中的秋天，有的描绘了秋天多彩的山野，有的只是画下了一片片落叶，寥寥几笔，这些都是孩子们触摸自然、享受自然的成果。虽然简洁，但是他们在观察中收获，在体验中成长。

冬，清冷而平实，孩子们的家乡是很少下雪的，他们则用画笔描绘自己心中的雪娃娃，想象中的雪景同样可爱而美好；他们也会在大雾弥漫的上午，描绘晨雾中的校园与那若隐若现的楼房，感受雾气的飘渺。

春，朝气而阳光，孩子们用五彩的颜料描绘色彩斑斓的花儿。粉红的桃花与淡雅的绿叶相互映衬，和谐而美好；耀眼的紫玉兰在蔚蓝的天空下，显得亭亭玉立、气质非凡。

夏，青葱而翠绿，孩子们将那荷塘中的荷叶与蜻蜓画得活泼可爱，伶俐的孩子们一定细致地观察过，那画面才会如此的真切。他们一定曾漫步于荷塘边，看见荷叶层层叠叠，荷花随风摇曳，蜻蜓翩翩起舞。

3.晨诵四季，声心合一

神清气爽的清晨，在迷人的秋色中，孩子们诵读着与"秋"有关的古诗、歌谣、儿童诗等，晨诵形式多种多样，如分组读、男女读、比赛读、配乐读、表演读等。柔和的晨光中，孩子们沉浸在秋的世界里，"秋风秋风吹吹，树叶树叶飞飞……"，孩子们随着诗歌的韵律拍打着节奏，清脆的诵读声回响在校园里，孩子稚嫩的表演更体现出儿童诗的情趣。

当寒冷之意弥漫在天地之间时，我们的晨诵并没有因为寒意而滞留脚步。"冬爷爷，吹口哨，玩套魔术真奇妙……"，孩子们欢快地拍着手掌，笑容洋溢在他们脸上，冬天带给他们的不是寒冷，而是游戏的快乐，是诗歌陪伴孩子们与黎明共舞。

当莺啼燕舞的春季来临时，孩子们则浸染在古诗词的韵味中，"好雨知时节，当春乃发生……"，春雨，滋润着大地，润泽着孩子们的心灵；"碧玉妆成一树高，万条垂下绿丝绦……"，柳树，随风而飘舞，楚楚动人、婀娜多姿。如歌如画的诗词，带给孩子们美的享受，心灵的洗涤。

在郁郁葱葱的夏季，孩子们在诗词里感受世界的丰富与多彩，"接天莲叶无穷碧，映日荷花别样红……"，浮现于孩子眼前的是色彩明艳的世界、广阔无边的荷塘；"意欲捕鸣蝉，忽然闭口立"，孩童的活泼可爱、伶俐俏皮体现得淋漓尽致。

4.阅读四季，积累语言

根据季节特点，我们采用了"主题阅读"的形式，阅读内容有古诗、歌谣、儿童诗、散文等，阅读方式主要采用集体诵读、自主阅读的方式。午读时光，是孩子们最为享受的时刻！在金灿灿的银杏树下，孩子们围坐在花坛边阅读自己喜欢的文章，不时有片片扇形的黄叶飘落而下，那情那景是多么和谐美好！在冬日的暖阳下，孩子们坐在干燥的操场上，沐浴在暖和的冬阳中，惬意而舒适，享受着阅读的快乐。在万物复苏的春天，孩子们来到校园的一角，在那长满爬山虎的墙壁下，阅读《爬山虎的脚》。在葱茏的夏天，孩子们来到校园里的大榕树下，围着大榕树聆听巴金爷爷写的那篇《鸟的天堂》。孩子们阅读以后，会把自己喜欢的好词佳句摘录下来，制作成好看的读书卡。

5.描写四季，言为心声

秋风送爽时，孩子们走进大自然，用眼看着，用手触摸着，用心灵感受着，寻找着自己眼中最美的树叶。再和找到的树叶玩一玩，摸一摸，画一画，这真是与大自然亲密接触！最后，孩子们将自己的所见、所闻、所感，用语言表达出来。走进自然的这段体验，将使孩子们受益匪浅。"整片山林就像被施了魔法一样，如同彩色的童话世界一般。"秋天，在这位喜爱童话故事的小女孩眼中，充满着奇幻的色彩，神奇而美好。"银杏叶像一把把小扇子，叶面上布满了密密麻麻的叶脉，每一条都直直的，排列得整整齐齐。一阵秋风轻轻地吹过，银杏叶就飘飘洒洒地落下来，它们在空中盘旋，就像一群蝴蝶在舞蹈。"这位小女孩观察得多么细致！她一定是站在那棵银杏树下，仰着稚气的小脸，好奇地打量着那棵银杏树，感受树叶飘落的轻盈。"桂花是淡黄色的，像小米粒一样紧紧地挨在一起。我用手摸了摸，那桂花就像小雨点一样洒落下来，小花瓣飘落在我的身上，顿时，清新的花香扑鼻而来，香气满身。"这个小男孩一定驻足在桂花树下很长时间，他可能深深地呼吸，感受那沁人心脾的幽香。

寒冬来临时，大千世界带给孩子们的则是不同的感受。"今天的天气很特别！我看不见远处的高山，我看不见天空中飞翔的小鸟，我看不见路旁的大树，我甚至看不见路上的行人。大地被一层乳白色的纱包围着，到处是雾蒙蒙的一片。"这些语言简单而朴实，却是一位二年级孩子最真实的观察、最真切的感受。"这寒冷的天气，简直快要把我冻成冰了。妈妈给我穿上羽绒服，我变成了胖乎乎的'熊猫'。上学的路上，寒风吹到我的小脸蛋上，把我的脸吹痛了，把我的小手也冻僵了，我的双手不得不搓来搓去。我多么希望太阳公公快点出来，好让大家都温暖起来。"这位小女孩能将自己在寒风中真实的体验细致地描写出来，难能可贵！

春花烂漫时，孩子们流连于花的海洋，有孩子这样写道："我最喜欢粉嘟嘟的郁金香。它们千姿百态，有些花儿像一个个粉色的小酒杯，有些花儿像张开的小嘴巴，还有一些花儿连成一片，像一张粉色的地毯，我真想躺在上面。""哦，原来是桃花开了！有的已经盛开了，粉白粉白的，那张开的五片花瓣像娃娃的笑脸，中间还有黄色的花蕊。有的还是花骨朵，刚刚露出了一点红色的脸蛋，就像一个害羞的小公主。""通过这次种花生，我想起了李绅写的诗句'春种一粒粟，秋收万颗子'。我想，在秋天的时候，我也会收获很多花生吧！"这位小男孩联想到课外积累的诗句，有付出就会期待收获。

瓜果飘香时，孩子们不仅享受了美味的水果，还感受到了浓浓的亲情。绿意盎然的夏天，鲜果飘香，孩子们在枇杷树下仰着小脸，闻着果香，体验着亲手采摘的乐趣。"一团团、一簇簇的枇杷，就像一群可爱的小娃娃拥抱在一起。用手一摸，皮上有一层细细的绒毛，我用手指轻轻撕开它的皮，又黄又嫩的果肉露了出来，我忍不住咬了一口，'哇，真甜！'""今天的天气很炎热，妈妈看到我汗流浃背的样子，特意给我买了一口袋枇杷让我解渴。一看到那黄澄澄的枇杷，我就垂涎欲滴了……妈妈看着我吃得津津有味的样子，心满意足地笑了，我知道，这是妈妈对我浓浓的爱。我也给妈妈剥了几个，妈妈笑得更灿烂了，夸我是一个懂事的好孩子。"

我们把孩子们的作品按照四季顺序进行整理，制作成一本成果集，上面有每一个孩子的作品，当他们看到那本成果集的时候，特别欣喜与自豪！

三、课程影响

实施近三年来，从孩子们的课余生活来看，"四季课程"丰富了孩子们的课余生活，让他们在课余时间有事可做。现在的孩子，只要有电视、电脑、手机，就可以足不出户，但这不是我们希望孩子拥有的生活，而"四季课程"的开展让孩子们的课外生活更丰富多彩了；从孩子们的审美发展来看，"四季课程"活动的开展，让孩子们走进丰富的大自然中，感受四季景致的变幻，在美好的大自然中找到乐趣，使他们在触摸四季、描画四季的活动体验中，培养了自己的审美情趣和实践创新能力；从孩子们的语言表达来看，"四季课程"拓宽了孩子们的生活素材，使孩子们在写作中能有话可说、有话乐说，亦使孩子们在晨诵四季、阅读四季、描写四季的活动中，语言表达变得更形象生动；对班级发展而言，班级的建设是需要凝心聚力的，"四季课程"让师生有了一个共同的目标，增强了班级凝聚力，让大家"心往一处想，劲往一处使"；对家长们来说，他们陪伴孩子们的时间更多了，因为孩子们总是央求他们带自己到野外去走走、看看、玩玩，"四季课程"的开展也增加了亲子之间的互动；对我自己的成长来说，通过"四季课程"的实施与开展，我在活动中不断反思、不断总结、不断提升。

新教育强调"在实践中思考，在实践中提升，在实践中成长"，我也在践行新教育之路上不断总结与反思，为的是师生们都能过上"幸福完整的教育生活"。在新教育之路上，阳光洒满在孩子们的心田，欢笑洋溢在孩子们的脸上，我们一路耕耘，播撒新教育的种子，期待新教育之花幽香四溢！

四川省成都市金堂县实验小学　沈雪莲

李镇西说——

　　沈雪莲的故事告诉我们，缔造完美教室浓缩了新教育的全部元素。在这里，"教室"不再仅仅是一个空间，而是师生共度的一段历程。在这段历程中，有快乐，有收获，有故事，有成长……研发卓越课程，卓越的不仅仅是课程，更有不断走向优秀的师生。当教师、教室、学生、课程融为一体的时候，新教育就不再是一种"实验"，而是一种生活，且将伴随终生。

第三辑

新教育与学校发展

学校生命叙事研讨活动彻底改变了教师的观念与工作态度。老师们认真地写下了班级生命叙事，特别是艺体学科的老师，他们每人为300多个孩子写下了学科叙事，而且一直坚持到现在。

　　　　　　　　　　——牟正香《月亮走，我也走》

"新教育基因"一刻也没有离开过我

最初的相遇，当是生命中一次必然的邂逅

可以说，生命中的每一个日子都是重要的，但在重要之中，有一些节点上的事显然有着特别的意义。2002年暑假，就是我生命中有着特别意义的日子。这个暑假，几乎把我原来平静的精神生活"打乱"了。作为一个工作了16年的"老教师"，假期的来临自然也意味着精神上的放假，于是我有时间放松下来。那天上网，偶然间闯进了一个叫作教育在线的论坛，那时候，论坛上人不多，但很有趣，印象中，每天早上，朱老师的头像总是第一个在论坛里闪动。李镇西老师担任版主的"镇西茶馆"特别温馨与友好，那里的人很纯粹，以一种赤子之心在谈论教育，我一下子就着迷了。我把自己写的随笔文字在论坛上分享，谁知，连续发了一些之后，竟然被朱老师注意到了——朱老师在我的一篇文字后面写下了这么一行评论："苏州教育界藏龙卧虎！"我真是大吃一惊，同时也受宠若惊！

不久后的一天，忽然有人联系我，说朱老师邀请我到苏州聚聚，参加一个小型的研讨会。于是我就去了，茶室里参与的人都与我一样，是普通老师，只是都比我有才华。那天，朱老师讲了关于做新教育实验的一系列宏大构想——

我的情绪记忆或者说是心灵记忆肯定比故事记忆或者说细节记忆要好，我印象非常深的是当时的感受，朱老师描绘的世界，让我看到了一个宏大的格局：原来，我们日常平凡的教育可以做得激情洋溢；原来，我们日常平凡的教育可以汇成波澜壮阔的宏大叙事；原来，每一个平凡的教师都可以做得决不平庸！那个夜晚，我就像一只刚刚跳出井口的青蛙，看到了无比广阔的教育天空。我确认，从这个时候开始，我的教育理想被点燃了。

后来想想，这是一次必然的邂逅。也许，在我的生命里，本来就蛰伏着一种力量，这种力量需要一个契机唤起，而这个夜晚，就是一个契机，岁月遥望，我也确认，这也是一生的转折点。

此时，我在小学教师的岗位上走过了第 16 个年头。1986 年，我中师毕业，分配到一所由两个复式班组成的乡村小学当老师。此时，学校只有两位老师——我，与另外一位张老师。学校坐落在美丽的湖畔，春天到来，蔷薇花疯长，一路喷香。我想，可能这段教育生涯"童年期"的经历，在我的生命中植入了浪漫主义的情怀。之后，我也确信自己工作认真，受孩子喜欢、领导赏识。后来，我到了镇上的中心小学工作，担任学校的副校长，业余时间读书写作，小文亦常见诸报刊。我感觉自己像一个隐士，我也满足于这样的生活——平凡，踏实，真没有什么不好。一直到 2002 年暑假，闯入教育在线，闯入朱老师的视野，闯入新教育实验，我突然有一种世界在我面前徐徐展开的感觉，紧接着，就是一段激情燃烧的火红日子！

一段激情燃烧的火红日子

一个人的一生，尤其是青年时期，如果没有经历过一段激情燃烧的火红日子，那真是太遗憾了。我一直是一个安于平淡的人。后来我总结出，人总是喜欢生活在自己的舒适区，但长期置身这个舒适区或舒适期，很可能会让人"温柔至死"。曾经，教育局想调我去做语文教研员，我居然婉言谢绝——我不想离开这块温柔的栖息地。2002 年，真是我人生中特殊的一年，特殊在两个方面，一是邂逅新教育，二是工作换地方，从乡镇小学调到了吴江市教科室。我记得那时候，两件事情叠加在一起，我的思想、精神与行动真是歇不下来，希望自己身上燃起的激情感染所有人。

忆当年，我可以说自己是推进新教育实验区域发展的"先驱"。我到处作报告，鼓励大家读书、写作；告诉大家，一个教师的精神生命，可以借由读书与写作丰富起来，一个教师的读书与写作和一个教师的课堂与孩子之间有着深刻的关联。我拉着朱老师到处走，几乎成了朱老师的吴江代言人。那时候，新教育实验开始推广"六大行动"，我们跟着一项一项做，特别是营造书香校园与师生共写随笔，我至今仍然认为，教师的阅读与写作对于教育何等之重要，我看到太多的教师，因为阅读与写作，职业幸福感提高了不少！多少年来，教师的生存状态令人担忧——辛辛苦苦却并不快乐；教师的生活质量令人担忧——忙忙碌碌却平平庸庸，而新教育实验正改变着这些。

吴江区的新教育很快有了区域性推进。金家坝小学的一位女老师，感受到年轻人记录故事、投入教育的那种激情，说："我也要学打字，记录下故事。"她写的第一篇日记叫《五十一岁的我》。2002年9月，朱老师走进金家坝中心小学——这是一所普通的农村中心小学，吴江区的新教育实验由此而开始。紧接着，金家坝中心小学、同里第二中心小学提出了"新教育实验方案"——与后来许许多多的实验方案一样，该方案体现的是求真务实的作风，十分便于实践操作。金家坝中心小学校长徐根泉提出了"十项工作"，《人民政协报》的编辑为这个朴实的方案叫好，在该报关于金家坝中心小学新教育实验的报道中，"十项工作"被全部引用。精彩处处皆是，同里第二中心小学的方案中关于营造书香校园部分，校长钮云华这样写道："学校进一步完善读书长廊的建设，读书长廊坚持全天候开放，常年订阅的近百种少儿期刊、报纸，让学生随时可读到具有时代气息的图书。……校园绿地开辟一些露天读书角，布置一些石凳石椅，鼓励教师在蓝天下、绿地上为学生诵读经典小说、童话等。班级设立图书橱，建立学生个人的图书交流中心。"2002年12月29日，朱永新老师再次走进金家坝中心小学、同里第二中心小学，为两所"新教育实验学校"挂牌。挂牌仪式简单而严肃，吴江区小学校长们来了，教师们来了，教育局的领导来了。朱老师的激情演说，让人感动。时任副局长的沈洪昌说："我希望我们吴江有更多的学校加入新教育实验！"时任吴江实验小学校长的张克裘说："新教育实验，为我们正在构建的学习型学校找到了抓手！这个实验，我们做定了！"就是这所学校，后来在制订方案的时候，一字一字地敲定："写进方案的，都是我们要做的；做不到的，我们就不写！"——与其说是新教育，不如说大家想追求的是真教育！

我记得后来有十余所学校正式加入新教育实验。今天回头看，当初的付出是多么值得——徐根泉，一位普普通通的校长，一位热情洋溢的校长，在实验中，他拥有了更多的智慧，更广阔的胸襟，更深刻的思想，更远大的抱负，他的"校长日记"让他享受着做校长的幸福与欢乐；管建刚，如今早已是全国作文名师，当时在一次教育沙龙上，他说："我尝到了教育日记的甜头……"；在教育在线与行知论坛上，居然已经有六七十位老师开出自己的专帖，他们用实际行动来走新教育之路。莫国平的《灿烂的轨迹》、凌芬的《闲话家常》、费建妹的《心梦》、金苏华的《苏华小品》、潘叶红的《红枫留迹》、顾建荣《我的磨砺集》……这些老师，后来都成为了一方名师。有一位老师，化名为"小青"，在她的《小草集——我的教学札记》中写下了这样的题记："是谁带来了春天/让柔风轻拂细雨飘洒/于是我的田地里那几棵不成样的野草/春的呼唤中也想钻出地面闻闻花香看看树高/虽然它们也知道自己只不过是鲜花旁边大树脚下的小草"，这位小青，就是今天的特级教师张学青，她从这里走向了全国。

当时，朱老师为了倡导教师写日记，在教育在线贴出"广告"，开创"成功保险公司"，每日一文，十年后保你成功。这一个有趣的"保险"，我也是积极的投保人之一。我在教育在线开设了"我的教育日知录"，开始断断续续地记录，并不断坚持，长期坚持当然也会寂寞，有一天，我开始怀疑这种坚持的价值，因为看不到"成长"。我给朱老师提出这样的困惑，朱老师给我的回复是："坚持就是成长。"当时，我并不是很理解，但一路走过来，我的感悟是深刻的：是每天的记录，每天的思考，造就了我的思想与意志。甚至，我说过：写作是一种救赎，让你的灵魂不敢懈怠。在这段日子里，我与焦晓骏一起主编了《发生在教育在线的故事》，与朱老师合作出版了《行走新教育》。

这段激情燃烧的岁月，在我的血液中留下了"新教育基因"。这种基因是什么呢？我讲不清楚，或许是心中的理想，是脚下的行走，是永不消退的热爱，是永不放弃的坚持。

"新教育基因"从未离开过我

由于工作的关系，后来，看上去我好像"淡出"了新教育实验。但是，在骨子里，可以说"新教育基因"一刻也没有离开我。

在吴江教科室，我用新教育方式行走：坚持一边实践一边思考。我开始研究"课堂观察"，探索用科研方法改进听、评课。白天，在学校现场与校长、老师们在课堂里研究；晚上，在理论世界与理性思考中度过，我后来称这种"白天""晚上"的切换为"在现象世界与理论世界中来回"。我统计了一下，在课堂观察领域，我在两年间记下的原始文字超过 30 万，这些文字是我与吴江老师们共同思考的见证。除了关于课堂观察领域的记述，我还开了博客"菊荣行思录"，在博客上进行了十余年几乎不停歇的公开写作，我确信我的能量也影响了不少老师。

2008 年，我从吴江教科室调到城区的学校担任党支部书记。在经过了短暂的不适期之后，"新教育基因"让我燃起勇气。我组建教育沙龙，与老师们一起寻找教育真谛；我提出"细水长流读专著"，开始进行一页一页共读苏霍姆林斯基的精神苦旅；我提出"教师发展年"计划，周密务实制订推进方案……我的作为，显然带着浓重的新教育色彩。

2009 年，我从城区调到农村。重返农村，我来到了汾湖实小，担任这所全新学校的首任校长。我凭什么敢挑起这个担子？因为"新教育基因"。我相信只要我们对教育足够用心，再加上有足够的意志坚持不懈，我们一定可以做出好的教育。美好的教育一定是从教师开始的，教师的教育情怀具有至高的价值。怎样唤起且持续地激发教师的教育情怀？我们采用的方式，是新教育的方式。一所新校的八年之旅，是在"不轻易开启，不轻言放弃"的信念中走过的。创学第一年，我与老师们约定，以每人出一本"书"的方式纪念我们的"创业"，所有老师出了自己的"书"，我们称之为"土书"。之后，每个学年结束，就是

"土书发行仪式"，2017 年我离开汾湖实小的时候，仅教师个人的"土书"就留下了 444 本。这些"书"见证了一群教育追梦人的酸甜苦辣，这是一所学校的精神宝藏，这里的每一行文字，都是肉做的。每学期，我们雷打不动地举办"成长课堂研讨会"，一学期一个主题，16 个学期，16 个主题，16 次挑战，16 项沉甸甸的成果，在华东师范大学崔允漷教授的全程、悉心指导下，一所乡村小学八年的课程之旅荣获苏州市首届教育教学成果特等奖、江苏省教育教学成果一等奖。这八年，经历的事情太多太多，"新教育基因"助我们走向教育高峰。2017 年，校长职级制答辩在苏州市教育局举办，答辩中，我讲述了"我的教育信仰"——相信信仰的力量，相信成长的力量，相信坚持的力量——被破格评为"特级校长"，原因当然是多方面的，但这次答辩中体现的新教育气质的感染力也是一个因素。这个偶然获得的称号让我思考了很多，比如，为什么是我？没有评委们的推荐不可能，没有苏州市教育局领导的不拘一格重人才不可能，没有崔允漷教授八年来倾心的指导也绝不可能。我能够站在课程与教学研究的前沿，靠的就是对教育理想的追求与坚持——没有这种"新教育基因"也绝不可能。

2017 年 6 月，我来到吴江实验小学教育集团任总校长，困难重重，难到我几乎要那怀疑自己能否走下去。两年多时间，我自己也想不到，不但走过来了，而且正在呈现出一种美好样态的希望来。其中的甘苦不在此细说，我要说的是：我们凭什么穿越了困难？当然是汇聚了太多的力量，在这太多的力量中，其中一定有一条是："'新教育基因'一刻也没有离开过我。"2017 年暑假，为了寻找共同的价值观，我们发起了共同阅读活动，寻找共同的密码。两个月的时间里，我们边深入阅读《给教师的建议》，边进行深度的探讨，在痛苦的反思中，形成了"把学校建设成为智力生活和精神世界不断丰富之地"的共同价值观，赋学校以文化之魂，开始了新时代集团化办学的新征程。集团化办学，作为总校长的我，一个十分重要的使命是要带好一支庞大的、分布在五个校区的教育团队，包括 21 人的校长团队与 64 人的行政团队。我又一次采用了"新教育方式"，以精神的方式凝聚精神的力量：对于校长团队，我们开辟了每月一次的"校长沙龙"；对于行政团队，每天，我会在行政学院群里发出一则千字文与大家分享，以倡导"行政领导率先成为智力生活和精神世界不断丰富之人"。2018年7月28日，我在群里发出第一篇"每日一文"《从今天起，邀请您做我的读者》，自此一天不落，至本文写作日（2019年11月3日），已经写出了463篇文字——文字本身并不一定能代表什么，但"新教育基因"让文字有血有肉，"新教育基因"一刻也没有离开过我，也将伴随我继续一路走去，为了美好的教育，为了美好的人生。

江苏省苏州市吴江实验小学教育集团　张菊荣

李镇西说——

　　20前年，我很公开地说过一句得罪人的话："表面上看，都说自己追随新教育，其实有人追随的是'朱市长'，有人追随的是'朱教授'，有人追随的是'朱老师'。"而菊荣和我，以及许多一线老师，当年追随的是"朱老师"。如果从教育在线论坛算起，菊荣的确是新教育最早的追随者之一。而当年追随"朱市长""朱教授"的一些人，名利之目的已遂，自然各奔东西，而追随"朱老师"的人，至今还守着新教育的初心恋恋不舍，且躬耕不已。这才是真正的新教育人。

执着前行在新教育路上

一

学校是一首诗，时而热情澎湃，时而温馨甜蜜；学校是一幅画，时而云水缠绵，时而色泽亮丽；学校更是一首歌，它唱出了奉献和责任，唱出了一个大写的情意浓浓的"爱"。

对我来说，学校不仅仅是诗、画和歌的艺术作品，不是用一个"爱"字所能涵盖的，在我心里学校就是一个大家庭，它似乎是再普通不过的"柴米油盐酱醋茶"，但经历过风雨，尝过"酸甜苦辣愁滋味"，得到的更多的是教育的幸福感。尤其是在 2016 年 7 月接过余江三中校长的担子那天开始，我便与这个学校、这个大家庭结下了深深的情缘。

余江三中曾经是个不被社会看好的学校。每年开学，全区各校都是把一些调皮捣蛋、学习成绩差的学生往这里塞。学校名声非常不好，家长都不愿意把孩子送到这儿来读书。

我接过校长的担子，思想负担很重，精神压力更大。那年暑期，我刚好有幸参加在南京栖霞区举行的全国新教育实验研讨会，一下子豁然开朗。一所学校要生存，特别是名声不好的学校想要长久发展下去，就必须变革与创新。新教育的理念"让师生过一种幸福完整的教育生活"深入我的灵魂，师生在校园里享受幸福的教育生活，是立校之基，是兴校之本。

于是在上任不久，我就提出了"一年有变化，两年见成效，三年创特色，五年成名校"的办学目标。开始，有人听了我的设想，怀疑、嘲讽一股脑儿朝我袭来。但区教体局金明光局长握着我的手说："我相信你！充分利用好新教育思想和理念，做出一番成绩。逄校长，你就放手大胆去干吧！"

"相信岁月，相信种子"，是教育人坚守教育的情怀，办好教育就必须有理想的色彩，执着的精神，更要有务实的行动。

要改变一所学校的面貌，首先要从学校文化建设抓起。我更明白一个道理，任何事情都讲究"天时，地利，人和"，余江三中既没有"天时"，也没有"地利"，那就在"人和"上大做文章，做好了"和"字这篇文章，何愁不能让三中变成一所美丽温馨、充满笑声的和谐校园呢！我苦思冥想，设计了以"和"字为主题的校徽，以迎风破浪的大艘航船为意象，船上刻有一个"和"字，突出"和"文化，象征着全体师生精诚团结，和衷共济，让学校的发展"长风破浪，直挂云帆"。

我的设想在学校领导班子和行政人员中达成共识，在全体师生中产生了强烈的共鸣。当然，说起来容易，做起来难。我所规划的三中建设的第一步，就是扩建三中的校园大门。但在学校准备破土动工的时候，却遭到地方村民的阻挠。他们扛锄携棍阻在校门口，要找我讨个说法，他们说：土地是我们的，学校要扩建大门可以，但必须给我们经济补偿，不然休想动工！这笔费用算下来，吓了我一跳——30万呐！我也是为老百姓办事，建设校园是功在当代，利在千秋的大事。为什么地方百姓就不能理解呢？

那段时间，我每天晚上都辗转反侧，夜不能寐。两天，三天，五天……我一次又一次地找到当地村委会干部、村小组干部耐心沟通，与他们促膝交谈。精诚所至，金石为开。终于，当地老百姓深深地被我一心为民办教育的赤诚之心打动，最后他们全力支持，征地费分文不取。我为老百姓的理解和支持所感动，并暗暗下决心：如果不把三中这所学校办好，那就真对不住这一方百姓啊！

如今，三中的校门大方内敛，威武雄壮。学校门头上"余江区第三中学"斗大的朱字在阳光的照耀下特别耀眼。更加引人注目的是，我把"过一种幸福完整的教育生活"镶在三中的大门上，这是对新教育的一种情怀，更是一种信念，新教育思想早已渗透我的骨髓，渗透我的灵魂。

学校在硬性条件上不断改革和创新。近两年，学校得到了上级领导部门近2000万元的资金支持，用于全面改善校园环境和办学条件。新建了学校大门，拓宽了校门口的大路，教学楼、实验楼、办公楼等也修葺一新，所有教室、寝室和教师办公室都安装了空调。学校教师人手一台电脑，与教室一体机联网，全面实现了信息化、智能化教学。多功能报告厅大气美观，新建的录播室有100多平方米，采用了最新的教学设备，上公开课时教师可以进行全面智能化教学。校园内绿树成荫，宽阔的足球场、红色的塑胶跑道与红白相间的教学楼、办公楼交相辉映，让人眼前一亮。

为着力抓好书香校园的建设，每个教室都设有图书角，学校图书馆新增图书30000余册，并长时向师生开放。2019年春季开学，学校又引进采购了两台智能图书屋，让学生的阅读触手可及。这是余江区首个智能图书屋，如今，无论在校园的哪个角落，都可以闻着油墨香，听到读书声。

建设校园文化，改善办学条件，改变师生的生存环境，才能改变学校的发展模式，这是师生享受新教育幸福生活的基础，唯有这样，才能改变师生的教育行走方式。

二

新教育实验发起人朱永新曾说，教育最重要的使命，就是让人成为最好的自己。

也许，我的教育生涯缺少起伏的波澜，没有惊天的骇浪，但就是在这平平淡淡的辛苦耕耘中，盛满了对教育事业的浓浓情怀。我曾在一篇随笔里写道：新教育的目的，就是唤醒每一个沉睡的生命，为他们打开窗户，让阳光照亮和温暖每一个生命个体，然后，引导他们在生命的四季里，幸福地奔跑……

从挑起校长这个担子开始，我就养成一个习惯，每天最早来到学校，等到上学时间站在校门口迎接学生，然后到每个教室里巡视，所以我几乎熟悉了每一张可爱的面孔，能叫出每个学生的名字。

在我的微信朋友圈中，我曾记录了一段与同学们的对话：

"早上好，亲爱的同学们！"

"校长，上个星期您到哪儿去了，怎么一个星期没见您啊，大家都在议论您是去外地学习了还是家里有什么事啊。"

"大家想念我了吧？上个星期我被派遣到山东日照参加全国新教育'研发卓越课程'研讨会，周末才回来。我也想大家呢！"

"校长，我是您的微信好友，每天都看您的朋友圈，知道您在外地学习，还读了您写的好多文章和诗歌呢。"

"我喜欢读您写的散文，那篇《流浪宠物狗》写得好感人哦，校长。"

"您一天没来，我们课外都会议论和猜测怎么回事呢，瞧，您今天换新衣服了。"

"校长，您没来，早上看不到您的身影，我们反而不习惯呢。"

也许，这段对话寻常、质朴、平淡，但对我而言，是与学生心灵与心灵的沟通，思想与思想的碰撞，眸子与眸子的交流。透过这平常的对话，不难看出，学生们对我的那份依恋与喜爱是多么的真实。在门口跟孩子交流的时间，是我繁忙的一天中最幸福的时刻。用关爱走进孩子内心，就是最好的教育。少了孩子们的声音，我心里总是空落落的。

三

我知道，教育就是为孩子播下真善美的种子，只要用爱去浇灌它，用心去呵护它，相信有一天它会破土发芽，长成参天大树。我更知道，要使学校凤凰涅槃，破茧化蝶，就一定要有自己的课堂特色和课程特色。

为建设卓越课程和理想课堂，全面推进课堂改革，提高课堂效率，我们因势利导推行"四学法"，即引导学生"自学、对学、组学、群学"，充分调动了师生的积极性。同时，开设音体美——表演、书画、太极、篮球、乒乓球、足球等特色课程。为了全面提高全校师生的英语口语水平，2018年12月，学校与知更鸟培训学校合作，聘请了来自澳大利亚、英国和美国等国的外教，充实外语教学队伍，促进学校外语口语教育，极大地调动了老师的积极性和学生的浓厚兴趣。在关注学生兴趣的同时，也培养学生自主、合作、探究的能力。"四学法"的特色课引起了省、市、区教研室专家的高度关注，被列为省级课题，同时学校被列为余江区课改实验基地。

　　另外，为整合德育课程建设，我还在初中部与职高部实行军事化管理，把国防教育、法制教育、养成教育、思想品德教育融入到日常生活中。

　　让课程走进社区，让师生走向社会，我校每年都积极参与全区和社区的大型活动。对于我来说，2019年我校师生参加鹰潭市余江区的春晚是件难忘的事。在三中的节目诗朗诵《马鞍岭赋》还没登台亮相之前，只能用"煎熬"二字来形容我当时的心境。当悠扬的音乐奏响，当三中教师激情四射、铿锵有力的朗诵声传来，当一幕幕感人画面通过朗诵、舞蹈、书画等艺术方式展现在观众面前时，我的呼吸几乎是紧紧屏住的。望着舞台上的演员们，我连大气都不敢出，生怕一个大喘气惊扰了舞台上师生们的正常发挥。最后，我选择了"躲避"。我推开剧院大门，躲到一个墙角仰望着远处的夜空，任凭呼啸而来的西北风吹我脸，拂我发，试图让寒风来麻木、遮掩脸上的焦虑和心中的不安。

　　尽管如此，我的双耳还是不曾离开演绎大厅，我在用心听，用心"看"，用心为舞台上的孩子和教师铆着一股子劲！

　　我毕竟是一校之长呀，三中的任何事情都会让我牵肠挂肚。当诗朗诵《马鞍岭赋》的最后一个收音符从门缝里传出来，我按捺不住激动的心情猛地推开大门，却看到整个大厅一片沉寂。难倒节目演砸了？当我呆若木鸡地站在演绎大厅，心态近乎崩溃的时刻，观众忽然齐刷刷站起来，大厅内顿时爆发出雷鸣般的掌声。这一刻，我再也抑制不住内心的激动，掩面而泣。

　　这是成功的泪水！于我而言，这成功的背后有着太多的艰辛，太多的无奈以及太多的付出与努力。此时，孩子们四处寻找着他们的校长，看到我在不停地抹眼泪，都静静地望着我。孩子们都晓得，演出的成功，校长比谁都高兴，比谁都激动。当我抬起头羞涩一笑时，他们小鸟一般拥在我怀里，又是哭又是笑，淘气的学生嚷嚷着要校长发红包。我哽咽着说："我发，我一定发！"

对于我和三中来说，这是一台不同寻常的节目。在我接任校长以来，心里一直在酝酿一件事，那就是希望用舞台演出来宣传三中教学的多样性与独特性，让更多的人了解三中，让三中真正走进余江百姓的心里。

春节前，春晚筹备组希望三中也出一台节目，这让我欣喜若狂，我觉得机会来了。但老师回乡的回乡，在家的又忙着其他事抽不出身，我找到老教师黄明忠，希望他作个表率，带个头，争取把节目演好。

黄明忠一听，脑袋摇得像个拨浪鼓："你饶了我吧，都半截身子入土的年纪了，还上台搽脂抹粉，你让我这老脸往哪搁哟？"

但我不死心，一次又一次苦口婆心劝说黄明忠。黄老师终于被我的执着感动了。他跺跺脚说："行，我就豁出这张老脸，上台献一次丑吧。"

可是，正当黄明忠满腔热情投入节目预演中的时候，有关领导观摩预演时直摇脑袋说："这哪行，黄明忠老师的普通话太不标准了，抓紧时间换人。"

我可不这么认为，我苦口婆心把他请上去，现在因为一句话又把他撵下来，这让黄明忠作何感想？我伤他的可就不仅仅是脸面，更是自尊呀！苦思冥想了一个晚上，第二天，我赶到市电视台请来了播音员，让播音员一句一句纠正黄明忠带有地方口音的普通话。

就这样，一台集朗诵、音乐、舞蹈、书法、美术等艺术形式为一体的大型节目《马鞍岭赋》就这样在一路跌跌撞撞中趋于完美。

四

新教育实验，行动的起点就是改变教师的行走方式，促进其专业成长。但是，如果没有深入学生的精神世界，一切都是枉然。师生互换角色，甚至校长和学生互换角色，回归到最根本的人与人之间的关系，学会沟通、信任、欣赏，是育人的重要环节。

2018 年 3 月 25 日，我们在余江体育馆举办了一场"圆爱中国梦——托起明天的太阳"的爱心活动。这场活动，不但让学生学到了书本上学不到的东西，对我，更是一种震撼。那天，我以一个长者的身份参加了一场"小手牵大手"的集体活动，感觉到了一种最幸福的人生体验。其实活动很简单，就是大人蒙上眼罩，孩子牵着大人的手，在孩子话语与动作的引导下，大人跨越一个个障碍物走向终点。

一个我平时从不怎么关注的学生用黑眼罩轻轻地蒙住我的双眼，霎时我眼前一片漆黑，只感觉到一只温热的小手牵住我缓缓地向前移动。在近 500 人的活动现场，我什么也看不见，周围在柔和的音乐里显得特别安静。

孩子按了一下我的手背，轻声对我说："校长，您别怕，我拉住您的手，您只管大胆往前走，我会保护您的安全的。"这句话从孩子的嘴里说出来，我听出了一种紧张，但更多的是一种自信和温暖。

此时，我俨然变成一个听话的孩子，紧紧拉着他的小手，我感觉到从这双小手上传递出温暖的力量。这种力量就像一束光，让我一刹那看清了脚下的路。

在行走的过程中，我明显感觉到孩子的手心出汗了。在我眼前最黑暗的时候，这个可爱懂事的孩子一声声地叫着"校长"，为我牵挂、担心，为我保驾护航。

"校长，没事的，我会保护您。您要有自信，一定会成功的。"这就是一个孩子对大人的鼓励、关心和呵护。在感动的同时，我深呼吸，充满了必胜的信心。我紧紧抓住他的手，就这样颤巍巍地迈开步子，跨过了一个个障碍物。

此刻的我，幸福的暖流涌上心头。当踩到小凳子，踏上平坦的地毯的时候，我的心激动得快要跳出来。他把我的眼罩摘下来，我紧紧地抱住他，泪水顿时涌了出来……

亲爱的孩子啊，曾经的你，可能成绩不好，可能不爱学习又调皮，可能经常受到父母和老师的批评。可此时的你，是那么懂事善良，那么体贴孝敬，那么关心长辈、呵护弱者，你是我们的骄傲，更是父母的骄傲。

在另一个活动环节，一大群孩子给我的手臂上系满了蓝丝带，同时把我稳稳地抬起来，大声呼喊着："老师，我爱你！""校长，我爱你！"我眯着眼睛躺着，仿佛是熟睡的婴儿，感受孩子们热乎乎的呼吸，既安静又幸福，此时，我已热泪盈眶。

在活动结束时，我庄重地接过孩子们用心描绘的心愿长卷，向可爱的孩子们深深地鞠了一躬……

苏霍姆林斯基说："没有爱就没有教育。"爱更是一种信任。与孩子朝夕相处时，我始终想着两句话，那就是"假如我是孩子""假如是我的孩子"。这样的情感使我对孩子少了一份批评，多了一份宽容；少了一份苛求，多了一份理解；少了一份指责，多了一份疼爱。当孩子们贴着我的耳根把一个个小小的秘密告诉我时，当孩子面对着我把一段段心事向我诉说时，我深深感受到了信任带给我的无穷力量。

五

学校紧紧围绕新教育实验理念，扎实做好新教育实验的"十大行动"，让新教育理念引领导学校发展。近年来，三中发生了日新月异的变化，引起了社会的广泛关注。鹰潭市和余江区多位领导亲临学校，尤其是余江区委书记苏建军多次来到校园，与师生交流，激励广大师生团结奋进，矢志不渝。区教体局金明光局长时常悄悄来访，不惊动任何人，进校园，入课堂。

果喜集团董事长、全国著名企业家张果喜特意来访三中，他在校园里转了好久，看完宣传片后，感慨万千地说："真想不到，余江三中在这么短的时间里，竟然发生这么大的变化。"随即对随行人员说："一定要全力支持余江三中的发展。"

好风凭借力，扬帆正当时。三年前，学校学生不到1000人，如今已经超过2300人。三年来，学校先后荣获"江西省人民满意教育十佳学校""江西省现代化教育示范学校""全区教育目标管理先进单位"等荣誉称号，我个人也被授予"江西省中小学骨干教师""鹰潭市劳动模范""鹰潭市优秀教育工作者"等荣誉称号。

在迈向新教育的路上，我在不断地自我否定，又在不断地自我超越，执着前行，一时刻也没有放松。看着学生一次次精彩的人生表演，我知道，孩子们正在长大，学校正在长大，我也还在长大……

江西省鹰潭市余江区第三中学　逄建水

李镇西说——

逄校长通过新教育改变了一所学校，这样的传奇故事我已经不再惊讶。让我感动的，是一个孩子蒙住校长的眼睛、校长抓住孩子的手信任地向前走这样的温馨细节——"我紧紧抓住他的手，就这样颤巍巍地迈开步子……"这是一个教育象征：孩子也是教师的引领者。而要获得这样的引领和幸福，校长必须与孩子直接交往。正如苏霍姆林斯基所说，如果一个校长不再与孩子直接交往，他就不再是一个教育者了。我为逄校长点赞！

月亮走，我也走

我悄悄地靠近你

和许多教师一样，我懵懵懂懂地进入教师行业。在学校按部就班，跟着前辈和学校运行的节奏十几年的光阴走下来，铃声、课本、作业本、成绩册是我标配的行头。新鲜感散去，剩下的只有枯燥和苦闷。

2008 年 11 月，我在成都参加新教育儿童阅读研讨会，第一次接触新教育，我仿佛看到了生命的个体将要绽放。新鲜、好奇！我返校后，就在自己班上开始与孩子们一起悄悄诵读儿歌。业余时间都被教育在线网站上的系列帖子占据，"过一种幸福完整的教育生活"的追求悄悄爬上心头。

在新教育实验网络师范学院里研课，痛苦后才有甜蜜。我做的选修课"理想课堂"的作业常常不合格。我动摇过，也想过放弃。每每在我定力不够时，新教育人"行动就有收获"的口号稳住了我的心，让我继续蜗牛般地爬行，认真对待每一次研课。终于，在 2016 年翠屏区校长赛课中，我的《学会拒绝》获得了区一等奖。这次获奖点燃了我心中的灯芯，把心里照得更亮堂；在 2017 年翠屏区校长赛课中，我的《伯牙绝弦》又获得了区一等奖。我的这两节课的课堂教学设计都刊登在《翠屏教育》上。2019 年，我作为新网师专家团队的一员，被邀请到旺苍县给老师们执教了一节示范课，获得好评。但是，写作一直是我的短板，从教 20 多年，我从没有在核心刊物上发表过文章。加入新教育后，我坚持学习在新网师里选修的课程，聆听专家指导，跟着榜样老师们啃读，最近几年，每年至少在核心期刊上发表两篇文章，而且带领团队研发的课程多次在全国各地作报告。从此，我开始走进新教育。

小小鸟也可以飞得更高

我有一个朴素的理解：没有学生的进步哪来教师的幸福？于是，我的教室里每天坚持 20 分钟晨诵和午读。我们诵读薛瑞萍老师的《日有所诵》，金子美玲的《向着明亮那方》，读顾城、谢尔·希尔弗斯坦、泰戈尔、纪伯伦的诗歌，后来有了《新教育晨诵》，我们的晨诵就更系统、更切合孩子当下的生命。

最让孩子们感兴趣的是生日赠诗。我们的教室墙上挂有自制日历——孩子们的生日挂历。生日列车开到谁的生日，我们就给谁送生日诗，献出一份与众不同的祝福。班里的伟是个又矮又小的假小子，父母带她四处求医，都找不出症结所在，伟也因为自己身材矮小而十分自卑。我就在她生日那天，赠送了她一首诗歌《小拇指的愿望》，告诉她，个子高矮不影响人的成长：

每次排队/小拇指总觉得自己太细太小/所以他有一个秘密的愿望/总想长得和四个哥哥一般齐一样高

读完原诗，我出示改写好的诗歌，并把伟请到台上。我领着全班同学一起把改写后的诗送给她：

聪明的伟啊/可爱的伟啊/你可知道/我们中国一代伟人邓小平爷爷/个子矮小/却让全世界人都看见他

聪明的伟啊/可爱的伟啊/你可知道我们的雷锋叔叔/个子矮小/却处处为人民做好事/我们永远学习他

聪明的伟啊/可爱的伟啊/你可知道/我们的大明星演员潘长江/他个子矮小/

可我们人人都喜欢他

聪明的伟啊/可爱的伟啊/你在我们的眼里/你是最棒的/我们都很喜欢你

没想到，伟听着老师和同学们发自内心的祝福，眼泪哗啦啦地涌了出来，并连连向老师和同学们鞠躬致谢。后来听伟的妈妈说，伟中午悄悄溜进教师办公室给她打电话："妈妈，今天老师和同学给我过生，我好感动哟！我再也不怕我矮小了。"

一首生日诗歌，点亮了学生生命的希望，我也收获了幸福。

我和你慢慢地一起走

学校教育离不开家长配合，家长一旦融入新教育就难分家校。于是我们学校组织"家长进课堂"活动，立即得到了家长们的反馈。

几位妈妈打电话给我：老师，我们从来没有上过讲台，也没有什么文化，这课怎么上啊？我告诉她们，你们可以教给孩子们生活的常识与技能，还可以和孩子们分享生活与工作中有趣的经历。

第一堂家长义工课，是由舒浩妈妈带来的"学包抄手"。第一次上这样的课，孩子们又兴奋又激动，整堂课充满了欢声笑语。舒浩妈妈用心良苦，不仅准备了包抄手的材料、煮抄手的锅灶、吃抄手的碗筷，还精心制作了香喷喷的炸猪排和煎饺，最让人不可思议的是还煞费苦心地端来了一大锅熬好的骨头汤，真的是让我很感动。

除此之外，还有几位妈妈教孩子们包饺子、做蛋糕……这些有滋有味的家长义工课，也让家长找到了教育孩子的自信。上完义工课，舒浩妈妈告诉我，她第一次站上讲台，看到一张张可爱的笑脸，既感动又幸福。她还说，对孩子来说，成长中最重要的不仅是知识的积累，还有生活的体验和父母的陪伴。

我们还开设亲子共读课程，让父母与孩子一起养成良好的阅读习惯。

"小书虫"班的小洁，爸爸是个麻将迷，经常泡在麻将馆里，晚上很晚才回家。为此，爸爸妈妈一直闹矛盾，老师每天布置的亲子共读作业，很多时候没有做，或者做了也是流于形式，这让乖巧的小洁学习上有了障碍，开始自卑起来。

在学校组织的亲子阅读交流会上，班主任特意请来了小洁的爸爸妈妈。一位爸爸谈到，自己以前很爱打麻将，自从孩子上了一年级，为了给孩子做好榜样，认真完成老师布置的家庭作业，就丢掉了自己的"最爱"，每晚陪孩子学习。孩子做作业时，就关掉电视在旁边看书；孩子做完作业后就检查签字，然后和孩子进行亲子共读。另一位妈妈说：我以前就是个不爱阅读的人，写文章也一直是自己的短板。儿子上小学后，按照老师的要求，每天陪儿子完成阅读作业，我和儿子渐渐地爱上了阅读。儿子现在每天都会给我们阅读20分钟，我们再给他阅读10分钟，有时也聊聊内容。看到被我们阅读过的书慢慢越摞越高，心里还是很有成就感的。

没想到，这次亲子阅读交流会上，小洁的爸爸妈妈虽然没发言，但从此以后小洁的爸爸晚上再也不出去打麻将了，而是完成共读作业。他周末还带着小洁逛书店，与孩子一起做了一本绘本故事，写了很多篇写绘小日记。现在，小洁每天都面带笑容走进教室，上课敢举手发言了，下课能和同学们玩游戏，并通过妈妈把作业从QQ里发给老师，与老师直接交流。

家校合作的事迹太多了：2017年，学校举办首届体育节暨春季运动会，有五位妈妈医生，穿着白大褂，提着药箱来到操场，组成了一个临时的医疗团队；每周二、周五下午放学时间，家长们走进课堂上家长义工课；每逢春秋季节，班级搞"绿化"，家长们把家里的盆景一盆又一盆地端到班上；学校栽种"成长树"，有家长把家里栽种了十几年的树捐献给学校；学校门口放学时拥堵，家长们自发组成临时值勤分队，疏通道路。我顿悟，家长一旦融入新教育，就难分家校了。

群雁高飞头雁领

2015年秋天，我调任现在的学校。组建队伍，给了我用新教育思想设计和实施的机会。

第一学期，我们学校只有32位老师，我们实施了"每月一事"课程，期望师生同时养成良好的行为习惯，特别是教师的观察、记录、反思习惯，也为期末教师为学生写作生命叙事积累资料。

结果，当学校期末布置生命叙事时，老师们抵触情绪非常大：

有的说，马上期末考试了，怕成绩提不上去。

有的说，我一个人教几个班，要我来给每个学生写生命叙事，这就是几百份生命叙事，我哪有这么大的能耐？

有的说，我从来没见过生命叙事，我不会写！

还有的根本不相信这种所谓的"反思""叙事"能调动孩子的积极性。

我们的行政人员汇集集体意见，然后设身处地思考教师此时的真实困难：

第一，不会做。教师只是按学校要求在平时工作中收集了资料：随时给孩子照相，填表记录。但是有了这一大堆资料，却不知道这些资料在生命叙事课程中如何呈现？

第二，认为无用。担心这种评奖方式太多太滥，根本调动不了孩子们的积极性。

第三，担心耽误复习迎考大事。

针对这些障碍，我们召开行政扩大会议邀请专家介入分析，认为：

一是教师教育观念陈旧，还没有完全理解新教育的理念，没有理解反思的价值，没有理解叙事的意义。

二是我们在布置收集反思资料的任务时，没有注意培养教师收集有故事感的资料的意识，更没有注意培养教师的反思性叙事能力，因而教师缺乏反思的习惯、叙事的能力与操作的方法。

三是教师没有任何实践经验，还没有可借鉴学习的榜样，自然缺乏克服困难的勇气。

造成这种状况的根本原因是我们高估了教师反思习惯的养成过程，因此我们决定：

第一，加强学科组的指导，进行年级集体教研，提高课堂教学效率，专题解决复习迎考的时间难题。

第二，我们邀请新教育专家郭明晓老师给大家作关于生命叙事操作方法的专项培训。特别强调在回顾班级一学期的成长经历时，一定要借助反思，讲述师生成长中的亮点故事，揭示这个故事带给班级的成长意义。

第三，寻找榜样作出示范，希望有教师提前写作班级叙事，为其他教师作示范。

可是，加强教研、专题培训都很顺利，在寻找榜样时，我们再次遭遇了困境——我们通过校长的"每周一信"寻找榜样未果，因为大家都等着学习后模仿着做。随即，我们指定教师示范，也遭拒绝。

我们开行政会议再次研究老师们不愿示范的原因：

第一，心中没有底。谁都不愿意拿自己的"小板凳"来献丑。

第二，担心自己起不到榜样的作用。

第三，我们直接给老师布置任务，而没有给他们充足的时间去培养反思习惯和提高表达能力。

于是，我们决定降低本学期写作生命叙事的要求，能回顾学期历程就行，鼓励老师们迈出第一步；把原定的"示范"改为"研讨"，重在熟悉班级叙事的基本流程。

可是，谁来提供研讨的案例呢？

我失眠了！难道就让工作就此搁浅？我这个校长，怎样为教师成长服务，怎样与教师一同成长？我不断追问自己。几经挣扎，我决定当仁不让，先做教师的学校生命叙事，为教师做班级生命叙事提供"研讨"范式。

我在新教育专家郭老师的鼓励和指导下，为32个教师写了发生在校园中的生命叙事，概括出每位教师身上独到的闪光点，做到概括叙事，片言居要。

例如，给周学词老师的评语是：

第一次认识你，是从声音开始。广播中的你，是那么会说、那么热情、那么友好，凭直觉，我认为你是一位非常优秀的老师。果然不出我所料，你比我想象得还要优秀，无论什么时候，你总能从大局出发，站在学校的角度思考问题。还记得筇莲县的几十位老师到校来参观，需要听一节数学示范课。我头一天晚上十点多才告诉你，你非常爽快就接受了，令我很感动，这就是担当！班级文化建设比赛中，"小脚丫"中队的班级文化建设设计大气，很有创意，一下子就吸引了所有评委的注意。尔后，你们班的班级文化建设就成了我们学校的招牌，每次有人来参观，你在最前面展示，一学期下来，到你们班参观学习的次数高达七次，共计 100 人次。这些都证明了你的出类拔萃。当然，你远不止这点优秀，记得在学校的少先队入队仪式上，你主动承担了一个节目，短短几天时间，你班的小合唱《国家》赢得了大家雷鸣般的掌声。这不，要准备下学期开学仪式的节目了，你又主动承担，朝向卓越！

给周学词老师的颁奖辞是：你是才华横溢、勇做敢当的男子汉。给他颁发的是才华横溢奖。

就这样，我为 32 位老师写了评语，11859 个字定格了老师们生命中的精彩瞬间。

这个过程很艰难，甚至痛苦，我几次想放弃。在郭老师的帮助与鼓励下，我继续坚持，挑战了不可能。这时，我才真正理解了老师们拒绝示范的原因。

颁奖刚结束，就有 26 位老师按捺不住内心的激动与喜悦，立即写下了自己人生中第一次接受生命颁奖后的感言：

语文教师林其蓁说："新教育实验，帮助我们这些一线教师感受到了教育的幸福。同样，当我们把生命叙事传递给学生的时候，相信他们也是幸福的。"

数学教师李欣说："当接过牟校长为我颁发的生命奖状那一刻，我的内心是激动的、幸福的。从教十年，还是第一次得到这样的奖状，这是工作以来得到的最高荣誉，很感谢牟校长对自己工作的肯定。我想，要做好期末庆典，教师要有一颗细腻的心，去捕捉孩子成长中的每个点滴。"

音乐老师晏婷婷说："那一张张熟悉的照片，伴随着美妙的音乐，交织着一个个动人的故事，我瞬间被深深地吸引住了……多么有趣的叙事啊，仿佛把我们拉回了昨天，然后一并走到今天。这样的形式莫过于明星走电影节的红毯了。我想既然能感动我们，那对于孩子呢？那将是他们一生中最美好的回忆啊！"

英语教师杨玲说："在一段段真实的话语和一张张照片的引领下，所有的画面在一瞬间全部浮现在脑海。所有的事情似乎都发生在昨天。在所有的照片和文字背后，都有我们学校所有领导和老师们的辛勤付出，凝聚了所有人的心血。今后，我们一定会踏踏实实，一步一个脚印地把工作做好，无怨无悔。"

看到这些感言，幸福感涌遍了全身，我问自己，今天怎么与昨天不一样？

学校生命叙事研讨活动彻底改变了教师的观念与工作态度。老师们认真地写下了班级生命叙事，特别是艺体学科的老师，他们每人为300多个孩子写下了学科叙事，而且一直坚持到现在。

月亮走，我也走，到村口，到桥头，进了新教育的门，不回头。

四川省宜宾市叙府实验小学　牟正香

李镇西说——

新教育就是成就"人"。牟正香当老师，让学生们开心；做校长，让老师们快乐。当然，在这个过程中，牟老师自己也获得了成长。她说："没有学生的进步哪来教师的幸福？"这话当然是对的，但也可以反过来说，没有教师的幸福，又哪来学生的进步？只有当教育者阳光了、诗意了、纯净了、丰厚了，孩子们才能阳光、诗意、纯净、丰厚。而这一切便构成了新教育所说的"幸福完整的教育生活"。

追随与畅享

缘起新教育

曾几何时，BBS论坛一直是大家茶余饭后交流、碰撞甚至是专业提升的平台。2004年，我从农村完小应聘到了区域最好的实验小学。在新的工作岗位上，业务能力的提升已迫在眉睫。喜欢玩"信息技术"的我，开始在网络上探寻学习的平台与机会。当时BBS论坛较为热门，在子恒校长的引荐下，我走进了教育在线论坛，并取了一个沿用至今的网名"虫子"。

进论坛的很长一段时间，我都是在潜水。面对琳琅满目的帖子与回复，我才知道自己在专业上与别人的差距有多大。但与此同时，我也知道教育在线将会是伴随我专业成长的一个最忠实的师长。我是小学语文教师，又是班主任。因此，我关注更多的是"小语版块"和"班主任版块"。每天论坛上总活跃着两拨人，一拨是问题的提问者，在一线遇到什么样的问题，需要得到大家的支招；另一拨是解决问题的建议者，他们谦逊、专业，能把自己所学、所经历的与大伙分享交流。一段时间来，因为教育在线，我的作息变得没有了规律，有时会为等待大师的支招而熬夜静候；有时还会旁观南北两地学者针对某一话题产生不同理解而"唇枪舌战"……

我在"小语版块"认识了爱讲故事的小曼老师，在她的《新编一千零一夜——小曼老师讲故事》中，我发现了故事在小学育人中的魅力之处。在教育在线认识的第二个人是玫瑰，即窦桂梅老师。她平时很直爽，对语文教学却很爱"较真"，在她的字里行间处处可以感受到其智慧与自信的并存。她对语文学科的认识远不止语文本身，诚如她自己所说："我是教语文的，我是教人学语文的，我是用语文教人的。"

在教育在线潜水、冒泡的几年中，时常听子恒谈起朱永新老师，说他坚持、敬业、睿智……是位值得跟随的长者。2007 年，朱永新老师受厦门市湖里区教育局邀请讲学。得知该消息，子恒联系到了朱老师，并带着我及几个同行到会场听讲。没想到，朱老师现场让工作人员临时安排了一个诗朗诵展示。我们一行人，随着朱老师在台上诵读了《向着明亮那方》……

就这样，新教育走进了我的教育生命中。

初识新教育

2010 年 6 月，随着工作岗位的调整，我跟着子恒校长开始了一所新学校的创建——厦门市梧侣学校。筹建阶段，在子恒校长的带领下，我们系统地学习了新教育的"六大行动"（后调整为"十大行动"）。同时，学校依托新教育的子课题"新教育背景下，教师专业发展的实践与研究"，开始进行系统的新教育实验。石头汤故事、寻找尺码相同的人、教育情怀、戴着镣铐舞蹈……一系列具有新教育人特性的称谓很快在校园内及区域内铺开。

厦门市梧侣学校是九年一贯制学校，初、小的结合对当时时任德育主任的我来说挑战很大，面对 90%以上都是外来人口子女占比的学校，整体行为习惯差，家校互动不良，如何入手？如何细化？如何出成效？"习惯筑就英才，信心成就梦想""无限相信人的潜力"德育科以习惯养成为抓手，以信心培养为目标，无限相信老师、孩子和家长的潜力，相信他们一定能往好的方面发展。通过每个学期初的"常规养成"细化，将具体责任分到班级、年段，形成共性，齐抓共管。再有从校级层面构建书香校园，以文化浸润入手，在学校任何一个需要出现书籍的地方放置书籍——从 500 多平的学校图书室、每个年级的楼层转角、每个班级的图书角，一直延伸到每个家庭。此外，与社区结合，通过"新教育萤火虫厦门站"的力量，利用周末时间开展亲子阅读展示、家教经验分享，发挥家校共育的力量。梧侣学校从 2010 年践行新教育至今，有三张名片享誉业内，即"千人食堂用餐三无声""百亩校园零垃圾桶""每天百位家长随堂听课"。

系统地接触，全盘地践行，让我对新教育有了更为全面的认识。每每在新教育年会上，看到来自全国各地的新教育实验校、实验区交流分享着"新"的收获，我更坚信应该让"过一种幸福完整的教育生活"的理念融入每个有教育情怀的人的身上，并以此去广为辐射。

追随新教育

2016 年 2 月 25 日，根据组织的安排，我又调整了岗位，负责一所新的直属校的创建。从宣布担任厦门市同安区滨城小学校长的那一刻起，我倍感责任重大。以前，更多是操作层面的工作推进，现在已经没有了依靠，一切都得由自己规划、实施。"不管办成怎样的学校，她必须是一所新教育实验校。"我在心里不断地提醒自己。

学校是由两所村完小整合而成，提前半年筹建。筹建期间，除了常规的熟悉工作之外，我不断走进原有的两所学校，去了解两校的老师，去想象两校合并后他们共同践行新教育其乐融融的样子。但是，所有的一切并没有自己想象得那么简单。村完小原有的教学常态相对安逸，一所学校就十几个老师，似乎每天都在重复着简单的学科教学活动，仅此而已。好在两校均有些年轻的老师，他们刚工作没多久，对教育的理解尚待开发。如何让这些老师成长为"尺码相同的人"成为筹建期间我的重要工作。

由于有半年的筹建时间，原有的老师和孩子依旧在旧校舍学习，如何让他们对新校充满期待并提前参与其中，成为我亟待解决的问题。筹建组于 2016 年 3 月 1 日正式对外发布了滨城小学的微信公众号。在推文中，我们对滨城小学的未来作了详细的构想，大到校园建设，小到每个与滨城结缘的人。我们也通过叙事的方式记录下筹建过程中每个"滨城人"筑梦、追梦、圆梦的脚步。

滨城教育人在实践新教育的路上，走出了属于自己的一道风采：构建书香校园，滨城是一所高起点的直属校，因此各种硬件的投入得到了上级的支持，除了每生配备足够数量的图书外，还引入了超星阅读平台，既丰富了阅读资源库，又能更为科学地实施阅读测评与建议；研发卓越课程，学校在保证国家课程落实的基础上，优化重组各种学科课程，并通过家校共育的方式，把社会上的专业师资力量引入学校中。目前，学校共开设 40 门自在选修课程，每个年级的孩子均能在周四下午的选修时间找到符合自己兴趣爱好的课程。2019 年 10 月30 日，《中国教育报》头版及"学习强国"平台，刊登、转载了滨城小学卓越课程的相关报道《打工子弟学起高端体育课程》。"滨城诗语"，这是依托新教育晨诵开展的一项诵读活动。滨城从创校开始，每天坚持让孩子诵读诗集，并依托学校的微信公众号定期推送。目前，滨城所有的会议流程中，一定会有颂诗的环节。

滨城小学近三年的新教育行走之路虽然艰辛，但也收获满满。朱老师亲自为滨城小学题写了校名，并题写了"自由自在，幸福完整"的祝福语。

共享新教育

2016 年起，随着厦门新教育团队的日益壮大，我开始承担起厦门区域新教育项目召集人的工作任务，做好新教育实验学校、新教育萤火虫活动、新教育课题研究等系列工作的组织、协调、服务工作。

2016 年 3 月，借萤火虫周年庆契机，我组织区级名家讲坛暨我与阅读同成长系列活动，在全区分享"说写课程"的阶段收获。

2017 年 8 月，我召开全区"新学期新父母新孩子"研讨会，推广新教育家校共育经验。

2018 年 11 月，在朱永新老师的支持下，鹭岛银城获得了"2018年新教育国际高峰论坛"的承办机会。这是一场国际性的教育大会，对同安来说是一次非常好的展示良机。但同时也是对同安、对同安新教育人的一次严峻的考验——除世界同安人联谊会之外，同安没有任何涉外的国际会议经验。

作为国际论坛活动的总指挥，我8月开始正式筹备活动，面对办会环境评估遴选、办会程序申报、会议方案审核确定、会议各类保障协调，以及会议报务、资料收集、整理等具体、繁杂的琐碎会务，厦门新教育人全情投入，顺利通过了考验。无论是大会的后勤保障，还是会议的成果展示、过程展演等，都得到了来自海内外700多位教育专家、学者及新教育人的好评。在此次论坛中，滨城小学作为实验展示校，也顺利加入"新教育未来学校联盟"，朱老师也选择在滨城小学接受日本NHK电视台采访。他与来自全国33个未来联盟学校、150位骨干教师一起，走进滨城小学，在美丽的校园中，倾听幸福完整的花开声音，细数新教育的自在履痕。

2018年11月新教育国际论坛之后，厦门新教育开始了第二次快速发展，在短短不到半年的时间里，又有10所学校边申请加入边开展新教育实验。至此，厦门的新教育队伍达到了15所学校、20000名师生的规模。

2019年4月，同安第八期名家讲坛暨阅读推广活动在滨城小学举行。厦门新教育人主导的61本全领域阅读读本，正式面向中小学幼儿园推广使用，与全区135000师生一起，共享新教育实验成果。

2019年10月12日，厦门新教育实验学校以共同体的方式，开展了首届新教育教育叙事活动。活动特邀新教育研究院名誉院长、全国知名教育专家、中国教育学会管理分会理事卢志文先生；新教育理事会副理事长、秘书长，新教育研究院常务副院长陈东强先生；新教育研究院办公室主任杜涛先生等人参加。活动参与面广，参与人数众多，更重要的是教育叙事这样的呈现方式得到了厦门教育人的认可。

有人说过，教育就是一片云推动一片云，一棵树摇动一棵树。我们欣喜地看到，随着厦门新教育队伍的壮大，越来越多的新教育人、新教育活动开始走向区域教育、区域优秀文化传承的台前幕后，承担起更多的使命与责任，为区域教育文化的多样化发展增添了一抹抹靓丽的"新教育蓝"！

未来不是我们要到达的地方，而是我们正在创造的地方。

福建省厦门市同安区滨城小学　林加进

李镇西说——

　　林加进老师既是新教育理念的学习者，又是新教育行动的推广者，更是新教育实验的践行者。新教育着眼于首先改变教育者——改变了一个教师，就改变了一个班级的学生；改变了一个校长，就改变了一所学校的孩子。因为林加进，一所打工子弟学校成为一方名校，数千个孩子享受到了成长的快乐。

开出一朵属于自己的花

洛阳市高新区孙旗屯小学，是一所百年村小，一所在城镇化进程中即将消失的小学，2005 年以来一直处于待拆迁状态，村子里的常住人口从 30000 多人减少到现在的不足 1000 人，而学校依然还是 30 多年前的模样。2019 年 11 月，它作为新教育国际论坛的分会场进行展示，接受来自全国各地近 300 位新教育人的检阅。这一程一程走下来，是新教育给予我力量和勇气，也带给学校新的改变。

2012 年 7 月，35 岁的我顺利接任，成了孙旗屯小学的校长。那一刻，带给我的不是兴奋、欣喜，而是压力。8 月暑假快要结束的一天，我站在学校的最高处，望着被包围的学校，心里五味杂陈。如何继往开来，带领 1100 名师生走向更高远的地方；如何不负厚望，在贫瘠的土地上开出一朵属于自己的花？我感到非常迷茫！

2012 年 9 月，时任区文教休局局长的孙健通向我推荐了《新教育》一书，希望我用心阅读，从中汲取智慧，办好学校。他用朱永新老师的话来勉励我："对于一所学校而言，有了一定的特色后，要善于及时地总结、提升、创新，使萌芽的生长得更快、使朦胧的越发清楚、使暂时的变得久远。"

当我读完《新教育》，走近充满理想与激情、为中国素质教育探路的朱永新教授和一个个来自教育一线、为寻找好教育奔走呐喊的先行者，我的心被震撼了，久久不能平静。

2013 年 12 月 12 日，我跟随孙局长一行 40 多人前往焦作参观考察新教育实验。在沁阳一小、实验小学，我驻足流连——校园充满诗意之美，师生充满生命活力，学生作品朴实生动……我感动、感慨。回来的路上，下起大雪，天气异常寒冷，可我的心是暖的。

我开始组织老师们共读《新教育》，举行以"新教育带给我的思索"和"阳光行动"为主题的读书交流会，有计划地营造书香校园。

改变，从阅读开始。只要行动就有收获。随着读书的增多和新教育实验的开展，我看到了变化，心也一次又一次地明亮起来，行动也更加坚定。

作为校长，我首先做一个领读者，其次做领写者，只有共读共写才能共同生活。我大量购买和阅读新教育专著，从《新教育》开始，先后阅读了《我的阅读观》《教师的阅读地图》《生命中最好的语文课》《我是来自大西洋的飓风》《那些新教育的花儿》等，在教育在线建帖发帖，关注"守望新教育"等公众号，每天都能够学习优秀人物的思想、实践榜样的做法，看到每一个生命的绽放。

阅读过程中，我随时批注标记写下读书感悟和心得，并把读书与工作实践结合，写下一篇又一篇的管理反思、教育随笔、师生故事。就这样不停地阅读、写作、实践，不知不觉中，每年受到上百本书籍的浸润，并获得近 20 万字的书写，这些使我的心境逐渐开阔，经验得到积累，行动更加自觉，思考和工作能力得到了提升，我因此先后入围中国 2016、2017、2018 年度点灯人，并获《中国教育报》2017 年度推动读书十大人物提名奖。

与此同时，我带着老师们一起读写。老师们也走进了阅读，爱上了阅读，开始了写作。单是 2018 年，我们学校的老师们就共读了《一线带班》《致教师》《幸福比优秀更重要》等 15 本书籍。七年来共读教育著作上百本，一本本书籍为老师们指明了方向、带来了激情和梦想，也使大家拥有了更多的共同语言和知识背景。

老师们的教育随笔从 140 字的博文开始，学校定期评比，将优秀的教育随笔集结成册。大家看到自己的文字和故事变成了铅字，被同伴和家长肯定，写作热情更高了。几年来，校报《师生乐园》共出版 51 期，整理内部教师随笔集 46 本，共计 200 多万字，2017 年还出版了《守望教育的初心》一书，非常荣幸得到了朱永新教授的推荐，他说："一所普普通通的学校，面对困难，没有抱怨和放弃，而是把孩子的想象与老师的创造有效地利用起来，执着地改变与建设，他们才是新教育的真英雄！" 2019 年，我们的第二本教育随笔也已定稿，即将出版。

通过专业阅读、专业写作，老师们从教育教学中发现教者的乐趣，以更加敏锐的心来感受孩子，形成自己的教学智慧，从而获得专业上的成长。

老师的改变带来了课程的改变、课堂的改变和学生的改变。孩子们开始享受着儿童课程带给自己的诗意之美：清晨，与经典诗歌共舞，开启诗意的晨诵之旅；中午，伴着音乐，在教室里和老师静静地午读；晚上休息前，和家长共同总结今天的得失，倚靠在一起，在阅读存折上记录当天阅读的内容。2019 年，孙旗屯小学成为洛阳市少年儿童图书馆在学校建立的第一家分馆，拥有 30 多万册图书和 300 多种报刊的少儿馆成了孩子们的资源库，便捷的面部识别借还方式、丰富的阅读资源、优美的借阅环境，使孩子们的读书热情更高了。河南省图书馆数字资源服务也走进学校，让孩子们体验新的阅读方式，大数据时代背景下"互联网+教育"的教育变革也在冲击着孩子们的阅读体验。孩子们也在创造着自己的生活，几年来，除去孩子们个人的作品，班级的阅读作品达到 500 多本，师生研发课程达到近百个。2018 年是建校 110 年，孩子们创作了 110 首童诗献给母校；2019 年，孩子们的手绘图画书《四季的童话》在首届新少年国际艺术节上获集体创作奖。

学校是师生共同生活的地方，是学园、乐园，更是温暖的家园；是师生的精神共同体、发展共同体。作为校长，引领和帮助师生共同成长，过一种幸福完整的教育生活，我责无旁贷。

刘文化老师参与河南省智慧力班主任评选，冀向嫩老师参与洛阳市智慧教师评选，全校老师齐动员，共同助选。有的联系交通车辆，有的帮助整理资料，有的一遍遍陪练……一个老师获奖了、成长了、进步了，大家一起为他欢呼；一个老师有困难，大家一齐来帮他。2016 年 8 月，学校一位老教师离退休尚有一年，却因患肝癌去世。在他生病期间，我怀着身孕，不顾好心人的劝告，多次走进医院，到隔离区探视他、鼓励他、安慰他；他走了，学校领导班子一齐到医院去送他，老师们还为他捐款近万元。

2015年，59岁的陈周全老师调入学校。我们给他过生日、推举他作为代表在教师节表彰会上发言，让他感受到了之前从未有过的尊重。他强烈要求为学校带社团、手绘3D海景墙、布置文化长廊……用他自己的话说："校长，你让我干点啥吧，不然，我心里难受。"63岁退休后，他患了食道上的疾病，手术时，我们多次到医院去看他，并为他向上级争取了每年仅有的一个困难教师补助。

在学校代课一年的马珊考上特岗教师后给我留言：徐校长，我会一直关注孙小的发展，您是我见过的最了不起的女校长，我期待与您重逢的那一天！

我想到了《奖赏》这首小诗：

> 是的
> 我还是相信
> 星星会说话
> 石头会开花
> 穿过夏天的木栅栏和冬天的风雪之后
> 你终会抵达……

八年了，还是那方小小的校园，还是那样的一群人，我们在这里生活着、成长着、创造着、幸福着。校园中那些美好的人和故事，冲出了被包围的学校，在向外传播着。5000多人次的参观学习，给师生提供了更多的机会和更大的舞台。当荣誉和奖牌走向我们的时候，忘记了是怎样的感动和激动，重要的是岁月记下了这一段旅程：

在我校48位教师中，省市级名师骨干教师达到22人；2018年洛阳市第三届中小学名师评选中，有350位名师参加，我校三位老师获奖。在国家、省、市、区举行的比赛中，学校获奖达到近百项，学生获奖更是达到上千人次。

学校生长模式被打开，村小的面貌和精神气质发生了变化，在朝向卓越的路上，经历了从破土到繁茂、从平凡到奇迹的蜕变，每一个置身其中的人啊，跟随着它从容成长，如自然万物生长一般。

和全国大多数的新教育实验校一样，我们是普通的，以践行"阳光教育"为使命的阳光人在新教育实验中扎根田野，躬耕实践，不因土地贫瘠而忘却了绽放；我们又是幸运的，成为新教育实验校五年来，朱永新教授、李镇西、陈东强院长、傅东缨先生、张硕果、郭明晓、童喜喜老师等一大批新教育实验的核心人物先后走进学校，对学校工作进行指导。而我，在和学校一起成长的日子里，也由衷地感受到的自己的变化：新教育给我提供了一个平台，结识了更多的尺码相同的人，瞭望到了更广阔的世界。

河南省洛阳市高新区孙旗屯小学　徐良惠

李镇西说——

　　在考察新教育的归途中，"下起大雪，天气异常寒冷，可我的心是暖的"。因为在那一刻，徐良惠老师的心中已经亮着一盏灯，这盏灯闪耀着爱和使命的光芒，照耀着她此后八年的时光，陪着她在乡村教育的沃土上播撒、耕耘，最后向世界开出了一朵"属于自己的花"。当然，这还不是"最后"，灯还继续亮着，新教育的路还在前方永无止境地延伸着……

那年夏天，那扇窗，那道门

1992 年，19 岁的我师范学校毕业，到一所农村小学开始了我的数学教师之路。经验丰富的老教师告诉我，分数是老师的牌子，没有分数你在学校就没有立足之地。在开始的七年里，我四处寻找提高分数的法宝，所带班级的考试成绩总在全镇数一数二。那时，家长对我充满了信赖，校长也把我视为年轻人的榜样。

人的一生中会在关键的时候遇见重要的人和事。走在成长的路上，让我的教育人生发生重要转折的是那年夏天，一个人给我打开了那道门。那个人就是我的导师朱永新老师，而给我和我的学校的成长不断提供滋养的那道门，就是新教育实验。

那年夏天，一个人有了一个梦

认识朱老师，是在 1999 年的夏天，我的老校长奚亚英邀请朱永新教授来湖塘桥中心小学作了题为"我的教育理想"的专题报告。朱老师谈到理想的教师时说：我心中理想的教师，应该是一个勤于学习、不断充实自我的教师；是一个追求卓越、富有创新精神的教师……特别是他说有的教师教了一辈子的书就如同教了一天的书，因为他在不断重复过去；而有的教师教了一天的书，却像教了一年的书，因为他在不断创造生命。

我听完那番话后久久不能平静，工作了七年，我不就是如同教了一天的书？我才 26 岁，我的目标不就是唯分数至上，片面地追求高分吗？作为一个已经有七年教龄的教师，我从来没有想过自己的教育理想，从来没有在区级上过公开课，也从来没有写过什么文章，有过什么思考与研究……我觉得这七年过得如同一天，今后难道也这么活着？

当天晚上，我鼓起勇气给朱永新教授写了一封信，谈了自己的困惑与思考，并恳切地问能不能帮我物色一个名师来当我的师傅，引领我做一名有意义的教师。过了一周朱老师回了电话，说他愿意做我的导师！我很幸运也很幸福，遇见我的恩师。那十年间，每年朱老师来到湖塘桥中心小学指导新教育实验，都会至少抽出一个小时与我对话，每一次都提出三个问题："今年读了哪些书？思考研究了哪些问题？一年中取得了哪些进步？"为了回答这些问题，我在不断地努力着，耕耘着，收获着！

在新教育实验中，我最早开启的是阅读，不仅我读，我还带着我的同伴们一起阅读，更是开启了班级中的共读共写共同生活；我和同伴们纷纷在"朱永新保险公司"开始投保，我基本上每天坚持看一小时的理论书籍，写一篇千字文的随笔；自己的教育理论素养在不知不觉中提高，对课堂与教学的思辨也越来越敏感，课堂教学的气象也在不知不觉中改变。

那扇窗，让一个梦相遇一群人

在乡村小学，一个人的研究势单力薄。2003 年 1 月 11 日，奚亚英校长告诉我今后在教学上有什么问题不用发愁，有一个好去处——教育在线网站，我注册了"湖塘穗子"为网名。初次接触教育在线，不仅是交谈，更多的是思想的碰撞，灵感的交汇。

第一天，拜访斌山来客的"家"，走进去一看，才知道是著名特级教师徐斌老师的主页，徐老师说：欢迎穗子来我家做客！我们一起探讨有关数学教学的话题。看着徐老师一篇篇精彩的教学设计与教学反思，看到他的"家"里一片热闹欢腾的景象，于是我成了他"家"里的常客，在我的引荐下，同伴秋玉、陈霞、张丽娟、王小波等老师也成了他"家"的常客。

每次欣赏朱永新老师的教育小品、读读惠芳的随笔、看看淡淡香茗的教育梦想、想想薛法根的教育反思，我有千百个理由不能让自己继续懒惰，让每一个灵感、每一个启发、每一点反思不能再在指间溜走！于是我的"新家"开张了，徐斌、夏青峰、薛法根、陈惠芳、周卫东等名师经常光顾我的"新家"；之后，我"沉迷"于教育在线，和同行、专家们交流教学中的点滴，向他们请教教学中的疑难问题等。教育在线丰富了我思考的维度。

当导师朱永新问我：你在教学上有没有形成自己的特色或者风格？你能不能形成自己独到的追求呢？于是我从"数学活动教学""儿童思维能力的培养""追寻儿童数学的真善美"等方面进行锤炼，形成了"站起来的儿童数学"的教学思想。朱老师说教师的生命在课堂，只有在课堂上有所创造有所体现，才能算是一个真正出类拔萃的教师。同时他也诫我，上课和写作是教师专业成长的两条腿，一条不动，另一条就不可能迈出去！于是学习研究、教育科研成了我自我完善、自我提高的动力。

"学百法、融己法、创新法"，奚亚英校长三天两头推开门听我的数学课，并给出建议和思考。每天对理想课堂的追寻使我得以在实践中将之加以完善，通过不断借鉴与创新、总结与提高，我的课堂也逐渐有了自己的特色，我那充满童性与灵性的课堂教学模式也逐步成型。

经过层层选拔，我终于获得了武进小学数学青年教师优质课一等奖、江苏省小学数学课堂教学一等奖。我的教学特点开始凸现，在第 20 届全国小学数学教改研究会年会上，我执教了"轴对称图形"一课，当时只得了二等奖，我很灰心，觉得辜负了校长和导师寄予的厚望，但想到新教育理想课堂的六个度，我豁然开朗，关键在于如何能够站在儿童的角度去研究课堂！

2005 年 10 月，在朱老师和奚校长的一再鼓励下，我再次踏上全国赛课的征程。当时，我跟随朱老师在苏州大学当访问学者，操场就是最大的课堂，我站在苏州大学的操场，细细体悟理想课堂的要素，一遍又一遍试讲、修改，整整进行了 13 遍。终于我又站在了全国赛课的舞台上，我执教的"认识面积"在武汉的小学数学课堂教学比赛中获得了一等奖，此时奖杯已然不再重要，给数学课堂赋予生命的意义才是我的追求。

2007 年，我作为新教育实验支教团的一员远赴贵州进行支教，相遇了张硕果、朱雪晴、高丽霞、杜涛等一群新教育人，在支教的日子里，我们每一天用"晨诵"打开黎明，孩子们踮起脚尖去亲吻最美妙的诗歌；每一天的"午读"时分倾注了孩子们的期待；每一天的"暮省"时刻又是如此地令人心驰神往。老师们纷纷加入到专业阅读、专业写作、专业成长共同体的团队中来；我也给当地老师上完了二至六年级的几乎所有年级的公开课，短短一个月后，你会看到孩子们发亮的眸子和老师们不断改变的精神面貌。

2000—2009 做新教育的十年间，我也在不断成长，成长之路是一段彩色的阶梯，成长之路，永远只有起点，没有终点！

那道门，让一个班成长为一所校

2008 年，我评上了特级教师，但很不安，因为我认为自己只是一个拥有证书的特级教师，还没走向真正意义上的特级教师。我请教朱老师，问他我该怎么办？朱老师说，你应该回到一年级去教学，像苏霍姆林斯基那样把自己的教育成败得失记录下来，给老师们和后来者参考借鉴。朱老师把他的新书《回到教育的原点》送给我，并在扉页上写下赠言：无论有多忙，坚守教室；无论走多远，坚守学校。

于是我回到教育的原点，从一年级开始了新的理想课堂的教学之路。那一年，朱老师在苍南提出了新教育的"理想课堂的三重境界"。第一重境界：落实有效教学框架——为课堂奠定一个坚实的基础；第二重境界：发掘知识这一伟大事物内在的魅力；第三重境界：知识、社会生活与师生生命的深刻共鸣。

我不断用这样的境界去创造儿童数学学习的世界，孩子对我的依恋不仅仅来自我对孩子无私的关爱，更来自在每天的数学课堂中与他们生命的交织。我一直在寻找适合孩子成长的数学教育最佳通道，开设基于建模思想的小学数学教材开发、进行小学与初中数学教育的衔接研究及创生小学数学游戏化学习的策略；这么多年过去，我一直坚持带班上课，用不断研究的新教法、新思路、新手段，极大地提高了教学效率，做到了既减轻学生负担，又提高了教学质量。我潜心破解儿童数学学习困难的问题，组建常州市庄惠芬名教师工作室，专注于儿童数学学习的恐惧感、障碍感、分化感的突破研究，潜心研究几千名儿童的数学学习，积累了几百个课例，近十项成果获奖，形成"站起来的儿童数学"教育思想并以专著出版，在省内外推广，获全国教育科研成果二等奖、省教育科研成果一等奖、省教学成果一等奖，所带班级轻负担、高质量、思维活、后劲足，深受儿童喜爱和家长爱戴。

于是从 2008 年开始我担任常州市名教师工作室领衔人，三年一届，一带就是三届，更多的充满理想的教师加入到新教育实验的行列，追求理想的课堂，开始三专项目的研究，一批批教师成为学校的脊梁、成为地区名特优教师。

一个班的数学老师润泽了一个班的孩子，奚亚英校长说：你是特级教师，是江苏人民教育家培养对象，一定要有自己的试验田，去播种自己的教育理想。2011 年，我开启了一所新学校的筹建，并借老校开始招生。2013 年，经过前期两年筹建的星河小学终于建成，我将要踏入这所学校去担任校长，我很惶恐，到底我能将这所学校带向何方？

朱老师送给我一本新书《教师最喜欢的教育名言》，在扉页上写下赠言：关起校门，你就是国王；用心经营，学校就是天堂。他鼓励我去办一所真正意义上的新教育小学。我阅读了所有的教育名言，也把朱老师的赠言镌刻在我的心中和肩上，把新教育的思想融入到我的办学理念中去。我希望新教育理想能在千千万万的孩子身上得以实现，这些孩子肩负着中华民族伟大复兴的任务。我几乎放弃了所有的假日和周末，花三年时间走遍全国 30 多所名校，去寻找名校的相同与不同。

2012 年新教育实验提出了缔造完美教室。所谓缔造完美教室，就是要让教室里的每个孩子穿越课程与岁月，朝向有德性、有情感、有知识、有个性、能审美且在各方面训练有素又和谐发展的生命，从而一天天地丰盈着、成长着。于是星河小学的老师们共同开启了完美教室的构建，教室是我们师生家长的愿景，是我们想要到达的地方，小小的一间教室，汇聚着一群有着共同梦想并执着圆梦的志同道合者。一年下来，当家长看到孩子们那么自信、阳光、大方，看到31个孩子呈现的一场音乐会，看到31本最新出炉的个人口袋书时，每一个家长都流下了感动的眼泪！

2013年朱老师在新教育实验年会提出了研发卓越课程。一所学校发展的引擎是课程，能促进每一个学生发展的是课程，于是星河小学的课程改革之路正式开启。2009年教育进展国际评估组织对全球21个国家进行调查，中国孩子的计算能力排名第一，想象力排名倒数第一，创造力排名倒数第五。我震惊了，作为一个小学校长，我能为中国的创新人才培养做点什么？于是"办一所人人有好奇心、个个有创造力的创想学校"的办学愿景诞生了。之后，儿童创想课程得以构建，并成为江苏省首批前瞻性教学改革项目。2015年12月，我因"儿童创想课程的整体建构与实践创新"获得了全国第四届教育教学改革创新优秀校长奖。2018年，儿童创想课程获得了江苏省教育科研成果一等奖。

那个地方，一所校延伸打破N个远方

星河小学经过短短几年时间赢得了社会各界的信任与赞誉，在这个成长路口，我和我们的学校、我们的新教育会走向何方？朱老师说，你应该用自己的生命去润泽更多的教师、学生甚至家长；去锤炼更好的教学，去经营更好的学校，去做更好的教育；朱老师送了我一本《未来学校：重新定义教育》，沉吟片刻，写下寄语：优秀是卓越之敌。

朱老师希望我做"未来学校"的创造者，成为更多更好优质教育的摆渡人。2017年组建星河实验小学教育集团，我接管并兼任一所外来务工者子女占96%以上的薄弱学校校长，并且努力争取政府、企业支持，为学校孩子改善办学条件。因为有新教育理念与思想的引领，我开办起了新父母家长夜校、开启儿童阅读、建构外来务工子女生活能力课程、开启学会适应的品格工程、共享集团的野外基地……我认为外来务工者子女更需要优质教育。如今，星河实验小学教育集团又与乡村学校坂上小学、礼嘉中心小学、横山桥中心小学、横林实验小学结成城乡共进发展学校，四所乡村学校加入到星河实验小学教育集团团队中，用共同的新教育理念改变着学校的内涵与质量，带动农村学校共同发展、共同进步。

27 年间，我从普通乡村学校到薄弱农村学校，从品牌学校到创建新校，新教育带给我的是要用坚定的教育信仰和信念为中华民族的伟大复兴而奋斗。当家长都说我实在太喜欢咱们学校，当孩子到处宣传星河小学是世界上最好的学校，当很多成人都希望来星河小学重上一遍小学，当星河的孩子问能不能中学、大学都在星河上，当大家用惊叹、惊讶、惊艳、惊奇的目光凝视这所学校的时候，我自豪而幸福。

20 年的新教育之路就是我和团队的成长之路，回首来时青翠路，牵手新教育，站在新教育的原野上，让我们明确教育的使命、挺起教育的担当、辐射教育的力量。20 年，这是一次教育梦想的远征，而这段旅程从来不需要想起，永远也不会忘记。

江苏省常州市武进区星河实验小学　庄惠芬

李镇西说——

　　新教育实验对一个参与者最大的奖励是什么？是当上校长、局长？是成为特级教师？是获评全国劳模？是出版教育专著？……这些当然是可能的标志，但绝不是主要的更不是唯一的标志。庄惠芬老师告诉大家，新教育给予我们最大的奖励，就是幸福与成长。当她由一名教师跃升为一名校长时，这份幸福与成长便从她一个人扩散到一群人，而教师、学生及其父母的成长与幸福，正是新教育的追求。

不负晨昏，奋力生长

"不说再见。期待再见。"打出这张PPT，然后，结束录制。

听着《放心去飞》的音乐响起，看着讨论区两万多名老师与我依依道别，满屏不舍，我才意识到：为期 12 天的"新教育在银河"系列直播，就要告一段落了。

12 天，12 讲，45 万的访问量，就发生在CCtalk87526110 这间小小的直播间里，这是我自己都不敢相信的事情。

为什么要做直播？纯属一念之想。2020 年 2 月 20 日那天，好几位老师向我咨询新教育，我发现三言两语很难说清。既然有那么多老师想了解新教育，要不我就在直播间跟大家聊聊吧？

就这样，我的讲座开始了。我跟老师们聊新教育是什么，聊我们学校如何践行新教育的核心项目，还聊面向未来我们的思考与行动。

原以为只是聊聊，哪知老师们的反响让我始料不及——

朱老师，说实话，起先是学校领导要我们看直播，没办法，可是听了两讲，我就被深深吸引了，这是我听过的最好的课了。

朱老师，我特意定好闹钟，天天"追剧"。结果，老公和女儿也加入进来了。现在，每天晚上，我们一起看，一起听，一家人好久没这么温馨和谐了。

朱老师，您这12讲我一讲都没落下。每天一吃完晚饭，家里人就会提醒我，不用收拾了，赶紧听课去吧。每天7：20，我都迫不及待地回到房间关好门，准备好笔记本和笔，静静地等待您的课堂开讲。

朱老师，我找到了听课最好的办法：先专心听，一句话也不想错过；听完马上看回放，把重要的PPT截屏保存；最后，不管多晚，我都会在睡觉前写好随笔完成打卡。

朱老师，再过两年我就要退休了，可是现在我才知道原来教育还可以这么做！在最后的两年里，我一定要好好试一试。

朱老师，听了您这12讲，我太受震动了。我觉得农村学校哪怕脱了鞋跑，也追不上像你们这么优秀的学校。但再仔细想想，我们有什么权力要求跑得快的停下来等等跑得慢的呢？或许，身在农村的教育人终其一生也不能使自己的学校以珠穆朗玛的高度站立，但却可以选择站立成泰山、黄山，或是沂蒙山啊！

……

讲座结束当天，一位河南的老师发给我一份长达54页的笔记与心得，字数总计3.2万；此外我的邮箱里还收到了200多封老师来信；"新教育在银河"打卡区持续有人在打卡，留言字数已超过了90万字；直播视频的访问量更是逐日递增，目前已超过了60万。

是我创造了奇迹吗？不是的，我没有这样的能耐。

是新教育，在这个举国抗"疫"的特殊时期，借由互联网的强大功能，把许许多多人埋在心底的教育梦想唤醒了，点燃了。

一如13年前的我。

一

2007年春天，我随新教育研究中心去贵州公益支教。

最初的一周，水土不服，全靠吃带去的压缩饼干填饱肚子。到后来，饼干吃完了，不得不尝试接纳又辣又麻的当地口味。

比接纳口味更难的，是去接纳一种全然不同的教育：每一日清清亮亮的晨诵，每一日反反复复的共读，每一日如琢如磨的研讨。

我第一次发现，原来，儿童的一天可以以晨诵的方式打开；理想的课堂，应当是汇聚美好事物的中心；教师的成长，需要阅读，需要写作，需要有共同体的相依相偎。

短短一个月，颠覆18年。我发现，这才是真正的教育！过去那么多年自己对教育的理解是错的！

这种发现，让我痛苦，让我沮丧。

支教回来不久，一场突如其来的车祸把我击倒在地。

左髌骨开放性骨折，右髋臼骨折脱位。手指、大腿、小腿、膝盖、脚背、脚后跟，到处是伤口，密密麻麻缝了六七十针。手术做了很多次，光做一个右髋关节前后路联合手术，就是七个半小时。

仰面而卧。双腿肿如水桶。无法翻身，无法动弹。

我被钉在了床上。住院的27个夜晚，每一晚，我都被潮水一样的疼痛包围。不能哭，不能叫，夜夜无眠。无眠的深夜，我一次次问自己："我这是怎么了？"

当我终于可以站起来，重新学会走路的时候，已经是五个月后大雪纷飞的凛冬了。

卧病期间，我读完了研究中心寄来的"新教育儿童阶梯书目"三个书包里装着的36本童书。这些曾经离我十分遥远、被我可笑地认为只是孩子们读的书，不早不晚，空投到了我的生命里。在搁浅窒息的至黑时刻，是它们带着我走进了一个关于童年、关于阅读的明亮世界。

我想起老鹰的故事。

老鹰活到40岁时，不得不飞到悬崖上，用岩石把喙敲掉，让新的喙长出来；把指甲拔掉，让新的指甲长出来；把羽毛拔掉，让新的羽毛长出来——然后，在五个月以后，才得以重新飞翔。

那么，我呢？许是上天的安排，也在我差不多40岁时，让我不得不忍着身与心的双重疼痛，打碎了自己，清空了自己——然后，在五个月之后，找回了一个崭新的自己。

二

发现教室里不见了他的时候，我吓得魂都飞了。

全校 13 个老师，全军出动，找遍了校园的角角落落，甚至食堂前的那条小河也没放过。

终于，我们在离学校大概一公里远的马路边找到了他。他已经哭得嗓子都哑了。他妈妈把他送进教室后，就开车走了。她哪里知道她八岁的儿子竟然钻过窄窄的校门缝隙，一路狂追，直到看不见车子。

我扑上去，用力抱起他，想把他带回学校。

他在我怀里拼命挣扎。细细的胳膊，细细的腿，却是力大无比。

这小小的身体里啊，对学校究竟埋着怎样的恐惧，让他不顾一切想要逃离？我们怎么做，才能让这些一年级新生尽快适应小学生活呢？

2012 年，我下决心研发入学课程。因为支教回来后的几年里，我在我的教室里看到了儿童课程的神奇力量。雷夫曾说，他的第 56 号教室之所以特别，是因为少了一样东西，那就是"恐惧"。说不定，儿童课程就是一剂治愈"恐惧"的良药呢！

于是，我们提出"开学第一周，我们不上课"，摒弃了一开学就进行学科教学的传统，精心设计了以绘本、童谣、儿歌、电影等儿童喜闻乐见的内容为核心的入学课程，并集结一年级所有学科老师协力实施。

没想到的是，一周下来，232 名新生竟无一人哭闹，甚至还有学生提出"周六周日，我还要去学校上学"。到 2019 年，连续八届，2300 名学生因入学课程而开启了快乐的求学之旅。

这给了我们莫大的鼓舞。我渐渐意识到，虽然朱永新老师架构的新教育卓越课程看起来宏大复杂，但说到底其实只有一个标准，那就是：学生需要的，就是最好的。

就这样，我们的课程研发一发而不可收拾。

想要孩子们拥有良好的品性，我们创生了十品性课程。让孩子们置身"银河"，便是置身故事，置身人性的美好之中。

想要孩子们拥有健康的身体，我们创生了食育课程。我们提出，吃好，才能学好，学习可以放在第二位。会做饭的孩子，走到哪里都能活下去。

教育的一切，最终是落在教室里的。于是更多的班本课程，比如旅行课程、新闻课程、生日课程、阿福童课程等等，在一间间教室里生根、发芽，开出了美丽的花。

课程，让老师们"站"起来了；课程，让孩子们"飞"起来了。

三

2017年9月的一个晚上，我与高老师一起去他们班的小X同学家家访。

灯光摇曳，每天在校陪读的小X妈妈一边连声说着"真是不好意思啊，这孩子实在静不下来，给你们添乱了呢"，一边给我们泡上了玫瑰花茶。

在我们说话的当儿，胖墩墩的小X满屋子跑，一刻也没停下来。

我拿出了一个小巧的魔方，确切地说，应该叫作抗焦虑手指多动症魔方（Fidgetcube）玩具，告诉小X："这个可好玩了，六个面，你瞧，按、滑、摁、滚，想怎么玩就怎么玩。"

他一下子被吸引了。"你去房间里，安安静静做20分钟作业。如果做到了，就可以玩一玩这个玩具。"

他立马去了。我们得以安静聊天。我告诉小X妈妈，不要感觉歉疚，也不要责怪孩子，我在高老师与任课老师那里作了详细的了解，如果我的判断没错的话，是小朋友发生了一点点状况。我递给她一本书《如何养育多动症孩子》，告诉她小X的很多表现与之吻合。所以，要想改善，训斥没用，而是要找到方法。我把折起来的几页打开给她看，里面是一条条切实可行的策略。

她恍然大悟，捧着书，仿佛抓到了救命稻草，连声道谢。

20分钟结束，小X从房间里冲出来，飞快地递给我一份工工整整的作业，然后欢欢喜喜地玩起玩具来。

我告诉他，只要他每次能集中 20 分钟时间专心做事情，就能换取玩 10 分钟玩的奖励；如果能这样保持一周，那么这个魔方就可以完全属于他。

他开心得不得了。

这之后，每天在校园遇见他，我都会问他前一天的表现，然后摸摸他的头，大声表扬他。

一个月后，小X妈妈告诉我，她现在只需陪半天了，书上的法子真是管用呢。她的脸上，是抑制不住的微笑。

"用专业的爱，培植特殊的生命"，这句话曾经在我们学校三楼会议室的后墙上挂了很多年。

起初，我以为它只针对我们理解中的特殊学生，那些智力或者行为反常的孩子。后来，我发现，每一个生命其实都是独一无二的，都是特殊的。

起初，我以为做教师只要有爱就能解决问题，后来我发现，如果我们不懂孩子、妄下结论、无法给孩子最专业的帮助，那么即便满口是爱，也是另一种角度的虚伪。

新教育，让我们学会以农人的眼光看孩子。这么去想，我们就会豁然开朗：我们该做的，是用心了解不同"作物"的喜好，给它们最合适的空气、水分与阳光，而不是要求它们全都长成一个样。

这才是"相信种子，相信岁月"八个字的真正含义。

当所有老师都这么想的时候，便做出了很多在别人眼里很难做到的事：比如每周五给家长写信，比如所有学科老师给孩子写评语，比如每年九月雷打不动全员家访，比如每位老师选定一个孩子进行个案诊疗，比如每学年为每个孩子制作电子成长档案，等等，而且这些事一做就是十几年。

在银河，最常见的，是相机；最常说的，是相信。确实是这样的。

你可曾听过普洛克路斯忒斯之床这个故事？说的是强盗普洛克路斯忒斯有一张铁床，他热情邀请人们到家中过夜，但是只有身高和床一样长的人才能睡觉，否则，身体比床长的要被砍掉腿脚，比床短的则要被强行拉到和床一样长。

身为老师，我们很多人就是这个强盗。

而与新教育相遇之后的我们，都在努力做农人：极其耐心地蹲下身子，倾听花开。

四

有一次，与女儿聊天。

我说："哎，你老妈转眼就是具有20多年工作经验的老教师了。"

她不屑地撇撇嘴："您哪是具有20多年工作经验啊，分明是一个经验用了20多年而已！"

我愣在那里。仔细咀嚼，竟是火辣辣的羞愧。

不由得想起贵州支教回来时那段疯狂学习的时光：不管读不读得懂，每年至少读七八十本书；不管忙不忙，每天更新自己的博客；不管愿不愿意，每年做一个课题。

还有，关注一个个优秀的微信公众号，参加每一年的新教育年会——尤其是一遍又一遍地啃读朱永新老师的年度主报告，直到有信心让完美教室的框架在自己学校的一间间教室里落地，让卓越课程在老师们手中次第诞生，让家校共育理念深植每个人的内心……

如果我们仍然是用过去的方式教育现在的孩子，无疑就是在扼杀他们的未来。

是的，这是真理。所以，要让自己跳出"过去的方式"，唯有日不间断地学习。除了阅读、写作、教学、管理，还有太多的东西需要学习——

学习单反摄影。弄明白光圈与快门，然后，尝试有创意的构图与后期处理。

学习PPT制作。把以前花在选模板上的时间，用来摸索如何提升效率：一键替换字体啊，有效利用网格线啦，等等。

学习整理。以断舍离的理念，做好衣物、书籍以及办公室物品的整理；使用清单，重视信息与思维的整理。

学习软件使用。比如用问卷星进行问卷调查与数据处理，用腾讯文档实现在线编辑，用喵影工厂制作视频，等等。

2019年5月，读了朱永新老师的《未来学校：重新定义教育》后，我感到了从未有过的紧张。未来学校，学，将不再是整齐划一的学，可以混龄学，可以线上线下学；教，将不再局限于学校；家庭，将王者归来；政府，将建立学分银行……最重要的是，教师，将由知识的搬运工，变成学习的设计师。如果不想被淘汰，那么，你就得会做机器人做不了的事。

是的，50岁的我担心被淘汰。

所以，促使我在CCtalk做系列直播的原因，其实还有一个，那就是逼着自己尽快掌握在线授课技术。

五

写到这儿，又看到一位老师给我留言。她说她刚刚重温了"新教育在银河"的回放视频，这是第三遍看了，每看一次，都有新的收获。她还说从没有像现在这么渴望开学，渴望把新教育带进自己的教室。

直播的时候，我曾问过老师们，是什么让你们动了心？他们说，是我讲述的一个个发生在教室里的真实故事，还有一句句被我反复提起的话：

你不尝试着做点能力之外的事，就永远无法成长。

阅读，其实就是寻找榜样，寻找最好的自己。

多一把尺子，就多一批好学生。

用专业的爱，培植特殊的生命。

再微小的个体，也可以有自己的品牌。

教育的本质，是找到一个人内心想要成为的样子，然后帮助他成长为那个样子。

成长，并陪伴他人成长。

你若黯淡，教室就黯淡；你若明亮，教室就明亮。

……

如果你问我：新教育于你，究竟有着什么样的意义？

我会告诉你：新教育唤醒了我，并一直告诉我，还可以做得更好。

就像教学楼墙上那株从一楼一直哼哧哼哧爬到四楼的凌霄花那样，不负晨昏，奋力生长。

浙江省杭州市萧山区银河实验小学　朱雪晴

李镇西说——

"打碎了自己，清空了自己——然后，在五个月后，找回了一个崭新的自己。"在别人听来，朱雪晴老师的这句话是一句富有哲理的比喻，但对她来说是写实。我指的不是她历经重伤之后的康复，而是精神上的不断追求卓越。每一个人的内心深处，都潜藏着一个卓越的自己。我曾经用米开朗基罗的雕塑大卫来比喻教师的成长。我们所有人最初都是沉睡的大理石，但石头里面潜藏着"大卫"。所谓潜藏，意味着最初这个卓越的自己被各种外壳和多余的部分掩盖着。我们要做的，就是不断地挖掘和雕琢。当我们内心深处的那个"大卫"渐渐显露出来的时候，我们便获得了成长，走向了卓越。今天，读到朱雪晴老师这篇文章，我再次想到了这个比喻。毫无疑问，通过新教育她把自己雕琢成了"大卫"——这是一个也许还谈不上卓越但已经足以让她自己吃惊的"我"。

新教育与区域推进

从施教一个班到治理一所学校，再到主管一个区的教育；从一个人的教育梦想，到一群人的新教育理想，如今不但赢得了区域的教育发展，也让我和所有志同道合者享受到了一种幸福完整的教育生活。

　　　　　　　　——陈兵《我的梦想，我们的光荣》

让一粒种子变为一树硕果

生命原是一场编织，那些因为种种原因走进我生命中的人和事，就像经线和纬线在相互编织中印证着自己这一段生命的存在。哭过，笑过，感动过，幸福过，很多时候都是因为这些人，这些事。离开他们，生命中的这一段旅程也便成为空白。我愿意用我的笔，连缀起这些生命的片段，记录和他们一同走过的日子。

一

"假如没有遇见你，我将会是在哪里，日子过得怎么样，人生是否要珍惜……"和新教育邂逅之前，作为河南省最年轻的中小学教育教学专家，我一度骄傲地生活在自己的小世界里。和大多数名师一样，我的专业成长源自一节优质课。1997 年，一节精心打磨的省级优质课，成为我专业成长的重要起点。凭借一纸证书，我在普通教师中脱颖而出，成为同行公认的"名师"。那时的教育于我来说，仍是不远不近的一条平行线，我总是怀着警惕之心，有意地要将它和我的生活区分清楚，总担心自己陷入其中，被所谓的道德绑架，成为蜡烛，身心俱焚。

优质课之后，更多的竞赛、评选接踵而至，而我似乎也成了最好的人选。

2000 年，在几番"过关斩将"之后，我入选河南省中小学百名教育教学专家，先后赴河南大学和华东师范大学进修。为期一年的脱产培训让我经历了前所未有的头脑风暴。顶级的课程专家和全新的教育理论带我走进了一个陌生的领域。2003 年，不安分的我终于又做了一个决定——考取了教育硕士，又一次重返大学校园，开始了一种自觉自愿的修炼，这是自己在专业成长的道路上的一次刻意规划。读书、听课、查阅资料、作规范的学术论文……系统地学习，让自己有了相对丰厚的学术基础和较高的阅读视野。但修炼的目的究竟何在，对我来说仍是茫然的。如何从现实中突围，如何突破自我，这些问题一直困扰着我。我一次次回归自己的内心，不断追问自己：什么样的生活才是我真正想要的？我渴望认识未知的自己，却总是无法看清楚。这一切在 2007 年的那个春天得到了彻底改变。

二

2007 年，一次偶然的机会，我赴贵州省遵义市凤冈县参加了灵山—新教育贵州支教行动。当时的我已经成为市教科所一名专职的科研人员。当时的我并不知道，这次和新教育的美丽邂逅会如此深刻地影响和改变着我的教育生命。

"把自己打碎，像土粒一样地打碎，这也许是泥土成为花朵的唯一可能。"于是，我放下了之前的所有"辉煌"，让一切归零，我知道，我需要为自己的成长寻找一个新的起点。贵州回来之后，做一粒新教育的种子成为我最大的愿望，我义无反顾踏上了新教育儿童阅读推广人的道路。一所学校接着一所学校，我不断游说，乐此不疲。在这个过程中，有人热血沸腾，有人半信半疑，有人开始行动，一部分老师开始慢慢汇聚在我的身边，形成了我们最初的团队。在一间又一间教室里，我们不断汇聚美好事物，将它们源源不断带到孩子们的生命当中，绘本、童书、电影、诗歌、游戏、音乐、童话剧、大自然……

一路走来，有喜有泪。2010 年，全国新教育实验工作会议在焦作召开，会前的辛苦和忙碌自不必说，为了较为全面地呈现焦作新教育几年来的成长和收获，我们将活动的主旨设定为"走进一所学校，透视一个班级，感受一种行动，分享一段成长",从城市到乡村,从学校层面到学生层面,从课堂改革到专业成长,我想从不同的侧面让大家感受新教育带给师生的变化。会议第二天,因为人事的变动,下午我不得不从会议主持现场临时抽身返回办公室重新整理相关材料。焦急、忙碌、疲惫,挑战着我的极限。活动结束,收到这样一条短信:

尊敬的硕果老师:我是宝应实小的陈兰蕙,这次焦作之行看到您一人奔波劳碌,心中有无限感慨。我本是新教育的过路人,缘识翔宇,沉浸其中后方知个中滋味非常人所能坚守,若缺少普世情怀,教师在黑暗中摸索将苦不堪言,向您这样的执着者表达崇高的敬意!

读到这样的文字,我的眼泪再也无法控制,只有深度卷入的人才知道其中的艰辛。但我深知,这样的磨砺,对我来说,是一笔巨大的财富。我已经不需要用一纸证书来证明自己的价值,行走本身就是最好的证明。这条短信存在我手机里一直没舍得删,偶尔也会翻看,每次想到还有很多人像我一样在这条路上迎着风雨不断前行,就会平添许多勇气。

在我们不断地努力下,新教育最终以课程化的方式进入孩子们的生命,晨诵、午读、暮省成了孩子们的日常生活方式,越来越多的惊喜让我们感动。2012年,央视读书栏目《我的一本课外书》在全国寻找最会读书的孩子,焦作有五位读书少年最终走入央视参加节目录制。阅读,改变着越来越多的孩子的生命轨迹。2014年5月,河南省校讯通第十届书香班级评选结果揭晓,焦作的成绩再次让人赞叹:近700个获奖班级和个人中,焦作有179个,占据"绝对优势"。有人把这称作"焦作现象"。

三

此时的教育,已成为我生命中不可分割的一部分。我坚持把自己的生命与智慧,与那些具体的教室、课程、老师紧紧地联系在一起,把最美好的课程源源不断地带到他们面前,生怕错过了那些孩子的成长。我开始关注教室里的每一个故事，关注着每一位老师的悲喜。

张老师，您好！我是修武二实小的程新梅。打扰您了！我根据教材内容，在校讯通上写了几篇数学童话故事，您有空的话可以看一看。苦于找不到适合孩子们读的数学阅读书，所以试着写了一些，请您指导。

手机里有很多类似的短信，有团队成员的，也有外地的来访者。我们彼此驯养，相互编织，就像法国作家圣-埃克絮佩里笔下的小王子和那朵玫瑰一样，在彼此的编织中印证着自己这段生命的存在。因为这样的相互编织，越来越多的人走在了一起。

焦作修武第二实验中学的一位老师在随笔中写道："生命中都有光，有的人暗淡，是因了遮蔽，因了蒙尘。除去这些尘埃与遮蔽，生命的光辉一定散发出其应有的光彩。再活一次，让光出来。"

新教育让很多老师有了"重生"的感觉，找到了生命的意义。

2012 年，我们开始致力于教室建设，致力于缔造完美教室，从班级文化、班级课程、班级家校共同体入手，让一间教室的内涵不断延展。"丁香班""小梅花班""蜗牛居""竹节轩"……当一间间教室拥有了文化、课程和生命，从这间教室里走出的孩子也拥有了不同的生命气象和文化气质。

四

2014 年 3 月 1 日，我和童喜喜——新教育的专职义工在焦作重逢。第一次见她，是在海门年会上，第一次"读"她，是读她那篇《我想做个新的孩子》，第一次认识她，是她毅然决然地说"和新教育谈一场恋爱"，要成为新教育的专职义工。喜喜告诉我，这次从北京赶来，就是专程邀请我担任全国新教育种子计划项目负责人，希望我能够在更大的平台上引领带动更多的一线教师不断超越自己，成为新的榜样，就这样，我接受了邀约，也因此有了更大的舞台。

2014 年 3 月 18 日，"新教育种子计划项目"的第一次热身活动——种子教师孟州现场会在焦作市孟州的韩愈小学和育新小学举办。来自三门峡、安阳、洛阳、漯河的外地市考察团近 200 人一起参加了会议。在活动现场，来自新教育的春季种子党玲芬老师的"丁香班"班级叙事让在场的老师们震撼不已，我们看到了那些浸润在美好事物中的孩子，看到了他们精神生命的场域和高度，看到了一间教室所能拥有的尺度，也看到了一间不平庸的教室是如何一点点成长的。而这些成长故事的背后，是每一天、每一月、每一年扎实而丰富的新教育课程实践。

2014 年 5 月，"认识未知的自己——全国首届新教育种子教师研修营"在焦作市成功举办，来自全国各地优秀的新教育种子教师 200 余人相聚在太极故里。在这里，我们为同伴喝彩，也为自己加油，点亮自己，照亮他人，温暖前行。我们始终坚信，未知的自己在高处。随着团队规模的不断扩大，工作量也成倍增长，对自己的考验也越来越多。如何引领这些来自全国各地的心怀梦想的老师们挑战自我，不断成长，我也在积极地努力着。

2014 年 10 月，全国种子教师高级研修班在北京顺利开班；

2015 年 8 月，萤火虫之夏暨全国新教育种子教师第二届研训营在山东日照五莲成功举办，参会人员达到 700 多人，其中还有 160 多个孩子；

2015 年 10 月，全国新教育种子教师第三届研训营在河南焦作成功举办；

2016 年 4 月，全国新教育种子教师第四届研训营在四川宜宾成功举办；

2016 年 5 月，全国乡村新教育专题研讨会暨全国新教育焦作开放周在焦作成功举办；

……

五

2013 年教师节，我收到了一位种子教师的来信：

今天是教师节，我思考了很多，想得最多的就是你。有很多话想对你说，千言万语，凝成一句话：何其有幸，在生命的拐角处遇到你！

如果不是你，我不知自己还怎样在黑暗中无力地挣扎、独自地哭泣。是你，给了我改变生命状态的勇气！如果不是你，我不知自己还怎样在教室里混混沌沌地应付完一节节语文课。是你，给了我改变职业状态的勇气！如果不是你，我不知自己还怎样活在别人的目光里每天黯然自卑地独自来去。是你，给了我直面他人的勇气。

请记得，你播撒的种子，很多已经茁壮长大，并能够抗衡风雨。

当一个个老师因为我的存在而改变，我突然发现，一个人的力量虽然有限，但一个人的力量也是不可小觑的。

走在这条路上，是寂寞的，能够坚持下来的，一定是一个拥有强大内心世界的人，一个可以用自己的力量抵御外界各种诱惑的人。走在这条路上，也是幸福的，那些额外的奖赏，那些属于我们的庆典一直未曾远离。2014年4月11日，在亲近母语论坛的现场，我从梅子涵老师的手中接过了"书香点灯人"的证书。2014年4月27日，在河南省最具成长力活动的颁奖会上，我们团队的种子教师党玲芬老师以第一名的成绩被评选为"河南省第五届最具成长力教师"，《教育时报》给予她这样的颁奖词："守住自己的教室，将课堂作为教育生命的道场，以自己的理想和坚持，开发出诗意盎然的课程，照亮每一个和您相遇的孩子……"还是这个春天，我们的秋季种子教师赵素香被评选为河南省特级教师。2014年9月19日，《教育时报》刊登了一篇文章《被"夏洛"们改变的世界——焦作新教育实验七年再扫描》，对我们团队的成长进行了专题报道，也让我重新梳理了自己和团队的成长。2016年，我从朱永新老师手里接过新教育首届年度人物的奖牌，此时，我和新教育牵手整整十年。十年对于一个人来说，不算太长，也不算太短，十年，见证着一个团队和新教育的成长。

六

2017年，儿子高考，以重点中学文科第一名的成绩进入理想的学校。2018年，那个当年走进央视参加读书节目录制的马村工小的孩子高考，以河南省最高分的成绩走进了心仪的复旦大学。一批新教育中成长起来的孩子正在通过努力，一点点靠近自己的梦想。更多的孩子，则通过日不间断地阅读和新教育课程的滋养，一点点成为更好的自己，一点点实现生命更多更好的可能。从这些孩子的身上，我们看到了新教育长大的模样。为了让新教育惠及更多的师生，2018年，我策划开启了"一道共读"公益阅读项目，旨在汇聚中国最有温度的阅读教室，将最美好的童书献给最美丽的童年，培育专业的儿童阅读推广人。从内蒙古通辽，到云南腾冲，从江苏海门，到河南洛阳，数千个班级，数万名师生，一道乘一本书去飞翔。偃师县村小的郭瑞利老师万万没有想到，带着一年级的小孩子们一道共读，一年下来，孩子们的变化如此之大，更没有想到，家长们会直接到学校给她送上一面锦旗，并向校领导提出要求，不要中途换老师，要让郭老师把这届孩子带到底。

走在这条路上，感人的故事太多，值得记录的人和事也太多。我们越来越坚信，现实的教育虽不能令人满意，但并非没有生长的空间。当我们无力改变周围的世界时，唯一能改变的就是自己。而当我们真正改变了自己之后就会发现，周围的世界也因此而改变。

在给老师们的信里，我这样写道："一粒种子的成长，必须穿越泥土的黑暗，必须经历岁月的磨砺，才能最终完成一朵花的使命，或者说完成一粒种子最大的生命可能性。有一天，当我们走进任何一间新教育老师的教室，我们都能够看到充满个性而富有新教育特质的班级文化，都能够分享一年里每一天、每一月、每一学期、每一学年所走过的课程之旅和生命叙事。所有看见它的人都会说，这是一间多么与众不同的教室，这是一间新教育的完美教室，从这间教室里走出的每一个人都是那么的与众不同。"这不仅是我个人的心愿，也将是我们团队的愿景。未来会怎样，我们一起继续书写。

<h2 style="text-align:center">七</h2>

每个人都是按照自己的愿望来塑造自我的，我亦是如此。我也曾不断地追问自己，此行目的何在？我想，应该是让每一个与我相遇的孩子因我而幸福，

让每一个与我相遇的老师因我而成长，能够深度参与他人生命的成长，为他们付出，欣赏他们的优点，为他们喝彩，和他们一起看见未来。这不仅是我对老师和孩子们的承诺，也是我对自己职业生涯的一种期许。

和新教育携手13年，初心未改。从一个人的行走到一个团队的成长，从民间草根到行政参与，从自发到自觉，从孤单、徘徊、犹豫、委屈到坚持、坚定、坚韧、坚守，有泪，有笑，有日间教育田野里的行走，也有暗夜里笔耕不辍的书写，就这样，我和团队老师们一道，让新教育在焦作深深地扎下了根，从关注一间教室，到改变一所学校，再到影响一个地市的教育，大家都说，在焦作，新教育由一粒种子变为一树硕果。但我想说：

感谢这些人，这些事
让我学会了像树一样
站立　沉默　缓慢地生长
用自己的行走
刻写岁月

感谢这些人，这些事
让我学会了像鸟儿一样
飞翔　远行　在高处栖息
沿着季节的方向
追寻温暖

感谢这些人，这些事
给了我白天的忙碌，夜里的睡眠
还有，生命中无数次的惊喜和感动
以及对未来不灭的希望

就像《夏洛的网》中的夏洛一样，我要做的和我能够做的，就是为威尔伯不断地织出那些伟大的词语："了不起""光彩照人""谦卑"……并由此来影响这个生命成长的方向，创造别人生命中的奇迹，也为自己的生命创造奇迹。

河南省焦作市教育科学研究所　张硕果

李镇西说——

　　我曾说："一个实验区的新教育往往和一个播火者联系在一起，比如张硕果。"我还曾说："有的人名如其人，也人如其名，比如张硕果。"张老师是新教育实验最早的种子教师之一，后来在各位领导的支持下，她身体力行在焦作推广并推动新教育，焦作因此成为具有全国影响力的新教育重镇，硕果累累。张硕果，让自己的一颗种子变成了焦作的一树硕果。她因此实现了"对自己职业生涯的一种期许"。

循着心中那束灯光前行

不得不说，每一个精神正常的人都活在他的意义世界之中。作为一个教育工作者，寻求教育的意义，就成为一种基本的生活方式——只不过程度有差异而已。作为一名有一定阅读兴趣和一点思考习惯的个体，我免不了去发现、捕捉和追寻教育的意义。关心和从事新教育的有关工作，正好叩开了我希望进入的这扇门。

寂寞中的阅读与阅读中的幸福

我一直认为我是一个寂寞的人。从儿时到少年，再到青年，乃至到中年，或即将到来的"中年后"。我儿时生活在农村，上世纪 80 年代初的农村条件还很差。读小学、初中时最喜欢的读物是做民办教师的父亲偶尔带回家的《红领巾》杂志。难忘的是中师时代，因为学业压力较小，几乎把学校图书室发给学生的借书卡表格填满了。不到 18 岁上班时，被分配到电灯还没有蜡烛亮的乡镇小学，非常枯燥的生活环境，让我在寂寞中静静地读了几年书。我一直认为，上世纪 80 年代中后期诞生了许多真正意义上的作家。我至今认为，我的精神世界中还残存着那个时代一些知名作家对我的影响。所以，对朱永新老师所说的"一个人的精神发育史就是他的阅读史"，我特别地认同。后来，我对文学性作品的阅读兴趣减弱，开始主动关注和阅读有关的教育类著作。大约在 1998 年左右，有两本书对我影响较大，一本是刘京海主编的《成功教育》，另一本是李镇西老师的《爱心与教育——素质教育探索手记》。我记得当时网购图书还未盛行，为了买到这两本心仪的书，我专门坐了三个小时的公交车，到当时成都最著名的人民南路书城购买。我简直如获至宝。《成功教育》让我相信了"无限相信学生的潜力"这句话。蕴含深刻哲理的教育故事集《爱心与教育——素质教育探索手记》，让我今天还将"以心灵赢得心灵、用人格塑造人格"作为我的教育信念。阅读这些书，让我对教育开始形成朴素的理解。

大约在 2000 年左右，我开始关注教育在线论坛，里面有一群心系教育的人，在以各种方式践行着各自的教育理想。我也在《中国教育报》《教师之友》等报刊零零碎碎学习、了解朱永新老师的一些思想后，购买了《我的教育理想》和《新教育之梦》两本书。我对朱永新老师的教育见解发自内心地推崇，此后开始积极关注和学习他的教育论述。有两件关于朱老师的小事让我印象深刻：一是我在朱老师有关教育提案简介的微博下留言表示强烈支持，得到了朱老师"Thank you！"的回复，让我颇为激动；二是在成都的教育宾馆第一次面对面聆听朱老师的讲座，并得到朱老师的亲笔签名。

2019 年暑假，我读了一本书——《创造知识的企业》。书中认为组织创新的关键性要素，第一个就是"意图"。只有不断想追求更美好的明天，对明天充满希冀的企业，才有可能创新知识。我忽然感悟到，一个普通人又何尝不是如此？我的阅读史，特别是与新教育实验相关的阅读，不就是在不断丰富和发展我教育追求的"意图"吗？所谓幸福，即有意义地存在。所谓有意义，即不忘"追求更美好的意图"。感谢曾经的"寂寞中的阅读"，更怀念那份难以消失的"阅读中的幸福"。

从心中的理想到现实的实践

对新教育实验的认同与推崇，在很长一段时间仅仅是我个人心中对"理想教育"的憧憬。当时，作为我县教育界的一名"小愤青"，我只是时不时拿《我的教育理想》中的有关论述和教育在线论坛中的某些内容，来针砭一下教育时弊——以示自己是有点教育情怀和教育见识的人。我当时对新教育仅保持一种围观的态度——最深的参与，就是在教育在线论坛注册了一个帐号，然后有空就去"潜水"，在网络上寻找那些"尺码相同的人"。实在管不住自己时，就上去冒一两个泡，以此慰藉一下自己心中那点模糊的教育理想。

我本以为我这个新教育的"局外人"，是可以一直悄悄、自主而潇洒地玩下去的。未曾料，忽然有一天，我会被深度卷入新教育实验。2008年，四川发生汶川大地震。我所在的金堂县，尽管没有在震中，但受损还是十分巨大。朱永新老师所在的中国民主促进会为我县一所学校作了捐建，并牵线捐建了我县另两所学校。2011年6月，受我县领导邀请，朱永新老师来到金堂，视察我县灾后新建学校。尽管我作为一个"粉丝"，希望面见朱老师这个"真人"，但作为一个无名小卒，我并没有这个"资格"。不久我就听说我县县委书记、县长在接待朱老师的过程中，要求县教育局整体加入新教育实验。我听后心中一惊，难道我县就要开启新教育实验之路了？不久后的一天，时任县教育局局长的张立诚把我叫到他的办公室，递给我一摞资料，只说了一句话：这事你来办。如此，荣幸感与责任感排山倒海般向我扑来。

为更为系统、完整、深刻地理解新教育实验，我努力搜集有关新教育实验的重要文献，拿来一一认真学习。我还主动申请去河南焦作、江苏海门等地现场学习和感受新教育。为号召我县各学校加入新教育实验，我将我对新教育的理解进行归纳整理，向全县学校和骨干教师不遗余力地宣讲。学习和工作，都突然变得更加忙碌、充实起来。我说的是"更加"，是因为县教育局让我做新教育，纯粹是额外增加的工作，其他的工作丝毫没有减少。我深切地感受到，累不累完全取决于忙的是什么事。我忙新教育这件事，完全与我对心中理想的追寻相吻合，因而乐此不疲。尽管我县当时大力推进新教育，面临着许多困难，但我仍然为之日夜操劳，乐在其中。

寻灯与点灯

我是一个教育工作者。我深知，践行新教育需要的是有教育理想、情怀和行动能力的校长和教师。我一直不主张单纯通过"压迫式"的行政手段让学校和教师投身新教育实验。2012年夏天，一件让我为之动容的事发生了。我面向全县征集暑期新教育志愿培训对象，完全"自愿"。没有想到，全县竟有110多位教师报名。更令人感动的是，一周的课程，包括听取李镇西、愈玉萍等老师作的专题报告，外出学习，作汇报，小组讨论等，所有教师全程投入，状态奇佳，真是"热汗与骄阳共舞，思想与激情齐飞"。以至于与我一起做组织服务的同事感叹：做了几十年的教师培训，这次感受到了什么是"最好的培训"。记得活动一结束，几位来自同一所学校的老师邀请我晚上一起吃饭，说有重要事情商量。我一到场，原来是几位老师联合请到了他们学校的校长，说他们决心全力投入新教育，让我去为他们当"说客"。或许从来没有老师在假期找校长激动地谈自己的工作规划，叙自己的教育理想，校长被老师们的热情与信心感染，本来说好的"请校长吃饭"被校长强制性变成了"校长请吃饭"。

在后来我县推进新教育的实践中，还有许多校长、干部和不断涌现的新教育追随者，他们用心学习、实践和创造新教育，不断成就着学生和教师的幸福。我常常在分享他们的故事时认识到，其实很多校长、老师心中都有着一份执着的教育理想。这个理想如一盏灯，隐藏在心间。只要有点灯人，它就会发光发亮，照亮自己，照亮别人。新教育实验点亮了我心中的灯。我用自己微弱的灯，又点亮了信任我、支持我的校长和老师。一个朋友对我说，新教育的种子对于金堂的某些学校和教师来说，已经成为他们血液的一部分，再也无法消解。我对此予以认可。

创生与分享

在我的支持下，2012年，我县金堂中学李国斌老师作为新教育的个体实验者，出版了他的专著《我的学生我的班》，这可以堪称一本新教育生命叙事的泣血之作。我们在全县近6000名教师中开展了《我的学生我的班》共读活动，取得了非常好的效果。同时，我们积极申请开展西部新教育夏令营活动。2013年冬天，我们决定开展一次新教育开放周活动。几所新教育实验骨干学校的领导与教师一拍即合，共同策划，精心准备。经向新教育研究院申请，我们向部分西部省市的新教育同仁发去邀请函。结果，全国各地近300名同仁纷至沓来，给我们带来极大的鼓舞，活动取得了非常好的效果。

更大的惊喜发生在2014年4月。在甘肃省庆阳市举行的新教育工作例会上，新教育研究院提议我县承办全国新教育实验第15届年会。我县与会者无比兴奋，又十分忐忑，害怕我们难以完成这样宏大的任务。后经教育局领导认真研究，并报县领导同意，决定勇敢接受这一光荣而艰巨的任务。2014年10月，新教育研究院通知我们2015年年会主题为"新生命教育"。我们认为这是非常好的主题，可以说是新教育十余年探索的集中归纳，也代表着新教育未来发展的核心主张。

之后，我县许多学校倾力投入"新生命教育"的探索与实践。记得2015年的大年初四，我县杨柳小学的周校长诚恳邀请我与学校骨干一起研讨该校"新生命教育"的内涵与表现。到会的老师丝毫没有因为春节假期被耽误而不快，相反完全沉浸在对"新生命教育"的解读与想象中。因为思考深入，实践到位，我县一些教师对"新生命教育"形成了较为独到的见解。2015年6月初，为遴选年会现场讲述者，新教育研究院在我县举行全国"新生命教育"叙事大会。因两名候选者因故缺席，我县一教师临时救场，结果深深折服了现场的专家和观摩的教师。

2015年7月11日—13日，"全国新教育实验第15届研讨会"在我县隆重举行，近2000名专家、代表参会。经新教育研究院和我县的精心组织与准备，这次会议获得了空前的成功。我县参与开放的11所学校（其中个别还是办学基础很薄弱的学校，其生源虽然大多为留守学生，但依然因其特色而受到展示）更是收获了足够的信任和尊重。不仅朱永新老师等领导、专家和全国与会者对本次会议的质量与服务高度评价，我县干部、群众也对此次会议大加赞赏。我县领导参加了这次会议，据自述均被新教育的故事感动得泪流满面，会议期间以要到朱永新老师的签名著作为荣，让朱老师收获了一大批新"粉丝"。我的一位同事去坐出租车，司机听说他是教育局的，跟他说，你们教育局这次开了一个大会，全国各地的客人都说你们整得好哦！这让我的同事很是自豪。至今，我县承办的全国新教育实验第15届年会和"新生命教育"的探索与实践，都还扎根在我县教育系统大多数干部、教师心中。

守教育之正与立教育之新

转眼之间，我走进新教育已经八年了。在"新生命教育"理念的引领下，我县坚持推进新教育实验。我也将我的工作室命名为"新生命教育工作室"。除了前几年浮现出来的新教育执着追求者，我县年轻的新教育追随者正不断涌现。前不久，我们举行了一场新教育完美教室叙事报告会，一位教龄才三年的农村小学教师对新教育的理念与实践如数家珍，将教师与孩子生命交织的故事讲得既生动又深刻。我旁边的一位学校干部说，新教育实验让这些年轻的教师焕发出了别样的生命活力。这一切让大家越来越觉得，这不仅是实践新教育实验的结果，而且是改善自身教育品质、让师生真正"过一种幸福完整的教育生活"的实际需要。

随着岁月的历练，新教育实验已日益逼近那个"新"字，渐渐成为一个"真"字。2018年，我将我对新教育实验的理解和感悟，归纳成为一篇小文——《新教育实验欲求何"真"、何以求"真"、"真"在哪里》，居然得到《新教育报》的认可并予以全文刊登。同时，陈东强副院长亲手打理的微信公众号"守望新教育"两次转发此文，李镇西院长也两次在微信朋友圈转发。凭他们的影响力，我相信全国绝大多数新教育同仁也关注到了此文，这比在许多正式教育刊物上发表影响力更大，对我是一种巨大的鼓舞。2019年教师节这天，新教育实验获得全国第二届基础教育优秀教学成果一等奖，新教育理事会理事长许星海作为代表在人民大会堂领奖，受到习近平总书记亲切接见，我由衷地为此感到高兴！

2019年，国家颁布了多项促进教育发展的重要文件。我常常结合这些文件，回顾与审视朱老师发起的新教育实验，为建立和推进中国特色教育话语方式作出贡献而骄傲。新教育实验顺应和促进中国教育走独立发展的道路，新教育实验又是开放的、不断发展的。作为教育界的一名小卒，新教育实验让我面对未来教育：心中有灯、脚下有路、眼中有光。我深信，新教育实验一定会不断支撑我长久地保持这种感觉。

为此，我愿我的生命，在新教育实验这束灯光的照引下，一直与幸福相随。

四川省成都市金堂县教育研究和培训中心　罗军

李镇西说——

新教育成就了一大批一线老师，也成就了许多校长和局长，但还有一类新教育人容易被遮蔽，就是教研员。他们既不直接面对学生，也无自己耕耘的"责任田"，只是默默无闻地组织、培训、指导……发现并推出了一个个优秀的新教育种子教师。他们是新教育的幕后英雄，罗军老师正是这样的英雄。我向他们表示崇高的敬意。

点亮一盏心灯，温暖乡村教育

有人说，人生的不可预知性，会让人变得迷茫与彷徨，就像是没有根的浮萍，随波逐流地漂浮着。但我觉得人生最奇妙的地方也在于不可预知。试想，如果什么都可以预知，自己生活的每一步都被提前预设，好像刻了一个模板，我们只能顺着这个模板走下去；又好像生命的程序被写定了，只能按照固有的程序向下运行，那人就变成机器人，这样机械而呆板的生命历程，永远是缺少创造和新奇的。因为生命无法预知，所以才充满变数，这每一个变数都像是双螺旋结构的DNA，它控制着人生命发展的某一个开关，而那个开关打开或关闭的时候，人生会变得不一样，这就是人生的际遇。

遇见美好

一个"顽固"而"坚韧"的教育者——他们常常用这样带着调侃味道的称呼来形容我。当我遇到新教育的那一刻，我发现我的人生变得不一样了。我一直在思考乡村教育的出路，城里的一个孩子后面站着一排老师，而乡村的一群孩子后面站着一位老师，享受的教育资源是不可同日而语的。根据有效调查得出的结论，农村孩子上清华和北大的比例在逐渐地下降，虽然我不是一个唯分数和考证论的教育者，但教育的均衡和公平始终应该成为我们扛在肩上的两个重要责任。乡村教育的出路在哪里？这是每一个有责任心的教育者内心思考的一个沉重而又深刻的命题。带着对教育的执着与期待，我们朝着新教育明亮的那方出发了。

那是 2011 年隆冬的一天，随县干爽而通透的天气让人心情畅快。我和随县几位校长开车向绛县出发。温情的阳光透过窗户舔着我们的脸，让人感觉似乎明天就是春天了，温暖和明媚。一切都是未知的，我们向着未知出发了，以朝圣般虔诚的心情到绛县去和新教育赴一场美丽的约会。我们应该算是"有情人"，相信能终成眷属。天色渐渐暗下来，彤云不知道什么时候已经爬满了天空，温晴的天空露出肃穆的面孔，雪花优雅地飘落。开始很小，不影响行车，慢慢地鹅毛般的大雪纷纷扬扬，笼罩整个天空。我们的车行驶在雪地上，像是一个醉酒的人，踉踉跄跄地跳着舞蹈，我们的心都提到了嗓子眼。或许可以打道回府，为我们的第一次新教育之约画上一个不算圆满的句号，这样最安全。但是，和新教育的第一次美好约会就这样夭折，我怎么能甘心？何况我是个固执的人。我们降低车速，让车在蜿蜒盘旋的公路上"蛇行"，车灯射出的两条光线，坚定地指向远方的绛县。晚上十点多终于到了，我们不停地向手中呵着气，抵御刺骨的风，饥肠辘辘。但我们没有一点儿沮丧，反而精神抖擞，斗志昂扬。因为我们求取的"真经"将豁然地展现在我们眼前。神往已久的朱永新教授竟然亲自迎接我们这些素未谋面的"朝圣者"。鞋子上凝固的坚冰，似乎也被朱老师的温暖所融化。交流、座谈、互动、观摩、记录、拍摄、新教育的"前世今生"被我们一股脑地装进心灵空间，以及笔记本、U盘、移动硬盘、相机等这些存储设备里。我们撩开了新教育的面纱，终于见到了魂牵梦绕的她。从此，我们的教育生活变得不一样了。后来再想起这个晚上，我们内心仍然澎湃着初次结识新教育实验的激动和震撼。这份初心，我们一直保持着。

实现破冰

如何让新教育在随县的大地上扎根？这个问题让我夜不能寐。随县在当时是共和国最年轻的县，刚成立，没有一所城市学校，乡村教育就是随县教育的底色，如何用新教育搅活随县教育的一池春水，使之获得长足发展，是当前亟符解决的一个问题，我为之深感焦虑。

"三军可夺帅，匹夫不可夺志"，说的就是要改变一个人的志向是多么难的一件事情。我有信心，一是原自新教育本身的魅力，相信所有的教育人都能从中发现其人文性和实践性，还有"十大行动"的可操作性；二是因为随县学校也在寻觅和探索，教育理念并没有完全固化。

冰封的十二月姗姗而来，我沿着厥水河施施而行，河上浣衣的农妇正在用棒槌砸坚冰，为洗衣服作准备，一下又一下，集中于一点，"咔嚓"的声音在冬天的早晨远远地飘来，冰破了。"咔嚓"声在我的脑海里不断地回响：想要破冰，必须把力量集中于一点。这一启示，让我的脑海里闪现出一道灵光，选择对新教育实验理解深刻的学校，举行新教育实验开放周，分协作区进行观摩。这或许能成为随县新教育实验的破冰之举。把力量集中到实践能力强、文化底蕴深厚的学校，引领和带动其他学校进行新教育实验，随后把新教育实验辐射到全县108所学校，推进随县新教育的区域性发展。后来发现，这是随县新教育实验迈出的具有标志性的一步。我选取了厉山和尚市的几所学校，拟定新教育实验观摩方案，派团队到这些学校去出谋划策，使他们的观摩和展示更具有整体性和文化内涵，也更具有新教育的特质。就这样，随县新教育实验的序幕被拉开了。襄阳、十堰、桐柏等十多个外县市的校长和老师参加了此次活动，并对此作了充分肯定。就这样，新教育实验的根须扎进了随县教育的沃土。

建构团队

一个人可以走得很快，但一群人才能走得更远。因为一群人可以构成一个生命共同体，相互扶持守望，相互激励肯定，比一个人的孤独前行要走得更远。我组建了新教育种子团队，建构新教育实验项目共同体；组建新教育实验薪火团队，让共读共写的教育生活丰盈生命的每一天。

我一直相信生活中不是缺少美，只是缺少发现美的眼睛。我用眼睛观察，用心灵感受，去发现和追寻有新教育实验情怀的老师，支咏梅、刘金超、蒋继平、张程等一批优秀老师脱颖而出。

第一次见到支咏梅老师，是那几个"鸡蛋"穿线搭桥的。我无意间从她的教室路过，看到讲台上放着几个鸡蛋。鸡蛋很普通，讲台也没有什么特别的，但鸡蛋和讲台组合在一起则显得别开生面，我知道这里面正发生着有趣的教育故事。一打听，果然如此，这是支老师为他们班上过生日的孩子煮的鸡蛋。能这样用心做教育的老师不多。自此，我记住了支老师。她的"四叶草"新教育实验班，是随县师生过着幸福完整教育生活的最好缩影。

和刘金超老师的一次邂逅，是在他骑着自行车家访回来的路上。家校合作共育这一项新教育实验行动，被刘金超老师用自行车的铃铛摇响了，叮铃铃的韵律响彻了整个随县。

认识张程老师，得从她的"萤火虫"班的颁奖庆典说起。那次我们驱车40多公里到环潭镇中心学校进行教学工作检查。一位校长说，张程老师的"萤火虫"班在搞颁奖庆典，请我去看一看。我饶有兴味地来到了张程老师的教室：孩子们率真的表情、精彩的展示、灿烂的笑靥深深地感染了我，她把艺术的种子播撒在孩子心底，不久的将来定会萌发、拔节、绽放，开出灿烂的花朵。

而新教育实验榜样教师王从伦老师，把"彭局长是我教育生涯的贵人"这句话常常挂在嘴边上。我知道，新教育实验才是王从伦老师的"贵人"。王从伦老师是到快退休年龄才开始接触新教育实验的，他说他以为他的教育生涯会这样波澜不惊到退休，普通得像是田里的一株高粱。可遇到了新教育以后，他的人生变得不一样了。行动就有收获，坚持就有奇迹，成了王老师最好的座右铭。王从伦老师在即将退休的教育生涯里，因为与新教育相遇，写出了属于他的教育传奇。他和他的"阳光班"沐浴着新教育的晨光，彼此坚守、乐此不疲，让孩子们快乐幸福地成长，深得家长和社会赞赏。他也因此曾获得全国优秀班主任荣誉称号，被评为全国新教育榜样教师，湖北电视台和《随州日报》等媒体多次对他进行过专访。他开创的石头拼画课程，把绘画和手工制作融为一体，让石头拥有了生命，因地制宜，为乡村孩子的艺术教育开创了一条新路。他组建了一个新教育实验的"阳光班"，我担任"阳光班"的名誉班主任，班级的每一次成长和进步，我都是支持者、见证人。每一次我兴奋地去为"阳光班"的孩子们赠书，都会举行一次别开生面的阅读会。孩子们亲切地围上来喊我一声"彭老师"，那是我最快乐、最幸福的时光。

不断地发现、点燃和唤醒，组建项目共同体，使一群人拥有相同的尺码和语言密码，这就是我执着追寻的教育之路。领导和师生们称我为随县新教育的"点灯人"，我知道我离这个赞誉还有距离。是的，走得再远，不能忘记为什么出发；说得再多，不能忘记立即行动；做得再好，不能忘记引领辐射。这是新教育实验给我的教育启示！

深度融合

新教育实验者说，新教育实验就是要熬一锅石头汤，把石头熬出味道，需要的是创造和坚持，更需要融合和协调。不能让随县教育已成体系的"三驾马车""四大校园"与新教育实验脱节，变成两张皮，这样新教育实验就不能对随县教育起到应有的推动作用。

必须打破这个困境。唯一可行的办法，就是将"三驾马车""四大校园"与新教育实验完美融合。学校德育、校园文化、课堂改革这"三驾马车"并驾齐驱，它们与新教育的"十大行动"是不谋而合的，完全可以进行深度融合，在融合的过程中，打造"四大校园"：阳光校园，绿色校园，生态校园，书香校园。这样新教育的根须会扎得更深，也会和随县的教育水乳交融，相辅相成。新教育实验的营养，将会源源不断地滋润着随县的乡村教育。随县的教育生态定能朝着"你我不同，个个都好"的状态发展。

随县教育局先后出台《随县课堂教学改革实施的意见》《十大课堂教学模式评选的方案》《十大德育项目创新评选的通知》等一系列文件来践行新教育实验的"十大行动"：研发卓越课程、构筑理想课堂、营造书香校园、家校合作共建等，以此推动新教育实验。我多次组织学校参加新教育实验座谈会，因校制宜，以研发卓越课程为支撑，先后建构和打造了农耕文化博物馆、炎帝文化长廊、种子博物馆、少儿传统游戏等一系列特色场馆和游戏。

每次遇到尚市镇净明学校的原校长王云享同志，他都会提及我送给他的

"镇馆之宝"，当然，这不是什么真宝贝，只是我的突发奇想：在一个陶制的瓶盖中种了一颗花生米。奇特的是，这颗花生米不仅仅葱翠蓊郁地成长，还开出了抢眼的黄色小花。王云享校长来教育局开会，一眼相中了我的宝贝，"死乞白赖"地向我索取，说是要作为他创建"种子馆"的"镇馆之宝"，话都说到这份儿上了，我只能忍痛割爱，送给他。后来他说，创建种子馆，每次遇到困难时，他就把这个"宝贝"搬出来告诉老师，种子能创造奇迹，我们也能。一颗花生米就这样具备了隐性的德育价值，成为了新教育实验中一抹亮眼的新绿。

《中国教育报》对随县教育进行了专访，阐述了随县 108 所学校的新样态；《湖北教育》杂志向随县教育局约稿，一系列关于随县新教育实验的文章得以发表；《教育名家》刊物也对随县教育进行了专题报道，报道中指出，随县新教育实验是在乡村热土中滋生的教育奇迹。朱永新教授多次来到随县，认为随县教育是为乡村教育发展探路的典范。

明亮那方

2016 年，全国新教育实验工作会在随县召开，这是随县第一次举办如此高规格、大规模的教育会议。随县教育局局长杨光明同志把这次会议的组织交给了我，有压力是肯定的。

会议召开的前一天晚上 11 点左右，我在办公室加班，虽然天气预报预告没有雨，但手机显示的却是多云天气，那一朵一朵的小云彩，显得格外刺眼。相关学校在厉山三中绿茵场的动态展示和静态展示已准备就位，各种器材、道具、展台已摆放得井井有条，可是这些东西都不能淋雨啊！也不知道让厉山三中准备的雨具都到位了没有。我索性不睡了，加了一件衣服，从教育局出发，带着和我一起加班的一位老师驱车到厉山三中查看现场情况。

深邃的夜空里，只看得见最明亮的几颗星，其他的星星被一层薄薄的棉絮般的云彩遮挡。厥水河静静地流淌，汩汩的声音像是从遥远的梦境里传来的呓语。当门卫师傅被我们叫醒，睁着惺忪的睡眼，问我们有什么事时，我真真切切地听到了一声渺远的鸡啼。门卫师傅听说我们是教育局的来巡查明天会议的准备情况时，慌忙地想给校长打电话，被我连忙制止了，这么晚了再去惊动别人，就是一种罪过了。我们在操场上尽情地转了一圈，仔仔细细地看了每一个展台的布展，以及雨具的准备情况后，才长长地吁了一口气。再一次眺望夜空，那最亮的几颗星，似乎又黯淡了几分，我知道是云层变厚了。但我忐忑的心突然宁静下来，因为面对风雨，我们已作了周全的准备，未雨绸缪，才能安之若素。

此次全国新教育实验工作会总体上分两大部分，一部分是新教育实验的舞台展示，另一部分是新教育实验的现场观摩。展示和观摩的核心要围绕随县的新教育实验和地域文化。怎样展示呢，拟订方案时，确实费了一番思量。一是编钟，它是世界音乐史上的奇迹，我们"一钟双音"的铸造工艺水平至今世界领先，这是随县的文化符号。二是炎帝，作为中华儿女的祖先之一，他具有八大功绩，开创了中华文明的先河，这是随县的文化标识。三是义阳大鼓，它是非物质文化遗产，与随县教育嫁接，已结出了丰硕的成果，其传人姚建芬早已在向我们随县的孩子传承颇具特色的唱腔。这些地域文化被我们新教育实验的师生们演绎成了当之无愧的视觉盛宴，在舞台上灿然绽放，师生们幸福完整的教育生活得到充分彰显，新教育实验体现的人文性和艺术性也在这里得到完美的融合。虽然教育教学水平能力是新教育实验的副产品，但随县近几年在随州市的教育教学水平能力综合评比中取得了不俗的表现，这也从侧面证明了新教育实验取得的阶段性成果。

伫立在新教育实验的百花园中，花团锦簇、姹紫嫣红、生机勃勃。我庆幸自己遇到了新教育实验，它潜移默化地塑造着我，改变着我，砥砺着我，使我不管在什么情况下总能激起斗志，奋勇向前，为师生过一种幸福完整的教育生活而努力。点亮一盏心灯，或许光芒微弱，但充满温暖。

湖北省随州市随县教育局　彭静

李镇西说——

"当我遇到新教育的那一刻，我发现我的人生变得不一样了。"彭静这样说。还有一句话他应该说："遇到新教育，随县也变得不一样了。"新教育在随县取得了显著成效，包括应试成绩——有一年全市中考前20名，随县就占了16名！当然，更有随县诸多学校的稳健提升、教师的幸福发展和学生的快乐成长。而这一切，与随县新教育实验的直接组织者彭静的付出是分不开的。他在随县推广了新教育，随县的新教育成就了他。二者难分彼此，互为因果。

我的新教育恋歌

选择做教育，就意味着走上了一条教育朝圣的路。行走在这条路上，尽管前路崎岖坎坷，但是如果有一束光照耀着，就能让朝圣者既看到沿途的旖旎风光，又能寻觅到那个值得守望的明亮远方。

人世间有很多的巧合。2000 年，可以算得上是新教育的元年；2000 年，也是我职业生涯发生重大转型的一年。当我度过了从教生涯的学习期、成长期，想要寻找有意义的教育国度的时候，突然看见了来自教育理想世界投射过来的那束光——新教育。从此，我便被这束光牵引着，一路追逐，扮演着从追光者到点灯人的角色。

美丽的相遇

有时，教师发展轨迹的改变，可能是相遇了一个人、一本书，或者遭遇了一件事。我与新教育的相遇，最初缘于一本书——《我的教育理想》。

记得那是 2000 年底，我刚从一所农村小学考入教育局机关工作。这一年的11 月，朱老师的《我的教育理想》出版发行了。当时的姜堰教育局教研室主任李宜华先生与朱永新老师是苏州大学的同学，经他牵线搭桥，姜堰的教师在第一时间都得到了这本书。

如果一个人的内心是燃烧的，周围的所有东西对他来说都是"可燃物"。我不知道其他人得到这本书是精读、浏览还是束之高阁，我只知道自己拿到这本书后便如获至宝。先是用两三天功夫一气呵成读完，然后便是隔三差五地到书中找精彩部分重读。当年我在机关工作的岗位是文秘，在起草文件或为领导写讲话稿时，总是惦记着到这本书中去"淘金"。不少人说经我手写出来的稿子，读起来有种不一样的感觉。其实，他们哪里知道这种"不一样"，源于《我的教育理想》给予的充足养分。

可以这么说，《我的教育理想》是我走进新教育的一个"媒人"。至今这本书一直摆在我的案头，尽管随着岁月的流逝，书页已经泛黄，但是书中勾勒的理想教育的模样，在我的脑海中依然是那样清晰。

喜欢上一本书，自然就会慕尚写书的人。2003年，朱老师应局领导的邀约来到姜堰作报告。说实话，与如今这般儒雅、随性的气质相比，20年前的朱老师可真是意气风发、激情四射。我在台下听报告，完全被他感染了。教师原来还可以这么做！那时，在茫茫人海中，朱老师并不认识我，但我已经在内心把他当作了生命的镜像。

2004年，姜堰成为全国第一个新教育实验区。在今天看来，这算得上是新教育发展史上一件具有里程碑意义的事件。但在当年我所看见的，无非就是李宜华主任以教育局的名义向新教育管理团队发出了一份公函，便"登堂入室"了。没有轰轰烈烈的仪式，就是那么简单、简约。

2005年，全国新教育实验建设数码社区研讨会在姜堰召开，朱老师再次来到三水大地。我作为主办地会务组的一名工作人员，在两天的服务中，看见了众多新教育的大咖，触摸到了新教育人那种理想的温度。也就是在这次研讨会上，我得到了一套"我的教育故事"丛书，知道了教育在线论坛的存在。研讨会结束的当天晚上，我便在教育在线"安营扎寨"，随后又开通了"静夜思"个人博客。从每天坚持在教育在线写作至今，我把自说自话式的教育反思写作当作每日的必修课，这一写就是15年。尽管我的文字都登不了大雅之堂，但在经年累月的码字生涯中，我似乎觉得思想力在不断生长着。

在随后的日子里，我虽然不是在一线工作的教师，但借助在教育局机关工作的便利，能够有机会游走于本地的新教育沙龙论坛，参与外出考察学习。

想不到一个偶然的邂逅，新教育就如此这般的走进了我的教育生活。

如歌的行板

新教育是由一个人的书斋梦想裂变成的改变中国教育现状的民间力量，其魅力就在于崇尚行动的哲学。

我一直在想，既然自己已经卷入了新教育的激流，除了业余时间涂鸦一些东西外，还能为新教育之火在姜堰燎原做点什么呢？当时，受朱老师的"成功保险公司"的诱惑，姜堰有不少老师在各种平台上开通了个人博客。2008年，我以教育局办公室主任的身份，参与筹建姜堰教育网。我知道，教育写作是教师通向理想王国的"入场券"，正如巴金所说"只有写才会写"。于是，我主张开通姜堰教育博客，把在外打游击的写手们收纳进来，让更多的站在写作之门外面看风景的老师们心痒起来，投入进来。很快，一个以"博采众长，客满天下"为旗号的姜堰教育博客开张了。

让我意料不到的是，一个小博客汇成了大气象。鼎盛期竟有5000多个注册用户，近千名知名博主在此入驻，还有不少的外地用户也来此凑热闹。第二实验幼儿园、王石小学等不少学校出现了全员开博的现象，一时间"写博"成了姜堰教师口中的高频词。要让一团火越烧越旺，就得添柴浇油。于是，我们又顺势推出了两年一届的姜堰教育博客大赛，出版优秀教师博文集。有一批教师因为开博写博，从此迷恋上教育写作，他们也因为写作实现了人生的华丽转身。可以说，姜堰教育博客为新教育师生共写随笔贡献了一个生动样本。

2013年，姜堰新教育实验区管理工作的接力棒传到我的手中后，我开始追问自己：我们需要什么样的教育？说实话，我不忍心看到我们的孩子这么早就被绑上应试的战车，在无休止的刷题中泯灭了童真童趣。我期待着通过全方位践行新教育，让更多的孩子能够把上学当作一件向往的事情，让校园成为孩子们留恋的地方。

在当下这个被分数包围着的教育生态圈里，坚守教育理想谈何容易。我相信那些心中坚守着教育理想的基层教育管理者，时时都有一种被撕裂的感觉。世俗的力量在拽着你朝向分数，理想的力量又在驱使着你回到教育的原点。游走在理想与现实之间，就会有冲突，就会有痛苦。置身于矛盾冲突之中，与其抱怨不如改变。在理想与现实的交汇点上，一定有一个平衡的点。站在这个点上思考、设计教育，我们就能脚踏实地，遥望远方，就会让学生既能获得成绩，又能获得成长。

于是，我和我的教育同仁们一起从顶层设计的角度，找准新教育"十大行动"在区域的着陆点，力求带着新教育的基因，长成属于姜堰自己的模样。几年来，我牵头召开了近50场现场推进会，每次聚焦一个主题，树立一批典型，解决一个问题，在不断地摸索中，明晰了以阅读为主线演绎姜堰新教育的行动路径。

营造书香校园，喊喊口号很容易，难就难在形成清晰的推进路径。几年中，我带着基层校长们一起为阅读设计前行路径，潜心寻找"读什么""在哪儿读""何时读""怎么读""谁来陪""读得怎么样"关于阅读的六个关键问题的解决策略。

围绕阅读环境的建设，我带着校长们着力把读书吧、图书角、楼道拐角建设成为学生最向往的地方，试图让学生和图书零距离接触。因为博尔赫斯曾说"天堂应该是图书馆的模样"。"五有书香家庭"的评比、"凤凰读书吧"的开播、新父母学校的运作，让阅读的力量从校园向着家庭、社会辐射着。"一本经典在手，一位名师引领，一群书虫跟进，一段悦读时光"，我为"凤凰读书吧"设计的这个广告语，从一个侧面表达着我们对大阅读理想世界的期许。

我觉得，学校的教育目的主要依靠课程这个载体来实现，阅读也不会例外。为此我带领教研团队，开启了课程整合实验，培植了一批国家课程创新班，让国家课程这道主餐因为海量阅读更加营养美味，更有对人性的关照。同时，探索实施"灵动周三""多彩周五"的地方课程板块，全方位丰富课程供给。三年多的时间，姜堰就先后有"童画融合""印象溱湖版画""手指上的阅读+"等课程先后跻身全国新教育十佳卓越课程。因为有了课程支撑，姜堰大阅读呈现出了行稳致远的态势。

面对少数教师"考什么就教什么"的投机心态，我又主导实施了由评价制度系统变革的"组合拳"，尝试"快乐游考""变脸纸考""自主免考"，用评价杠杆赶着少数懒教师走出"教材成为学生全部的世界"的短视怪圈。当一张"变脸"的试卷出现在调研测试的考场里时，好多教师才幡然醒悟，不带着学生走进经典，就会在新评价面前摔跟头。新评价让每个孩子都能抬起头来走路，能够发现自己生命中"有光"。

在实践中我认识到，课堂变孩子才会变，孩子变教育才会变。对于一场深度的教育改革攻坚战来说，营造书香校园、研发卓越课程、建设数码社区、培养卓越口才、聆听窗外声音等行动，可能都是这场战役的"外围战"，课堂才是主战场、主阵地。2016 年，在新教育理想课堂三重境界、六个维度的整体框架内，我借助上海学习共同体研究院的力量，在全区开启了向低效课堂说不的攻坚行动。从共读《教师的挑战：宁静的课堂革命》开始，通过组织沙龙研讨、推出种子教师示范课、变革课例研究范式、设立领航学校等，引领教师们聚焦学习的本质，以倾听关系重构课堂生态，为孩子重塑课堂，努力让儿童站到课堂的正中央。三年多的时间，随着十所领航学校的步步随行，一批种子教师的崛起成熟，使姜堰学教翻转的课堂风景逐渐从"盆景"扩展为"花园"。新课堂，正在还原深度学习活动应有的思维激荡和人际关系和谐的温度。

在这近 20 年的行走中，我懂得新教育拒绝平庸，远离刻板。如果有人问，姜堰的新教育是什么模样？我以为就是我们以"十大行动"为基本内核的"十个一"行动，即"一书一世界、一人一博客、一周一行走、一生一舞台、一课一风格、一人一平板、一月一主题、一班一风景、一人一课表、一校一时空"。

盘点我和姜堰新教育的足迹，也许数字最有说服力。这些年里，我写下了 50 多万字的教育随笔，牵头召开了 50 多场主题不同的新教育现场展示推进活动，建成了 400 多个国家课程创新实验班、36 个梦想中心、10 个学习共同体实验校，创成了一所具有 30 多门课程、200 多名志愿者、受众超过万人的新父母学校。

不竭的回响

全国第一个新教育实验区的美丽绽放，引起了朱老师的关注。2016 年 4

月，实验区工作会议期间，朱老师当面叮嘱我："姜堰要举办一次新教育开放周活动"；2016 年 10 月，他第三次来到姜堰，在实小写下了"童心最美"的题词；2017 年暑假，姜堰新父母学校发起网上众筹，朱老师个人捐出 999 元；2017 年元旦，朱老师给我寄来亲笔题写的新年贺卡；2018 年暑假，朱老师欣然为励才实验学校题写了"建一个温馨和谐的生态家园，过一种幸福完整的教育生活"寄语。这一系列举动，都让我和姜堰新教育人感动不已。

有人说世界观就是观世界，践行新教育需要警惕"井蛙思维"。走出去看看，迎进来听听，这几年我和姜堰新教育在频繁的行走中视野在不断地开阔着。

我至今还清晰记得，2007 年姜堰团队赴山东泰安考察新教育时大雪纷飞的那个夜晚，会场断电后陶继新先生点上蜡烛为我们作新教育教师专业发展讲座的场景；记得丁莉莉校长在威海请我们一边品尝韩国清酒，一边言说牵手新教育的美好画面。和真正的新教育人相遇，总有一种至情至真在温暖着彼此。

有三次外出参加的新教育活动，给我留下了深刻的印象，也坚定了我对新教育的信念。2015 年 4 月，在湖北随县新教育实验区的工作会议上，我听到了王从伦的故事，看到了随县因结缘新教育而涅槃的传奇，我懂得了无论土地贫瘠与否，只要相信种子、相信岁月，终有收获的时候。2017 年 4 月，在北川新教育实验区工作会议上，站在大地震遗址旁聆听新教育同仁们的教育梦想，一下子升华了我对生命意义的理解。也就是在这次会议上，我代表姜堰实验区作了"和着新教育的韵律起舞"的报告，并发出了相约姜堰开放周的邀约。这算是我在新教育大家庭里的首次露脸，我估计朱老师就是在这一次活动上才真正认识了我。2018 年 7 月，在四川成都新教育年会上，时任姜堰区教育局局长的武晓明先生接过了新教育年会会旗，向新教育同仁发出了"2019，我在姜堰等您"的邀请。这次会上姜堰扛回了一杆会旗，其实是领回了一份沉甸甸的责任。

无论是 2017 年的姜堰开放周，还是 2019 年的新教育实验第 19 届年会，我都是以现场总策划的身份带领着团队，去呈现姜堰这个最早的实验区的活力，分享着一个区域牵手新教育的美好。办一场 2000 多人的会，其中的辛酸自不便说，但能以此为平台让更多的新教育同仁了解姜堰、了解新教育，我感到莫大的欣慰。据了解，安徽郎溪、陕西宁强、山东济宁等地都是在和姜堰实验区有了亲密接触后，萌生了加入新教育的念头。

　　近年来，姜堰实验区吸引了全国各地新教育同仁的目光，每年都有 50 多批新教育考察团赴姜堰考察学习，我常戏言这两年自己似乎成了姜堰教育的接待办主任了。我也借助每一次接待的机会，结识新教育朋友，言说新教育的美好，为新教育代言。频繁的迎来送往，我在输出姜堰经验的同时，也触摸到了他山之石，同时也在刺激着我不断地反思、更新姜堰新教育的实践姿态和言说版本。

　　从 2017 年开始，我受新教育研究院之命，开始到全国各地的新教育实验区、校为新教育代言。我打开"航旅纵横"，才发现在三年的时间里，自己已先后抵达过 23 座城市，这还不包括数十次乘高铁出行。说实话，人在旅途的感觉并不轻松，常常要为赶上中转时间躁出一身汗来，也常常只能在饭点啃个面包将就一下，还常常拖着疲惫的身影午夜归来。但当自己在培训现场看到台下那一张张倾听着的面庞，感受到来自实验区、校同仁们的对新教育的虔诚，我觉得所有的付出又都变成了幸福的暖流。

　　当新教育在中国大地上行走快满 20 年的时间节点上，我也在追问自己：与新教育相伴的这 20 年，你收获了什么？

　　与新教育相伴，我收获了思想的力量。因为新教育理想光芒的烛照，这些年我在进行所有教育管理的顶层设计时，都会在头脑里想一想：这是不是真教育？儿童的立场在哪里？我也养成了每有一点闲暇便自觉地捧起书、拿起笔，和大师对话、和自我对话的习惯。这样的追问，也许并不一定能在现实中达成，但总算有了一种朝向。这样的追问，也让我内心保有了作为一个教育人的基本良知，不至于滑落到教育的平庸甚至反教育的路上。

　　与新教育相伴，我收获了人间的真情。在我的身边，聚拢着不少有着相同尺码的人，我们彼此之间没有庸俗的人情世故，只有在践行新教育路上的惺惺相惜，互相勉励。他们中有不少人因为践行新教育，陆续登上了新教育十佳系列的最高领奖台。因为不断地出走，我也有缘相识了众多的新教育同道中人。陈东强院长、杜涛主任、张硕果老师、朱雪晴书记，再加上我，组成了"铿锵五人行"，留下了许多美好的记忆。内蒙古临河实验区的杨向明局长、江西定南实验区的李乐明局长、辽宁沈阳的纪文彬局长……他们相继进入我的朋友圈，我们每天隔着屏幕看到彼此的动态。不善交友的我，因为新教育竟有了超过千人的朋友圈。可以说新教育为我撑起了一个宏大的世界。

与新教育相伴，我收获了美丽的光环。阳光总在风雨后，请相信有彩虹。这些年，我在新教育的田野上恣意地栖息，一路追光，也让自己内心有了光。新教育看见了我拥有的那抹微弱的光，便给了我太多的奖赏。2018 年，我获得了新教育实验年度人物提名奖；2019 年，我问鼎年度人物，同时还获评了"阅读改变中国"年度点灯人。当这些美丽的光环投射到我的身上时，我真的没想到幸福会来得如此之快。这正应了新教育人常说的那句话：只要行动，就有收获。

在年度人物获奖专题片的结尾我说了这样一句话："我已被新教育点燃，我有责任去点燃更多的人。新教育，是我的精神皈依。"

江苏省姜堰市教育局 林忠玲

李镇西说——

"这些年我在进行所有教育管理的顶层设计时，都会在头脑里想一想：这是不是真教育？儿童的立场在哪里？"这是本文最打动我的一句话。林忠玲是教育局的副局长，但他首先是一位教育者，其次才是管理者。在他的心中，儿童立场胜过"上级精神"。由于一直保持着这颗教育初心，林忠玲和姜堰教育人一起，在实践中创造出新教育的姜堰模式，即"十个一"行动——"一书一世界、一人一博客、一周一行走、一生一舞台、一课一风格、一人一平板、一月一主题、一班一风景、一人一课表、一校一时空"。

做一个新教育麦田里的守望者

《麦田里的守望者》为世界贡献了一个词语——守望。教育不是管，也不是不管，在管与不管之间，有一个词语叫"守望"。守望新教育，守望真善美。

——题记

2020 年，新教育实验将走过 20 年。20 年筚路蓝缕，新教育书写了蓬勃发展的青春之歌；17 年相遇相伴，感恩的岁月美好在心，幸福的事业承前启后，诚心拙笔写下我自己和新教育的故事，以表达我对新教育的感恩和祝福。

结缘新教育

2002 年，过了不惑之年后，我有幸从山西绛县古绛镇首任党委书记的角色，通过在全县干部大会上的公开竞聘演讲，走上了区域教育局长的岗位。世纪开端，上天眷顾，我意气风发，渴望在新岗位做些事情，不负韶华，不负初心。

天道酬善，因缘和合。新工作的第一个年头，在我们上下求索，走南闯北，寻求区域教育发展之路上，一个偶然的机会，我就从山西运城市人民路学校聂明智校长那里听说了新教育的故事。同时，恰好一个书友送了我一套十卷本的"朱永新教育文集"。于是，我便知道了朱永新，走进了新教育，找到了更适合绛县基础教育发展的切入点、突破口。

考察新教育是参加新教育第四届成都盐道街年会，我们局委会全体成员、教研室主任科长、各中小学校长，所谓"拍板管事的和具体干活的"，一下去了30多人。来回路上读书，人手一本《新教育之梦》；期间会上听讲，留心观察《我的教育理想》；车上讨论，新教育究竟怎么样？我们到底做不做？最后，会议结束前，我代表大家向朱老师说："我们一致认为，新教育是好教育，我们决定做，但绛县想以自己的方式做，做好了，为新教育增光添彩，做不好，是我们自己无能，不给新教育添乱。"

就这样，我们和江苏姜堰、石家庄桥西，作为新教育最早的几个实验区，一起开始了新教育的实践探索。

践行新教育

一个区域如何有效地推进新教育？当时大家手上除了朱老师的《新教育之梦》，没有操作手册，只有少量成长案例，缺乏现成经验，只能自己摸索前行。

在梳理中回首我们的探索，我曾在《让理想因我们的行动而精彩，让大地因理想的润泽而丰盈》一文中记录道：我们首先组建有实力的行政推广团队，做好新教育实验的基础工程；我们重视发挥校长作用、典型作用，强调言说榜样、榜样言说；我们用改革实现评价的多元化，为新教育实验创造良好的发展环境；我们组建本土化新教育实验研发共同体，切实加强学术引领和专业指导；我们编写一系列指导手册，全面服务于区域新教育实验的推进工作；我们充分利用本土学术力量，开展各类专题培训；我们定期不定期举办开放周活动，有效推进区域新教育开放交流。

在实践中总结我们的做法，达成的共识是：在坚持追寻新教育理想的行动中，提升对新教育的认识水平和行动能力；在谋划区域新教育实验的思考中，把其理念目标内化为区域教育共同体具体的价值取向、发展思路和目标追求；在有效推进区域新教育实验的过程中，发现榜样，寻找感动，充分调动和发挥行政和教研两个方面的积极性；在深入开展区域新教育实验的探究中，从小事做起，把小事做好，在区域实验的底线管理上下功夫；在区域推进的行程中，感悟教育真谛，收获教育快乐，增强推进新教育实验的信心和力量。

很幸运的是，绛县新教育一直得到了朱老师和新教育各位老师的高看厚爱。朱老师曾在山西芮城考察工作之余，长途驱车数百公里，赶往绛县，走访学校，夜间座谈，看望鼓励大家。储昌楼赴绛进行动员，卢志文作专题讲座；干国祥、魏智渊、马玲、杜涛、朱寅年、高丽霞等扎进学校，进行田野培训；李玉龙率队现场帮助，宣传榜样；许新海、童喜喜、王胜、陈国安等莅临鼓励，公益捐赠；陈玉琨、肖川、刘良华、郑金洲、刘京海、刘坚、张卓玉等一大批新教育内外的专家学者传经送宝，现场指导；绛县一批又一批新教育骨干，一次又一次走向全国新教育先进区校学习考察。这期间的美好故事数不胜数，我们当时的内部刊物《新教育在绛县》杂志、新教育的教育在线论坛、我自己和许多人的教育博客、微博自媒体等，以及无数人的内心，都大量记录下了这其中的美好故事。

十年追梦不寻常，不思量自难忘。黄土高坡新教育，倾心用力写辉煌。追梦不止，探索前行，相对封闭落后的区域教育生态一年年变得更好。2009年，新教育第三届实验区工作会议在绛县召开，200多位全国新教育同仁莅临指导，朱老师和许多新教育专家给予绛县新教育实验很高的评价；2010年，绛县荣获全国第二届地方教育制度创新奖；2011年，我个人侥幸成为《中国教育报》年度推动读书十大人物之一，获得《中国教师报》全国十大最具思想力教育局长的盛誉；2012年，绛县教育荣获全国教育改革创新奖……随着黄土地新教育的麦苗青青，绛县新教育人的步伐更加坚定。

弘扬新教育

2009年新教育实验区第三次工作会议在绛县召开，更进一步推进了绛县教育的改革开放。

2009年到2013年，据不完全统计，全国各地先后有上万人到绛县考察、了解、学习新教育，借鉴区域推进新教育的做法。湖北随县、甘肃庆阳、山东济宁、安徽霍邱、河南焦作、重庆彭水、辽宁、内蒙古、江苏……全国各地一批又一批新教育人慕名而来，彼此激励，相约同行。

与此同时，绛县许多新教育榜样，先后应邀在省内外很多地方分享绛县的新教育，学习先进好做法。在吉林、河南焦作、安徽霍邱实验区工作会议上，在很多次年会论坛分论坛上，绛县都作了区域推进新教育的分享交流。《中国教师报》区域周刊，曾用整版的篇幅，以"幸福新教育"为题，全面报道了绛县新教育的实验情况。凤凰卫视的《走读大中华》栏目组曾专访绛县，两天的深入采访，半个小时的专题报道，黄金时段的连续播出，让绛县新教育走向了全国，也把新教育的声音传向了世界。

朱老师曾在我退居二线之前和我有过一次闲谈，希望我注意离任后绛县新教育的持续发展问题。我当时回答道，以后确实不好说，但我相信，没有人会拒绝美好，新教育肯定已经在绛县很多新教育的种子心里生根发芽，也许岁月会见证一切的。

非常欣慰的是，近年来，一批又一批绛县新教育的种子依然追梦不止。每次年会我们都会看绛县新教育人的身影，每次大会的颁奖盛典，我都能发现绛县新教育榜样的荣光，许多新教育的机构、项目、活动他们都参与其中。牛心红、赵晶、王丽娟、樊丽艳、孙薛莉、李海洋、候瑞琴、王冬娟、张蕾、胡冬霞、黄海娟、吕晓霞、李荣等等一颗又一颗新教育的种子追梦不止、行走不辍，从黄土高坡走向更广阔的大地。

服务新教育

2009 年第三届新教育实验区工作会议召开前夕，我去西安咸阳机场接站朱老师和卢志文院长，途中他们曾戏言趣谈道，期待在合适的时候我退出本职工作后能出任新教育的秘书长。没想到 2013 年 7 月我退居二线后，当年的戏言居然成真，朱老师和新教育的其他核心成员真诚邀约，让我出任新教育理事会副理事长兼秘书长、新教育研究院常务副院长。虽然在 12 年的教育局长经历中，我也曾获得推动读书十大人物、十大最具思想力教育局长、中国教育改革创新奖等诸多殊荣，但自知才疏学浅、德才皆不配位，根本无法与新教育的专家、大家、师友相提并论。所以，到新教育研究院伊始，我就告诉自己，"想大问题，做小事情""不能增光添彩，绝不增添纠结""招之即来，挥之即去"，将自己的工作明确定位为"聆听，发现，分享，服务"，期待自己能够在新教育实验这个大舞台上，以敬畏、感恩的心态，以始终在路上的状态，做一个合格的"新教育的常务服务员""心甘情愿站在路边为新教育英雄鼓掌加油者"和"学习于斯、行走于斯、感恩于斯的新教育志愿者"，为新教育那些伟大的主角、配角和师友们跑好龙套，做好服务。

服务在路上。我在新教育研究院一项重要的工作，就是为新教育实验区、校服务。年会、工作会议、国际论坛等新教育的会议，都是在全国各地实验区、校召开，筹备会议、参加会议，需要新教育人时常日夜奔波在路上；各实验区、校启动仪式、通识培训、专题培训，新教育专家讲师们时常风雨兼程在路上；全国各地各实验区、校开展的各种新教育开放周活动，春夏秋冬，此起彼伏，都希望研究院予以支持帮助，因而新教育人时常跋山涉水在路上……

结缘在路上。从东北沈阳、长春、哈尔滨，到内蒙古满洲里、科尔沁、巴彦淖尔、鄂尔多斯；从宁夏银川，到甘肃兰州、庆阳；从山西运城的临猗、忻州，到山东日照、滨州、枣庄、诸城；从河南焦作、洛阳、郑州、平顶山，到河北石家庄的桥西区、邯郸大名县、张家口蔚县、承德隆化县；从新疆奎屯、伊宁，到西藏拉萨；从陕西西安、汉中宁强、榆林、安康汉滨，到福建厦门的同安、福州、三明尤溪；从江苏南通的海门、如东、徐州贾汪、苏州昆山，到浙江东阳、定南、杭州萧山；从四川成都的武侯、金堂、绵阳北川、广元旺苍，到贵州贵阳的云岩、遵义凤岗……几年来行走新教育，携手有缘人的足迹，已经遍布祖国的大江南北，四面八方。

相知在路上。在一路相约相聚的行走中，我们相遇了一个又一个有思想、有激情、有智慧、有办法、有温度的新教育的好局长，相遇了一个又一个教育局班子的好配角、区域新教育推进的大主角，相遇了一个又一个专业能力强、个人修养好、组织能力高、服务办法多的区域新教育的好负责人、好联系人，相遇了一个又一个既仰能望星空，又脚踏实地，既志存高远，又淡泊明志的新教育的好校长，相遇了一个又一个和新教育一见钟情，既善于走出去学习，又能够守得住一间完美教室的新教育的好老师……

守望在路上。《麦田里的守望者》为世界贡献了一个词语——守望。教育不是管，也不是不管，在管与不管之间，有一个词语叫"守望"。本着用心"服务大事，做好小事"的原则，我创办了为新教育服务的"守望新教育"微信公众号，"聆听大师的新教育智慧，分享高人的新教育心得，汇聚田野的新教育创造，助力有缘的新教育梦想"，守望新教育，守望真善美，及时回答新教育实验区、校老师的咨询，分享交流新教育榜样的先进做法，有效回应社会各界老友新朋对新教育实验的关切，搜集保存新教育实验的过程性资料……目前"守望新教育"已成为新教育微信公号中用户最多的平台。

一转眼，七年过去了。七年来，可以说我用心尽力，积极谨慎地为新教育事业发展的重要决策和相关规则的制定建言献策，协助参与了几乎新教育所有重要会议的筹备和举办，走访了上百个新教育实验区、上千所学校，回应新教育基层实验区、校一线老师的问题困惑；用心尽力地为新教育专家和同事们提供力所能及的帮助。七年来，自我检讨时，也时常心生惭愧，毕竟自身素质、担当有局限，在很多地方做得都不够。虽微不足道，但这七年来，能作为其中的一员，见证新教育事业的发展壮大，我深感幸运和欣慰。

感悟新教育

许多时候，我都在反复地追问自己，新教育是什么？为什么？有什么？怎么样？怎么做？新教育对于我的生命有何意义？新教育的美好如何在自己的区域里、学校里、教室里呈现出来？如何在自己的生命里活出来？

作为一个与新教育多年相伴的新教育实践者、服务者，我聆听过许多别人的答案，常常给我以感动、启迪，但却永远无法替代自己行走所得的心得和收获。多年来，我也时常茫然迷惑，后来似有所悟：只有真正深入走进新教育，你才会发现新教育的美好和魅力；只有真正坚持做了新教育，把新教育的美好在你的生命里活出来，你才会深刻体会新教育的真谛，才会真正用你自己的话语，作出你自己的回答。

那么，新教育之于我自己的生命，或者说，用我自己的语言表达，它究竟是什么？回首自己一路走来的心路历程，我发现，开始追寻它时，新教育是一个机遇，难得的发展机遇；一个抓手，工作的有力抓手；一个桥梁，通往理想的桥梁；一个平台，一个相遇美好的平台；一个选择，一个改革创新的选择。

后来在行走中，我渐渐觉悟：新教育是一种发现——它让你发现美好，遇见更好的教育，特别是遇见更好的自己；一种唤醒——一棵树摇动另一棵树，一朵云推动另一朵云，一颗心唤醒另一颗心；一种智慧——佛度有缘人，人人能成佛，关键是开悟，做了才会悟；一种创新——再美好的教育理念，倘若不能在你的生命里活出来，那都是别人的，让美好在自己的土地上、教室里、学校里、生命中活出来即是创新；一种成全——它让我们彼此温暖，彼此激励，彼此唤醒，彼此照亮，彼此成就。

再后来，我顿悟，新教育求真、向善、尚美……换一种角度，更准确直白地说，新教育在我的心里，它是一次次、一场场拒绝平庸、朝向卓越，生命在场、彼此唤醒的相遇相约；它是一年年、一天天互为借力，各得其所、各美其美的修行超越；它是一篇篇、一幕幕既很艰辛却又充满快乐、既独自书写又共同编织的自我教育的生命叙事、故事或传奇。这一次次、一场场、一年年、一天天、一篇篇、一幕幕的主角和书写者都是你自己，也只能是你自己。这个故事最终是故事，还是事故？这个故事未来是平庸，还是卓越？一切皆取决于你的选择和行动。你今天如何书写，决定着明天如何流传。

思考新教育

新教育的魅力在哪里？是什么让这么多的新教育同仁乐此不疲？

走过一个个激情燃烧的新教育实验区、校，相遇一个个真诚追梦的新教育朋友，我逐渐体会到——

新教育的魅力来自它的愿景和使命。新教育"过一种幸福完整的教育生活"的愿景和"成为中国素质教育的一面旗帜"的使命，凝聚起了新教育无穷的力量。

新教育的魅力来自它的理念和选择。理念决定思路，思路决定出路。我常常觉得，新教育之所以让许多新教育人有了像朝圣一般的情怀的秘密，既源于朱永新老师个人的人格魅力、行动追求，更源于他带领新教育创造的那些代表教育真理、规律、本质的教育理念、价值取向、理论成果、实践路径、操作办法，赢得了大家的深刻共鸣和高度认同，教育本就应该这样。

新教育的魅力来自它的草根与田野。新教育是由鲜活的实践和生动的教育叙事组成的。让榜样言说，用故事书写。一个人加一个人，再加一个人，可以改变一个世界。一所学校加一所学校，再加一所学校，就可以改变一个区域。新教育每年几十次的会议场场爆满，年度颁奖盛典激动人心；新教育一批又一批教师脱颖而出，在全国"好教师""阅读推广年度人物评选""阅读改变中国"等重大评选活动中屡获大奖，引人注目，这也许就是新教育魅力的又一个诠释解读。

新教育的魅力来自它的行动与创造。新教育人自称是一群行动的理想主义者。新教育人不仅把"行动就有收获，坚持才有奇迹"写在了自己的旗帜上，而且数年如一日，向高处攀登，向深处漫溯，向广处开拓，在行动中印证，在坚守中创造。正是新教育的行动哲学、行动逻辑、行动力量、行动成果、行动创造，赢得了越来越多教育工作者的积极响应。

新教育的魅力来自它的开放和美好。行走各个实验区、校，我发现，好教育一定是开放的教育，好学校一定是开放的学校，好老师、好校长、好局长，一定是开放的老师、开放的校长、开放的局长。因为开放，我们得以聆听窗外的声音，发现古今中外的美好；因为开放，我们发现人可以这样活，书可以这样教，学校可以这样发展；因为开放，我们避免了固步自封、夜郎自大、自以为是；因为开放，我们知道了天外有天，人外有人，我们知道了自己也可以这样做。借船出海、借脑生才、借梯上楼，没有最好，只有更好，我也可以做得更好。

推动新教育

如何做好新教育实验?

回望我与新教育一路相伴的17年，走过新教育80%的实验区后，如何推动新教育实验的持续、协调、健康发展，我有一个很深切的感受，那就是：相遇是一种缘分，相信是一种力量，学习是一种能力，结合是一种功夫，专注是一种智慧，开放是一种境界，完整是一种质量，成长是一种幸福。

相遇是一种缘分。新教育人之所以能从四面八方走到一起，就是一种缘分。这缘分不是别的，就是一群想做事的人，一群有教育情怀的人，一群不满足于教育现状却又不愿意整天牢骚满腹，而是从自身开始改变的人，相遇相约汇聚在一起。所以，新教育人自称是一群"尺码相同的人"。

相信是一种力量。你所相信的，就是你的命运。新教育人是一群相信种子、相信岁月的人。因为相信每个生命都是独一无二的，都能绽放出属于自己的花朵；因为相信教育的质量永远取决于站在讲台上的教师，要把最美好的东西给最美丽的童年；因为相信新教育的理念、路径、方法、理论成果，所以，当你真正留意观察新教育实验时，无论身处何地，都能看到四季总有花开枝头。

学习是一种能力。新教育从一个念想到一支队伍的波澜壮阔，从一个宗旨到"十大行动"，从儿童生活方式到教师三专之路，从理想课堂三重境界、缔造完美教室、家校合作共育到大人文、大艺术、大科学的卓越课程体系建设；从生命教育、艺术教育、科学教育到人文教育、公民教育、特色课程……新教育已经形成了一整套完整的理论体系、课程框架、管理制度。学习和理解新教育，才能真正走进新教育，这也是推广、结合、创新的前提。

结合是一种功夫。一个又一个先进的实验区，把新教育实验的成果和本地本校的实际相结合，创造书写了一个又一个区域新教育的新辉煌。他们因地制宜、因人制宜、因校制宜，做到既有底线，又有榜样，榜样引领方向，底线确保整体推进。底线加榜样，就是新教育在各地的结合实践中的一个创造，它已成为新教育管理中的一个铁律。

专注是一种智慧。专注，是所有栋梁之材、参天大树的成长秘密。专注，是所有新教育榜样教师、智慧校长的共同选择。无限相信每个师生的生命潜力，相信付出，相信自己。"上了路，天天走，一定会遇到隆重的庆典"，这些耳熟能详的新教育话语，以及无数与新教育一经相遇，便不离不弃、一往情深、始终坚守、走向卓越的新教育人，就是专注精神的最好诠释与证明。

成长是一种幸福。只要您留心注意，在新教育的材料著作、会议活动、重要报告、故事讲述、发展历程、团队文化、榜样先进等各种信息中，便会发现，"成长"是被新教育人使用频率很高的一个词，可以说，新教育就是一部唤醒教师成长的传奇故事，成长也是新教育 20 年来由星星之火燎原到大江南北的魅力之源。

感恩新教育

如今，回首和新教育一路走过的 17 年，感慨万千，感恩无限。

感谢朱永新老师。17 年，无论远距离观望，还是近距离相处，一个几十年如一日，不知疲倦、勤奋耕耘、专注行动的理想主义者，一个对中国教育满怀赤子之心的人，一个仰望星空、脚踏实地、知行合一的人，他发起新教育实验，致力于为中国教育探路，已经和必将影响更多的人，书写教育的生命传奇。

感谢新教育各位理事长和院长们。无论是曾经的"三军统帅"、一直为新教育集财聚力、向着智慧校长更深处漫溯的卢志文老师，还是始终"守望新教育""行走在新教育路上"，以区域"变革的力量"推动新教育整体发展的许新海老师；无论是从"镇西将军"到"镇西元帅"，"让梦想开花"的李镇西老师，还是"新教育的花儿""心为火种，点亮自己，照亮他人"的童喜喜老师；无论总是能让大家站得更高、看得更远、见得更多的严文藩老师，还是"能讲善歌""多才多艺"的"鞠躬校长"李庆明老师；无论是专著论述"新教育的本体论"、对新教育作出独一无二贡献的张荣伟老师，还是那些被称为"魔鬼团队"、背后默默奉献的新教育同伴……他们都是我学习的榜样，做事的表率，为人的楷模。

感谢新教育的同事们。"从一粒新教育种子到一树硕果"的张硕果，"一朵新教育的蓝色玫瑰"的蓝玫，"大西洋来的飓风"的郭明晓大姐，享有"涛兄""涛哥"之美誉的杜涛，"新教育的首席摄影师"薛晓哲，"新教育的诗人"张丙辰，以杨春燕、戚星云、秦兆勇为代表的年轻有为的新教育基金会团队，以吴勇、王领琴、杨川美、李兵、许卫国、陈静为代表的新教育特别能战斗的海门团队，还有德高望重的新教育各机构的"领衔人"——梅子涵、孙云晓、冯建军、郝京华、张卓玉、王庚飞……，持续创造的新教育事业发展"顶梁柱"——袁卫星、王伟群、卢锋、李西西、汪敏……，以及无数为新教育默默无闻奉献的"老黄牛"……一份担当一份爱，爱心永恒；一份事业一份情，情义无价。

感谢新教育实验区校的同仁们。新教育花开20年，大江南北春满园。行走新教育17年，喜看东西南北新花开。每到新教育的一个实验区、校，我都会被新教育人不一样的行走方式、生存状态、精神风貌感染和感动，都会发现一个又一个新教育的美谈佳话。

感谢新教育的朋友们。一路走来非常有幸遇到了很多的良师益友。一批大师、专家、学者关心、支持、帮助新教育，顾明远、陶西平、杨东平、朱小蔓、梁晓声、李吉林、成尚荣、叶水涛、王定华、石中英、刘铁芳、肖川……让我由衷敬佩，深受教益；一批有缘的记者、同仁，情系新教育，报道、弘扬新教育，章敬平、朱寅年、曾国华、韩世文、俞水、李斌、曾瑞鑫、袁媛、张晓瑜……让我常有感动，时有想念；一批新教育圈内外的朋友，始终通过不同方式给予鼓励、鞭策、支持，让我们不敢懈怠，唯恐辜负。

新教育20年，初心不忘，砥砺前行，日新月异，可喜可贺；追随新教育17年，因缘携手，一路同行，感动无限，感恩在心！回首与展望，得识有限的自己，乐意服务事业大局，行走田野，服务草根，志愿公益，继续像农夫一样，做一个新教育麦田里的守望者。

新教育研究院　陈东强

李镇西说——

如果把新教育队伍比作一支军队而要给军官们授衔的话，陈东强毫无疑问应该是"元帅"。他做局长，让新教育在他所管辖的区县里不单生根开花，而且硕果累累，成为中国新教育的模范实验区，让远离大都市的孩子们享受了优质的教育且体验了成长的幸福。后来长期担任新教育研究院常务副院长，他又站在更高的层面思考、谋划、践行新教育。一年四季，他总是在路上，一个又一个实验区留下了他的足迹、汗水和智慧，可谓殚精竭虑、呕心沥血。为理想的行动，有行动的理想，这是东强的形象，从某种意义上说，这也是新教育的形象。

从"小我"自觉到"大我"信仰

我与新教育的故事缘起于2003年3月31日，当时江苏省新世纪园丁杯颁奖大会在海门举行，朱永新教授应邀来海门作一场学术报告，报告的题目就是"新教育实验"。当天晚上，朱老师组织教育在线论坛的网友开座谈会，我第一次有机会直接与他对话。不知何故，朱老师特别关注我，并让我根据录像整理一下白天他作报告的内容。后来我才知道，这是朱老师第一次以正式报告的方式阐述新教育实验的理念与行动路径，让我整理报告其实是让我再次深入理解与认同新教育实验，并主动加入到新教育实验的队伍中来。那时的我还是海门市东洲小学的校长，刚刚被评为江苏省特级教师，意气风发，正想带领东洲小学二次"创业"，走内涵发展道路，此时遇到了朱老师与新教育，使自己有了向更高办学境界攀登的强烈憧憬。可以说，是冥冥之中的机遇，开启了我与新教育的缘分。

2004年，我作为江苏省"333工程"的培养对象被公派到南澳大利亚大学做访问学者，从到澳洲的第一天起，我坚持每天写日志，并在教育在线论坛上开辟了澳洲课程故事专题帖。在国外的一年时间里，我先后写了300多篇课程教学和文化学习的故事，50封给学生们的信，以自己的行动与坚持，践行着新教育实验的行动之一———师生共写随笔，并以此影响学校的师生们，利用网络平台带领东洲小学的师生们开展新教育实验。朱老师一直关注着我的专题帖，还经常跟帖鼓励。2005 年初回国后，朱老师约我见面，说要帮助我出版在澳洲的教育日志，并指导我如何梳理在澳洲所做的研究成果。在朱老师的帮助下，作为新教育文库的一部分，由福建教育出版社出版了两本专著——《澳洲课程故事：一位中国著名校长的域外教育体验》《澳中教育与课程跨文化比较》，他还挤出时间来亲自为书稿作序。当一个人在成长的过程中，遇到主动真诚悉心关心你的导师，这是何等的幸福！正在于此，才会促使我毅然决然地报考了朱老师的博士生，三年时间里我一边攻读博士学位，一边以海门区域为田野深度推进与研究新教育实验，一边协助朱老师在全国范围推广新教育。学习、研究、工作必须做到一个都不能耽误，个中滋味只有回首时才能品味出汗水中的甘甜，成功里的艰辛。

我虽然没有公开宣布参加朱老师的"成功保险公司"，但从拜入"朱门"的第一天起，一直坚持每日写随笔，养成了每日暮省的习惯，把一天中的主要经历与值得反思的工作记录下来，从没有间断过。当大量的思考和文字积累达到一定数量和厚度时，成绩的取得是给我的额外奖赏，并且一定会出现。2011年11月，系列成果"新教育实验的研究"（含拙作《做新教育的行者》）被江苏省教育科学规划办评为第三届教育科学优秀成果实践探索奖一等奖。2015 年拙作《守望新教育》被《中国教育报》评为年度教师喜爱的 100 本书，并于 2016年 7 月，被江苏省教育厅评为教育科学研究成果教育研究类二等奖。2018 年 12月，系列成果"'新教育实验'的教学改革实践"（含拙作《变革的力量》）被教育部评为国家级教学成果一等奖，2019 年教师节我在人民大会堂领奖，受到习近平总书记的亲切接见。可以说，新教育成就我的同时，我也用我的实际行动和取得的成绩证明了朱老师"成功保险公司"的信誉。

凡此种种，是新教育实验培养了我的教育哲学思维，形成了我的行动研究的教育科研方式，改变了我的教育行政管理路径，树立了我"以人为本"的教师观、儿童观。毫不谦虚地说，就凭这些完全可以判定一个教育工作者的成功，但是当我置身于朱老师的大教育情怀和视野的观照下时，明显地感觉到这只是"小我"的成功，充其量也只是一所学校的成功。2005 年，我调任教育局后积极推动海门以区域方式加入新教育实验，深度卷入新教育实验，汇聚到实现新教育理想的洪流之中。15 年来，海门新教育人追随新教育，寻找和携手越来越多"尺码相同的人"，守望每一个日子，坚守每一间教室，用自己的创造性实践，丰富着新教育实验内涵的同时，也改造着自己的教育生活，仿佛寻找到一个撬动地球的铂金支点，推动着海门教育又快又好发展，催生着一个个区域新教育实验的典型。2013 年，在朱老师的倡导、推动和我的努力下，海门市又成立了正科级事业单位海门市新教育培训中心（即全国新教育培训中心、新教育教师成长学院），面向全国实验区、实验学校和教师开展深耕式普惠培训。每年为来自全国各个省市自治区的万余名新教育实验区代表举办各类培训班40余次；每年举办两次全国新教育实验海门开放周活动。我们的理想和行动得到了全国许多地区行政领导的大力支持，这是一件非常了不起的事情，为新教育实验的广泛开展、落地生根、持续推进提供了有力的支撑。我想以我的实际行动实现"大我"，努力向着为了所有实验区的学校、教师、孩子过一种幸福完整的教育生活前进。

新教育实验从一开始就强调其草根性特质，崇尚根植于一线校长与教师的行动自觉，是一种自下而上的实验推进路径。而实验区推进模式恰恰是希望把基层行政的推动力与学校自觉的行动力更完美地结合起来。全国新教育实验区可以分为行政推动型和学校联盟型两种。海门属于行政推动型的实验区。教育局每年对全市中小学、幼儿园的考核方案中，新教育实验权重的设置保障了新教育实验在各学校的实施底线，激励了基层学校推进新教育实验的积极性。同时，海门新教育人不断创新运作机制，架构起了比较完整的新教育实验运行体系，推动了新教育实验的深入实施。

海门新教育实验区域推进机制用一句话表述是愿景引领，教育行政、研修、培训、督导等部门整体联动，教育局、集团、学校三级全员参与。在新教育实验愿景的引领下，教育局基教科承担行政协调，中小学教师研修中心承担实验项目研究的推进，在书香校园、理想课堂、卓越课程、完美教室等方面持续跟进研究，引领新教育实验项目向纵深推进，新教育教师培训中心承担实验教师和实验项目培训，促进新教育在区域层面广泛推进。通过实验推进机制的完整架构，确保了实验项目通过市局、集团、学校三级的逐层传递、层级互动，从而在区域的每一所实验学校得到有效推进。

如果说新教育到目前为止取得了一定程度的成功，那么应该是得益于把根植于本土的新教育项目行动作为新教育实验的区域驱动力。新教育实验是以营造书香校园、师生共写随笔、聆听窗外声音、培养卓越口才、构筑理想课堂、建设数码社区、推进每月一事、缔造完美教室、研发卓越课程、家校合作共育等行动为途径的教育改革实验。倡导行动的项目化，项目的深耕化、课程化，根植校园、教室，根植师生的日常教育生活。我们在以下几个方面颇有心得。

一是推进每月一事，让每个学生形成良好的人格素养。新教育实验主张要"教给学生一生有用的东西"。到底哪些是学生一生最有用的东西？新教育的答案是良好的习惯。习惯如何养成？新教育的主张是从一件件小事开始做起。2006 年起，海门围绕新公民教育行动的研究，以新教育"每月一事"项目为抓手，区域推进公民习惯养成教育。"每月一事"项目的特色主要体现在从小处、从身边和从孩子的实际出发确定培养学生一生有用的 12 个好习惯，通过主题阅读、主题实践、主题展示、主题反思等操作流程开展活动，将公民教育、价值观教育贯穿其中。

二是营造书香校园，让每一个师生丰富精神的底色。营造书香校园旨在建构儿童阶梯阅读课程，指向为每一个学生寻找到此时此刻最适当的阅读书籍，为每一位教师探求到此时此刻最适合的指导方式，为每一所学校营建起此时此地最适宜的阅读情境，主张"共读、共写、共同生活"与"晨诵、午读、暮省"的生活方式，让师生浸润于幸福而完整的阅读生活中。区域推进策略有：建构完整的阅读体系，如"晨诵午读""师生共读""亲子共读"和"阅读挑战"机制等，形成从幼儿园到高中完整的阶梯性阅读课程及评价体系。抬高阶梯阅读研究的标杆，各学段核心研究团队，深度开展阅读与习惯养成、阅读与教学、阅读与学校文化建设等方面的路径研究，把阅读与学科课程、社团活动、特色发展等有机结合，不断整合阅读资源，丰富阅读内涵。加强阅读活动的常态化建设，新教育阅读节成为区域各学校共同的节日，让热爱阅读成为学生的基本生活方式。

三是构筑理想课堂，让每一节课堂的知识与社会生活、师生生命深刻共鸣。新教育实验提出构筑理想课程，是指通过创设一种平等、民主、和谐、愉悦的课堂氛围，将人类文化知识与学生的生活体验有机结合起来，追求高效课堂与个性课堂。新教育认为，充满活力、情趣与智慧的理想课堂应体现"六维度"，即参与度、亲和度、自由度、整合度、练习度、延展度，与"三境界"，即落实有效教学框架，发掘知识内在魅力，知识、社会生活与师生生命的深刻共鸣。2008 年开始，海门围绕新教育理想课堂建设的构想，以区域推进"学程导航"教学范式为基本路径，加大了理想课堂的研究力度，致力于打造幼儿园的"兴趣课堂"、小学的"活力课堂"、初中的"智慧课堂"、高中的"高效课堂"和职中的"技能课堂"，在观课、研课中夯实了有效教学基本框架的底线，形成了一批课堂教学改革成果，多次举办了全国新教育海门开放周暨构筑理想课堂研讨会。

四是探索共同体建设，让每一位教师获得成长的平台。与许多教育实验不同，新教育实验一开始就把教师的专业发展作为实验的出发点。朱永新教授提出了教师专业发展的三个观点：专业阅读——站在大师的肩膀上前行；专业写作——站在自己的肩膀上攀升；专业发展共同体——站在集体的肩膀上飞翔。海门就是以组建新教育共同体方式启动区域新教育实验的，通过新教育共同体核心团队建设来支持帮助一线教师参与新教育实验，逐步形成了区域教育共同体的五种形态：市直学校协作发展共同体、城乡联动发展共同体、学科发展共同体、校长俱乐部、名师（名品教育）项目工作室，这样就打破了校际间的壁垒，浓厚了区域研究的氛围，发挥了特级教师、骨干教师在区域层面上的引领作用。各校的研习共同体更是丰富多样，为教师的专业成长搭建了校本化的平台。名师工作室在领衔人的带领下，有计划地组织经典共读、观课评课、主题沙龙、专题研修、课程研发等活动，逐渐发展成为全市优秀教师成长的孵化器、教育成果的聚集地、教育智慧的辐射源和品牌项目的催化剂。

五是推动特色发展，让每一所学校拥有不同的发展跑道。新教育实验崇尚的是个性、品牌，希望每一所学校都办出特色，每一位教师都拥有自己的个性、特长，并帮助每一名学生成长为最好的自己。特色教育的出发点和归宿是提高育人质量。为此，海门努力打破百校一面的格局，追求学校的特色化和学生的个性化发展。从2006年开始，用四年时间推动了农村学校"达标创特"工程，培育了乒乓文化、绣品文化、海港文化、京剧教育、责任教育、童诗教育等一批高水平的特色项目，农村学校的管理水平、教科研水平、教师素养、学生素质等大幅提升，全面提高了区域的整体办学品质，促进了城乡教育的内涵发展、特色发展、优质发展和均衡发展。

六是践行文化立魂，让每一所学校怀有独特的气质。新教育实验把"过一种幸福完整的教育生活"作为核心价值追求，它犹如一盏高悬的明灯引领着教师们前行的方向。新教育认为，一所学校的使命、愿景和价值观是新教育学校文化的核心，是指导学校师生行为的"基本法"。2008年，海门区域践行新教育"月映千川"的文化建设理念，开始学校文化建设的探索，全市各中小学的特色创建渐渐演变成了文化再造的生动实践。文化再造背景下的特色创建，就不再局限于一个个具体的项目，而是把着眼点投向学校的愿景、使命和核心价值观，指向学校的文化发展，让文化为学校立魂。通过新教育营造书香校园、研发卓越课程、构筑理想课堂、缔造完美教室等途径，重建师生幸福完整的教育生活，一所所学校的特色文化成就了海门教育万紫千红的新局面。

七是缔造完美教室，让每一间教室成为幸福的源泉。新教育实验探讨缔造完美教室的意蕴以及可能性，是希望有更多的教师能够清晰地认识教室的价值，理解生命的成长，让缔造完美教室项目成为师生成长的一个契机，能够"守住自己的教室"，让每一个生命在教室里开出一朵花来。2010年，海门区域推进缔造完美教室项目，从完美教室价值系统的建构、卓越课程的研发、课堂文化的打造、共同生活的营建、节日庆典与社团活动的组织、班级博客的建设等方面，致力于让每一间教室成为师生幸福的源泉。海门新教育人认为，教室是图书馆，是阅览室；教室是实践场，是探究室；教室是操作间，是展览室；教室是信息资源库，是教师的办公室；教室是习惯养成地，是人格成长室；教室是共同生活所，是生命栖居室。期间，《完美教室——中国百合班的故事》和《一间可以长大的教室——新教育"完美教室"叙事》两本著作的出版，对此作了充分的诠释，也是区域推进缔造完美教室行动研究的重要成果之一。

八是研发卓越课程，让每一位学生享受适切的课程。2013 年新教育实验在浙江杭州的萧山召开了以"研发卓越课程"为主题的年会，朱永新先生在主报告中完整架构了以生命课程为基础，公民课程（善）、艺术课程（美）、智识课程（真）为主干，特色课程（个性）为必要补充的新教育卓越课程体系。海门实验区积极响应并启动《新教育卓越课程三年行动计划》，以教育集团为单位，区域推动研发卓越课程项目，充分挖掘地方与校本资源，丰富学校课程内容，为学生个性发展提供多元与可选择的课程资源。同时，探索"选课走班"模式，让区域内每一所学校的每一个孩子都有机会选择自己感兴趣的特色课程，形成促进学生个性成长的课程研发与实施机制。这其中以百幅名画欣赏课程于 2018 年正式结集出版并在新教育APP上以微课的形式推介为标志性成果。

九是家校合作共育，让每一对父母掌握科学的家教之道。新教育认为，教育始于家庭，习惯始于家庭，美德始于家庭。家庭教育首先是对父母的教育，关键在于营建亲子共同生活。2007 年，海门新教育人在全国首创了家庭教育日活动。自此，把每年元旦后的第一个周末确定为家庭教育日。第一个家庭教育日的主题是"构建和谐家庭，与孩子共同成长"。以后，每个家庭教育日，围绕一个主题，举办丰富多彩的活动，向全社会广泛宣传先进的家教理念。2012 年，新教育萤火虫亲子共读公益项目组海门分站成立，至今已组织了 100 多期亲子读书会，成为推动亲子共读、促进家校共建的有力推手。2017 年，海门又以新父母学校的形式开展家校合作的新探索，新父母学校已经成为每一位父母学习家教之道的重要阵地，区域家校共建共育的良好育人生态正在形成。

其实，全国不知道有多少位一线普通的校长与老师的成长都得到了朱老师的关心与帮助。也许这就是朱老师的人格魅力，也正是这种魅力成了全国多少新教育人创造生命奇迹的成长力量，我个人以为这也是新教育何以成功的秘诀。如今，我既是新教育实验的参与者、研究者，也是组织者、引领者、推广者。新教育不仅成为我的教育信念，更成为我准备追寻一生的教育信仰。不敢说已经成就了"小我"，至少我已经有了"只要行动，就有收获；只有坚持，才有奇迹"的自觉；更不敢说已经成就了"大我"，是开始的缘分，更是后来恩师的身体力行和一路的指引与督促，让我在推广新教育中不敢懈怠，一直保持与全国新教育同仁们携手同行的状态，因为我是新教育的行者，永远守望在新教育前行的路上。

江苏省海门市教育局　许新海

李镇西说——

　　新海与新教育第一次结缘的时间是 2003 年 3 月 31 日，当时他已经担任小学校长 11 年了，即使没有新教育，以他的能力做到教育局局长，也应该是顺理成章的。但是，无论如何，那只是"小我"的自觉。是新教育，让他有了"大我"的信仰。他因此而成为新教育的研究者、实践者、组织者，最后成为闻名全国的新教育领军人物，而这一切还不是最主要的，最主要的是，新教育让他的教育人生更丰满，教育幸福更丰厚。他走进新教育，新教育因他而发展，新教育走进他，他因新教育而幸福。

栖居在新教育的芳草地

多亏海德格尔那句"诗意地栖居",让我为写这篇文章找到了一个贴切的词汇:诗意地栖居。是的,栖居是一种稳定的留驻,是一种惬意的享受,是一种难舍的情怀。自从结识了新教育,走进了新教育,我的生活就一直在拥抱着诗意,享受着诗意。它让我精神焕发,激情百倍,"不知老之将至";十几年了,无论是在教育行政部门,还是在师范院校,无论是在管理岗位,还是在退休之后,我始终不离不弃,在新教育的芳草地上流连忘返,享受着这里的春光无限,享受着这里的花香四溢。

大兴启蒙,新教育惊鸿一瞥

第一次知道新教育,是在 2004 年 9 月。当年 4 月,我刚刚担任焦作市教育局局长。当时焦作教育的现状很不乐观,朋友们都说我是"受任于危难之际",这句话有点重,但是说它是"为难之际"却恰如其分。市民对焦作教育的信心衰减,越来越多的优秀教师和尖子学生如"孔雀东南飞",流向了黄河对岸教育资源充裕的郑州市。莅任伊始,市委书记例行谈话时语重心长,要求我用三年左右的时间干出点名堂,提升广大市民对焦作教育的信心。市委书记对于"名堂"有一个显性标准:尽快遏制生源外流的现象,提升焦作市民对教育的满意度。

我能做到吗？路在何方？

每个地市的教育局长履新之后，必须经过国家教育行政学院的任职培训。当年9月10日教师节表彰大会之后，我便来到了位于北京市大兴区的国家教育行政学院。在揖别教育整整20年之后，旧业重启，踏上了一条回家的路。

校长大厦的二楼大厅，有一个校内书店，门户敞开，近距离观察，书架上大多摆放的是与教育、文化相关的名家名著。我和温县教育局王东武局长是大学同学，这次又住在一个房间，课余时间基本上都是在这里看书。千挑万选，我们共同选定了朱永新教授的《我的教育理想》。

我是恢复高考后的第一届大学生，上的是师范院校，读的是中文专业，除了基础的文学汉语、教学教法、教育心理学之外，对教育专著的涉猎并不多。尤其是与教育暌违了整整20年，这么大的时间跨度已经让我对教育有些隔膜了。王东武局长任职时间比较长，他介绍说这本书很有影响。我便如开蒙的小学生一般，执笔在手，闲来开卷，尝试着在书中圈圈点点。

一种全新的教育理念，一种理想的教育愿景，那是我从来没有设想过的。读后如同打开了一扇天窗，照亮了封闭的心灵。现在想来，那时的激动不无道理。我们是时代的幸运儿，有幸遇到了恢复高考的历史变革。多少青年人鲤鱼跳龙门，朝为田舍郎，暮登天子堂，由此改变了人生和家庭的命运。一年一年，不断接力，学生、家长，学校、教师，都在这条改变命运的路上狂奔。学生、家长、老师的理想简单而实用：努力学习，考上大学，找到工作，出人头地。这已经成为多少人参与教育的终极性目的，大家对此都已经习以为常，没有人觉得有什么不好。甚至教育部门和教学机构的领导，也认为是天经地义的事，原来还有这么多的说道！

我的教育画板上并没有打好理想的底色，是这本书让我幡然自省，澄清了一个基本的认知：教育是需要理想的，那种考大学、找工作的目标从来就不是教育的方向和愿景。长此以往，教育必定会出问题。

《我的教育理想》犹如启蒙读物，在重新归队之际，为我及时打开了一扇教育的窗口，让我在高起点上思考教育，定位管理，谋划格局，从而避免了长时间在教育门外的徘徊和摸索。更确切地说，它让我的教育管理生涯一开始就带上了理想的色彩，不至于陷在低层次的世俗观念里摸爬。

但当时我心中的新教育，还仅仅是一种新鲜的信息，一种理想的憧憬，并不知道作为探索和实验，它已经在不少中小学开始付诸实践。两个月的学习转瞬即逝，离开国家教育行政管理学院专修班，读书时的冲动和憧憬，很快就在繁杂的行政事务中被稀释、淡化。《我的教育理想》这本书连同我的凌乱批注，被收纳在办公室的书柜里，期待着主人的觉悟和唤醒。

那个时候，焦作还没有介入新教育的实践行动。"芳草未绿河南岸，新风不度玉门关"，周边地市乃至河南整个教育系统都依然处在传统体制的惯性运转中。年复一年，焦作的优秀生源在外流，优秀的教师在外流。焦作教育人心低迷，毫无生气。职业倦怠、职业苦闷、职业逃遁犹如阴霾垂天，笼罩在不少教师的心头。那些满怀报效热情跨入教育之门的辛勤园丁，似乎对这个职业厌倦透顶。他们怀着一腔热望而来，但教育却不是理想的模样："姥姥不疼，舅舅不爱"，没有给他们回馈情感上的体面和光荣。

2005 年到 2006 年，焦作信息港上的山阳论坛，几乎全是对教育的口诛笔伐。即便是偏远乡村的一所小学偶发的家校矛盾，也会引发对教育局长指名道姓的声讨。社会上对教育的指责和批评，已经脱离了理性的是非轨道，形成了一种惯性冲击。即便是一件普惠的好事，也免不了千夫所指。焦作教育丧失了威信，坍塌了门面。我自己悔不当初选错行当，并因此患上了严重的神经衰弱。

焦作报告，新教育曙光初露

和新教育的真正结缘，是在 2007 年。那一年，市教科所的研究员张硕果老师，应邀赴贵州省遵义市凤岗县参加灵山—新教育贵州支教活动。这也是焦作教师第一次走进新教育团队，与新教育深度结缘。现在回过头来看，2007 年注定是焦作教育整体改变形象的一年。冥冥中似乎有一种安排，让焦作教育枯木逢春，绝处逢生。张硕果老师参加新教育贵州支教活动回来以后，向党组作了一次汇报，主要是讲参与新教育实验活动的经历和感受。聆听者共同的感受是一个字：新！信息是新的，观念是新的，做法是新的。如同打开了新的视窗，顿觉新风浩荡，清气宜人。我们深切地感到：焦作教育在豫西北的犄角里，已经封闭得太久太久。

2007年8月，焦作市教育局首次举办"新教育实验报告会"。报告大厅里座无虚席，各县区教育局长、主管教学的副局长、基础教育科长、教研室主任、教科所所长和市教育局全体班子成员、全体工作人员和市直学校校长济济一堂，期待着一个重要时刻的来临——朱永新教授登台开讲。

我忘不了一个会前的细节。因为我的办公室离报告厅很近，会议开始之前，朱永新老师先在我的办公室稍坐闲聊。忽然他站起身来，走到了窗户旁边的书柜前。原以为他不过随意浏览，但他却如实告诉我，是想看看我的书柜中有哪些教育方面的书籍。结果，他看到了那本当年在国家教育行政管理学院的书店买的《我的教育理想》。我当即忐忑，自感露拙。因为除了这一本，我实际上并没有别的新教育的书籍，而且焦头烂额中无暇捧卷，已经冷落了书柜三年。

朱老师是如此的认真，如此的执着！情系新教育，心萦新教育。他关注着新教育的影响力，关注着新教育的普及面，关注着新教育人的关注。他不辞劳苦地千里奔波，为教育探路，为理想播种——在以后十几年的交往中，都在无一例外地强化着我的这一印象。

朱老师的报告，深入浅出地解读了新教育实验的性质、宗旨、特点和实现路径，浪漫的情绪和理想的愿景与焦作教育人的心跳正好合拍。一群心怀梦想的焦作教育人久久隐伏的激情被再次点燃，因此这也成为焦作新教育实验隆重的启动仪式。

2008年，焦作首次组成新教育团队参加苍南新教育年会，正式在会上签约加盟。全市六县四区以区域方式整体加入新教育实验，成为河南省首个新教育实验区。我们欣喜地感到，一条大路通向理想彼岸，焦作教育将会焕发出蓬勃生机！

海门年会，新教育隆重洗礼

2009年海门年会，是我第一次参与新教育的现场活动。我和张硕果老师带着来自六县四区的新教育追随者，带着反映焦作新教育实验活动的宣传展板，带着学习经验的强烈渴望，来到了海门。两天的会议时间，自己始终处于激动和亢奋之中。江南的暑天又潮又热，而这样的会议总是议程紧凑，环环相扣，时间衔接非常紧。在七月的烈日炙烤下，我和全国参会的 1000 多名中小学教师转战在不同的教学现场，看学生画本，听老师介绍，不断地记录，不停地询问，用我的手机和相机，接连不断地拍摄一个个场景，一块块展板。这里看到的一切，对我都是全新的，从未经历过的。那种朝圣一般的欣喜与狂热，那种发自心底的惬意和愉悦，那种尺码相同的融洽和友好，在各种场合都有毫不掩饰地本真呈现，那就是教师群体难得一见的精神风貌。

海门年会对我的触动是巨大的。如果说，此前对新教育的了解和认识还是初步的、肤浅的，还停留在耳听为虚的层面，那么，海门之行已经把新教育的美好生动地呈现在我的眼前。它使我对新教育实验深信不疑。桃李不言，下自成蹊。我自信教育的从业者都是智商和情商极高的人，成千上万的高智商人作出的选择绝不会错。报告会上来自全国各地实验区的榜样教师登台交流，锦心绣口，各出机杼，但归根结蒂，是新教育开启了他们教学生涯的活水源头，使他们苦尽甘来，由此才享受到了教师职业应有的尊严和荣耀。

会议结束前，我接受当地媒体的采访，畅谈了自己海门之行的感受，并写下了一段文字，拍成图片，登在第二天的报纸上。那一段话，都是肺腑之言。经历了新教育甘霖的洗礼，混沌的心里从此变得澄澈而光明。

绛县踏雪，新教育画龙点睛

2009 年冬天，山西绛县召开新教育现场会。绛县实验区，是较早开展新教育实验的样板之一，在陈东强局长主持下风生水起，充满活力。而且，毗连豫西北，离焦作也就是二三百公里的路程。情况类似，可比性较强，我当然得去看看。焦作团队的几十名教师已经先期到达，而我因为局机关有一个重要活动，只能在活动之后去参加。但没想到的是，天降大雪，高速封堵。我和教育局的白占海副局长、市直学校的李志强校长、张硕果老师，简单午饭后，同乘一辆车，在漫天风雪中匆匆上路。途中几次遭遇堵车，几次绕道行驶，用了将近九个小时的时间，终于赶到绛县会场。令人感动的是，时间已经这么晚了，朱永新老师和所有的与会代表还等在会场并用热烈的掌声迎接我们。我作为最后一位发言人，汇报了一年来焦作新教育实验的开展情况，特别提到我们成立了专门的新教育研究室，抽调几个老师充实进来，并从市财政部门那里争取专门的实验经费，引起了大家的关注。朱老师在最后的总结讲话中表扬和鼓励了我们，并讲了一段让我印象极为深刻的话："一个老师参加新教育，就有几十个孩子受益；一个校长参加新教育，就会有几十个教师和成百上千个孩子受益；而一个教育局长参加新教育，就会有几十上百位校长和数万名孩子受益。从这个意义上说，以行政推动为主的新教育实验区具有特别的价值。"朱老师这段话堪称画龙点睛，更深化了我对新教育的理解，更加重了我肩头的责任。以前我从来没有这么想过，主观上并没有意识到行政是一种特殊的力量。这句话如醍醐灌顶，使我开始把注意力聚焦在"抓领导和领导抓"，提出了"大员上一线"。焦作参加新教育实验蔚然成风，逐渐成为当时的"中原重镇"。在新教育实验的沃土上，成长起来一大批模范校长和榜样教师，更使数十万学生从中受益。新教育实验使原本枯萎的焦作教育重现生机，受到了广大教师和家长的普遍好评，也很快让我脱离窘境。在当年召开的焦作市人民代表大会上，我们教育局一举翻身，被大会隆重表彰为样板单位。

师专开课，新教育触角延伸

2010 年，我面临着工作岗位的重新选择。按照组织部门的规定，市直局委的一把手年龄被限制到 55 周岁，这意味着我很快将不得不离开教育局。市委主要领导跟我谈话，当时我有多种选择，斟酌再三，我选择了到焦作师专工作。有很多人对我的选择不以为然，认为到一所三流高校工作，等于远离了行政主航道，无权力，无影响，不体面。但是我有自己的道理：师专是师范教育的专门学校，是培养未来老师的大本营。在这里能让师范生接触新教育，感知新教育，接受新教育的培养，打好教育思想的底色；也能让我自己和新教育的多年关系得以持续，继续从新教育的信息传递中获得新鲜营养。我不愿意自己骤然中断和新教育的联系，突然改弦更张，在新教育的彼岸，成为一个漠不相关的旁观者。

这一年的 10 月 28 日，我主持了在焦作举办的新教育试验区工作会议。事实上我已经在三天前离开教育局到师专上任，和来自全国的新教育同仁正式告别，我由前台转入幕后，开始做一些力所能及的辅助工作。

在焦作师专工作的时候，我和教务处、文学院几经研究，在毕业年级增开了新教育课程，邀请焦作新教育团队的老师定期授课。张硕果老师还编写出授课计划，在师范生毕业离校之前，都要进行较为系统的新教育培训。

当然，和在市教育局时推广新教育的力度和速度相比，一所学校影响毕竟有限。但是我用这种方法，让新教育的触角向师范教育领域伸展；让更多的学生接受新教育的科学理念的滋养。毫无疑问，这对毕业生未来的影响是很大的。更为重要的是，我用这种方法，让自己保持着和新教育实践的联系，保持着对新教育行动的及时感知，从而避免自己的知识落伍和思想掉队。

诸城加冕，新教育老骥伏枥

2016 年 8 月，按照干部任职的规定，我届时退休。从此"跳出三界外，不在五行中"，进入无事一身轻的逍遥状态。这一年，我到山东诸城参加新教育年会，感谢新教育研究院的深情厚谊，让我担任了发展中心副主任。我没有推辞，愉快地接受了这个任职，并且暗下决心，要发挥余热，把欠新教育的情分尽可能补起来，把有用的资源尽可能用起来，推动新教育在区域内持续发展。我对新教育的感召力充满信心，也对自己的人脉人缘毫不怀疑。

在其位，谋其政。我自己开始重新补课，特别重视原典学习，我自己把《朱永新教育小语》录制成音频，每天早上反复听读，直至绝大多数的段落都能熟读成诵。我利用各种场合，在各级各类学校的各种庆典活动中讲解新教育，宣传新教育，推广新教育。退休之后，我更有充分的自主权支配自己的时间，统筹安排各种活动，参加新教育实验的各类会议。退休之后的这些年，全国性的新教育活动我都未缺席。在河南举办的各种观摩、交流、开放周，我都尽可能地参加。我当然知道，我参加这样的活动作用极其有限，甚至有可能是给人家添了麻烦。但是，我暂时还下不了决心让自己走开。我不知道，除了新教育还有什么能让我这样难分难舍。

我已经退休三年了，曾经的人脉资源影响在弱化，效能在衰减，以至于每每产生心有余而力不足的感慨。当然其间也有一些人情冷暖、世态炎凉的因素，但我并不会过分解读，也不会迁怒于别人。我只想在自己赋闲之后，略尽绵薄之力，以自己微弱的声音，为新教育摇旗呐喊，聚蚊成雷，做些力所能及的事情。至少能以我自己持续追随的经历现身说法，彰显新教育的影响力。因为新教育对我的助力太多，让我成长，让我提高，让我进步，给了我体面和光荣，我欠着新教育的情义。

夕阳晚照，新教育情思依依

新教育在焦作的土地上生根、发芽、开花、结果，生长成一个美丽的传奇。从一个人的行走，到一群人的聚力；从民间草根到行政推进，从自下而上到自上而下，从一线教师到行政官员，焦作走出了自己的新教育推广之路。尤其是经过历代教育局领导鼎力支持和用心呵护，新教育的星星之火终于在怀川大地燃成燎原之势，给焦作教育带来了实实在在的转变。现在谈起焦作的教育发展，很多教育人会说，是推行新教育为焦作教育带来了生机和活力。每每听到这样的评价我心里都十分欣慰。新教育实验成全了焦作教育，也成全了我的好名声，我对新教育的感情发自内心。有了这种感情，你会与它忧乐与共，时时关切。意见不一致时，你怕起争执、闹矛盾；听到误解时，你会站出来去争辩、去解释；每到换届时，你会极为操心教育部门的领导进退留转：担心后继乏人，担心青黄不接，与新教育有关的任何动静你都会十分敏感。我由衷地感激敬佩朱永新老师和他的核心团队，感激新教育阵营中的卢志文、许新海、李镇西、陈东强、杜涛等一大批著名的学者和教育活动家。他们德才兼备，是教育的良心，更是教育的希望。为了成千上万教师和学生的幸福，他们在祖国的天南海北到处奔波，播撒理想的种子。我当然也要感谢引领焦作新教育实验的张硕果、李志强、薛志芳等一批模范校长和榜样教师，是他们矢志不移地坚持，让新教育在焦作开花结果，满园芬芳。他们才是焦作教育真正的有功之臣。

退休多年，迟暮垂垂，对名利已无所萦怀。不少单位想聘请我发挥余热，都被我婉谢了。唯有新教育，我还想去参与、去追随。我曾经多次给新教育研究院的领导表达过这样的心愿：只要我还能跑得动，看得见，我一定会对新教育不离不弃。正如刘欢的一首歌中唱的那样：千万里，我追寻着你！

新教育研究院发展中心　张丙辰

李镇西说——

　　新教育对人的改变，不是抽象的"影响"，而是一个个具体的人的行为。由张丙辰的新教育之路，我想到马克思经常被人引用的一句话："哲学家们只是用不同的方式解释世界，而问题在于改变世界。"作为教育局的"一把手"，张局长没有把新教育仅仅写进文件，或作为校园文化的装饰，而是实实在在将其变成了每一所学校的行动，乃至日常生活，他因此改变了焦作教育。这当然不是他的职务行为，而是其教育情怀使然。

我的梦想，我们的光荣

播下一粒梦想的种子

30 年前，我人生第一次站上讲台，面对一群青春稚气、求知欲望强烈的学生，我充满梦想：我希望我的课堂生动有趣，有理论有实践，有情感有声色，有动态的实验有静态的思索……我在想，我要怎样才能让学生们领悟到化学学科之美，让他们感受到知识的伟大魅力，我希望从我的教室里走出去的孩子拥有怎样精彩的人生？

这是初为人师的我对教育的叩问。

20 年前，我的孩子来到这个世界上，我成为了一位父亲！那一刻，我看着襁褓中的孩子，欣喜的同时，也感到了作为父亲的责任。作家张晓风写过一篇文章《我交给你们一个孩子》：学校啊，当我把我的孩子交给你，你保证给他怎样的教育？今天清晨，我交给你一个欢欣诚实又颖悟的小男孩，多年以后，你将还我一个怎样的青年？"那一刻，我感到了深深的共鸣，我在想：我要怎样成为一位好父亲，我要把我的女儿培养成怎样的孩子？

这是初为人父的我对教育的叩问。

同样的问题在我成为一名教育管理者的时候依然存在。面对一群年轻的教师，面对区域内数十万天真可爱的孩童，纯真活泼的少年，这些孩童、少年背后充满殷殷期盼的父母，我无数次问自己同样的问题：我们要将孩子们培养成怎样的人？让长大后的他们为我们的国家担负起怎样的社会责任？

这是身为教育管理者的我对教育的叩问。

20多年了，这样的问题无数次敲击我的内心，作为一位父亲，一位老师，一位教育管理者，尽管视野不同，但是这样的教育情怀和教育良知如达摩克利斯之剑般时刻悬在我的头顶。

另一位教育者，他也和我有着类似的经历。他也有一个可爱的女儿，他也曾经是一位老师，后来也成为了一名教育管理者。2006年，武侯区以教育专家的身份将他引进，担任武侯实验中学的校长。他就是李镇西。

用李镇西自己的话来说，他是怀揣着新教育的梦想走进武侯，是憧憬着寻找一群"尺码相同的人"走进武侯。在他的引领下，武侯区播下了新教育的第一粒种子。那个时候的武侯实验中学是一所由乡镇中学和厂办子弟学校合并而成的薄弱学校。

2006年，武侯区正在推进实施"农村教育城市化、城市教育现代化、城乡教育一体化"的"三化"建设。当时，我区城乡教育差距明显，为了破解城乡教育发展不均衡、教师队伍参差不齐、学生培养单一等难题，我们苦苦思索，努力寻找解决问题的办法、化解矛盾的对策。最终，我们将簇桥片区一所乡镇中学与厂办子弟学校合并之后，建成武侯实验中学，引进李镇西博士担任该校校长，赋予他更多的办学自主权，大胆推进新的教育生态改革。

李镇西老师带着新教育的梦想，来到了武侯实验中学。面对这所城乡接合部的薄弱学校，他上下求索，如何改变教师的精神状态？如何改变学校现状？如何提升办学质量？如何让师生过一种幸福完整的教育生活？经过一番苦思后，李镇西老师给全校老师写了一封公开信——《敢问路在何方》。在信中，他给老师们谈新教育实验、谈学校未来的发展、谈师生的幸福生活，他以真挚的教育情怀，感染着全校教师，希望老师们把热情化作持久的行动，通过新教育重塑学校形象！读了这封公开信，武侯实验中学的老师们对新教育有了初步认识，对李老师的思考感到由衷敬佩，纷纷响应李老师的倡议，支持学校改革发展，由此走上了新教育发展之路。

每一个新入武侯实验中学的孩子，都能听到李镇西老师一堂别开生面的语文课——《一碗清汤荞麦面》，从中领悟爱与尊重；都能聆听李镇西老师关于"未来班"班歌的故事，从中体验成长的快乐。"一碗面""一首歌"成了李老师的教育"保留节目"，一直持续至今，并扩展到全国各地。

在李老师的影响下，老师们和家长们利用微信、班级博客、书信等方式互动交流，营造了一个多元化的教育网络。家长在新教育理念的引领下，主动参与学校的国旗下讲话、安全教育、班级课堂等活动，成为了学校教育的"同盟军"。徐全芬老师厚厚的家长教育日志记录了三年来家长的点滴收获与感动。家长进课堂、家长论坛、家长学校等系列举措不仅改变了家长面貌、家庭氛围，也让教师与家长、家长与孩子、孩子与教师的关系更加密切，形成了学校的特色课程。

提升老师、关爱学生、影响家长——这"三件大事"成了武侯实验中学新教育实验的抓手，引领着武侯新教育向前发展。作为新教育的领跑者，武侯实验中学办学质量逐年上升，赢得了社会各界广泛好评，受到了时任国务院总理的温家宝的高度评价："他们所从事的事业是高尚的，我向他们表示敬意！"

因为新教育，我和李镇西老师越走越近，成了"尺码相同的人"。在他的引荐下，我还有幸结识了朱永新老师，并深受他的教育思想的影响，也触动了我多年的教育情怀。

2009年，我组织我区九所城郊学校组成了"新教育实验联盟"；2013年，我区成功承办了以"阅读的力量"为主题的新教育国际高峰论坛；2014年，我推动我区正式成为新教育实验区……

武侯区的新教育实验的推动当然不是我一个人的力量，但我在组织实施每一项新教育活动时，感觉自己并不只是在履行教育行政管理者的职责，而是在做一件我本身就很热爱的事。因为我从来都认为自己是一个教育者。

点燃一盏信仰的明灯

但我毕竟还是一名教育行政管理者，为广大一线老师提供教育服务是我义不容辞的责任。我深深地牢记，新教育实验的抓手，就是有效激发教师的梦想与激情。推广新教育，就是为老师们提供强大的职业动力，让他们体验教育幸福。通过新教育，我们的确唤醒了许多老师：既有刚入职的青年教师，也有产生过职业倦怠的中年教师，还有即将退休的老年教师，涵盖了老中青三代。

锦里小学的詹妍婷老师是武侯区新生力量的代表，一个90后的教师，刚入职就受到了新教育的影响，因而教育激情就有了充分的施展空间。她用未泯的童心引领着一个充满童趣的"鱼儿班"，一同构建以吟诵、行走、乐学为一体的"玩美课程"，"鱼儿班"曾被评为全国新教育十佳完美教室！

出生于80年代，来自石室双楠实验学校的王兮老师，曾有着严重的职业倦怠。她一度想辞职去当网络作家。直到2012年9月18日，她聆听了李镇西老师的新教育讲座后，在自己的教室里开始了一个人的默默探索。2013年的高峰论坛，2015年北京叙事，她一次又一次站上了演讲台，现已成为新教育全国榜样教师，正是因为新教育，改写了王兮老师的职业篇章。

出生于70年代，来自武侯实验中学的蒋长玲老师说自己不愿成为一个偷懒、混吃等死的班主任，她说自己也是被李镇西老师"忽悠"进入新教育的。阅读、写作，开发卓越课程，缔造完美教室……从此不可逆转地踏上了新教育的征程。

新教育对老教师也有着很大的吸引力，红牌楼小学的秦敏老师出生于上世纪60年代，退休前两年，她遇到了新教育：原来班级生活可以这样有意思，教育教学可以这样丰富多彩！她主动要求当班主任，开始了完美教室的缔造。就这样，新教育计秦老师重新焕发出教育的青春。

新教育的力量是教师的力量。有了教师的成长，就有了学生的成长。新教育实验就像火种一样点燃了老师们的职业信仰、教育热忱，影响了一批又一批教师，如今，武侯教师自我发展、主动研究的教育生态基本形成。

躬耕一方梦想的土地

新教育在武侯区开展以来，各学校开始营造书香校园、缔造完美教室、研发卓越课程、师生共写随笔、推进每月一事、建设数码社区、家校合作共育，让新教育"十大行动"这一理论体系变为教育实践。

营造书香校园。一个人的阅读史，就是他的精神成长史。每天早晨，机投小学陈泽红老师的班上总会响起美妙的读书声，将国学、儿童诗融入早读，用晨诵开启黎明；每天中午，谢萍老师带着孩子们说感受、谈感想、聊体会，在快乐中参与课外阅读分享。在谢老师的引领下，班里的一位同学三年读了280本课外经典读物；徐俊老师总是充分利用每周星期三下午的第三节课，带领孩子们诵读国学经典、品读传统文化；在红砖西路小学，生命叙事剧的表演成为一种常态化活动。读书节、风采秀、文化周、校园读书社团……丰富多彩的活动让孩子们对阅读产生了浓厚兴趣。阅读让学生洞察事物、理解知识、感受美好，让情感逐渐走向深刻。阅读成为师生日常的生活方式，成为美好教育的行动自觉。

缔造完美教室。老师们带动学生发挥自主性，编织学习生活，建构知识体系，形成了有个性、有内涵、有特质的教室文化，写出了一间教室的成长故事。武侯实验小学包虹婧老师的"萤火虫班"，人人争当"萤火虫"，即使点点微光，也要努力照亮；玉林小学李承军老师的"君子兰班"，秉承君子兰有才而不骄，有志而不傲，居于谷而不自卑的精神，号召学生树君子风范。武侯实验小学的"杜鹃花班"，马家河小学的"新竹班""星星河班"，磨小分校的"向日葵班"，华兴小学的"毛虫班"……无一例外地都镌刻上了新教育完美教室的深刻烙印。班名、班歌、班诗、班服、班徽、班级口号是一间间教室独特的精神文化标签。每一个孩子在参与完美教室的建设中，点亮了无数间小小的教室，让20平方米的地方不仅仅是一个物理空间，而是一个充满温馨与喜悦的回忆场所，写满了孩子们动人的故事，镌刻着孩子们成长的归宿，使他们成为有德行、有情感、有知识、有智慧的人，在完美教室的学习生活中一天天走向生命的丰盈。

研发卓越课程。在执行国家课程、地方课程、校本课程的基础上，老师们对教材进行"二次开发""整合创造"，通过"课程创新"，引领学生认知体验、合作探究，使课堂成为汇聚美好事物的中心。不少班级研发出了独特新颖的"班本课程"，举办了趣味盎然的主题活动。多肉植物的拍卖、四川小吃的制作、户外踏青采茶、生态农场参观、艺术节晚会等，这些综合实践活动精彩纷呈、有声有色。通过卓越课程，学生学会了热爱生活、热爱生命，成为了品学兼优、聪慧明理、情感丰富的人。

师生共写随笔。写作是一种交流行为，是表达思想和情感的方式。石室双楠实验学校"星星班"的孩子们在王兮老师的带领下，坚持编写班级日志、书写课堂随笔，集结出版了教育专著《做有温度的教育：新教育班本课程实践》；磨小分校的李霞老师、朱灵华老师将自身专业成长过程融入随笔，汇编成了《爱如阳光》《爱的旅程》两本随笔集；华兴小学的刘超老师创造出"蚂蚁军团出版社"，成为"蚂蚁家族"自由表达的阵地；百草园小学的《草露集》是孩子们自己创造的班级内刊，孩子们在这本内刊上描绘理想、畅想未来。在文字变成铅字的过程中，老师和孩子们重温阅读的力量，记录身边的故事，寻找到永不枯竭的写作源泉。教育日记、教育故事、教育随笔是老师成长的历史足迹、是学生发展的成长印记。

推进每月一事。通过主题实践、成果展示、互动评价等方式，每月开展一个主题活动，着力培养学生良好的行为习惯和公民意识。3月，举办茶文化节；4月，开放破壳博物馆；5月，登山、插秧；7月，在家长的带领下远足；9月，静心阅读月；11月，种子圆梦月。红牌楼小学黄雪萍老师的"破壳班"，坚持开展生日赠诗、课本剧表演、纪念日活动、户外考察等"每月一事"，帮助学生养成读书的习惯、思考的习惯、遵守规则的习惯、锻炼身体的习惯、感恩的习惯，让学生终身受用。

建设数码社区。"科学教育""未来学校"是武侯教育2017年的关键词。近年来，我们不断加强教育信息化建设，通过"三顾云"信息化平台，推动学习型网络社区发展，着力打造"身边的教室"。我们大力推进"数字校园""未来学校"建设，目前，有成都市"数字校园"试点学校四所、武侯区"数字校园"试点学校13所。2018年，我们与电子科大签订战略合作协议，在全区各学校开展教育大数据和人工智能，推动形成全民学习、终身学习的学习型社会，促进人的全面发展。

家校合作共育。各新教育学校着力建设特色鲜明、活动丰富的"家长课堂"——龙江路小学分校的"家长百家讲坛"、武侯实验小学的"家长讲堂"、磨小分校的"爸爸妈妈大课堂"等，架起了一座家校合力"同心桥"。通过家校联动机制，成立家长委员会，开展亲子共读等丰富多彩的活动，让家长更多地参与学校生活，与孩子共同成长。各行各业的家长们主动到校为孩子们开课，介绍风车制作方法、旗袍的来历、植物的生长，教孩子们织围巾、玩川剧变脸、演童话故事，促使家庭教育与学校教育协同互补、互促共进、协调发展。2016年，我区被教育部评为"全国家庭教育实验区"。

除了以上行动，我们在构筑理想课堂、培养卓越口才、聆听窗外声音等方面也正在积极推进、进行有益探索，在此就不再一一列举。

守望一片梦想的天空

新教育实验的推行，促进了校长、教师、家长和学生的转变，有效推动了武侯区教育的发展，实验成果赢得了社会、校长、老师、学生及家长的广泛认同和高度评价。

从社会影响来看。武侯区作为成都平原中心区域，教育一直处于领先发展水平。从均衡到优质均衡，再到城乡教育一体化，从区域均衡到区域国际化，再到"百花绽放、百舸争流"的武侯教育生态构建，新教育实验在武侯教育发展过程中，发挥出了积极作用。2017年，在成都市教育均衡化指标考核中，武侯区教育现代化发展水平总达成度、教育国际化发展水平均位列全市第一名；教育公共服务满意度达89%，位居中心城区第一名。

从校长评价来看。我区一大批教育管理者在实践新教育的过程中成长起来。先后在红牌楼小学、龙江路小学中粮祥云分校担任校长的黄成凤说，在推行新教育的过程中，学校在潜移默化中发生了巨大的变化，学校风貌、教师状态、学生个性都与以前有所不同。桐梓林小学的李维校长说，实施新教育后，生活教室、统整课程、融通学科等教育实践，推动着老师们不断探索，引领着孩子们不断学习；对生命的热情、对知识的渴求、对世界的惊奇，弥散在校园内外，改变着校园的内在形态。

从教师感受来看。武侯区城郊接合部的马家河小学的毛清慧老师说："新教育对我最大的奖励，就是我的成长！完美教室、卓越课程、共写随笔带给我全新的教育体验，让我的教育生活变得丰富多彩，使我重新找到了专业的发展方向。"科华中路小学的袁白薇老师说："新教育的'新'让我活起来，课堂活、想法活。新教育的'新'让孩子们动起来，思维灵动、身体活动。推行新教育的这几年让我真正感受到了做教师的幸福。"

从家长的感受来看。武侯实验小学的胡艳老师曾收到一位孩子母亲的短信："人这一生就几十年，无非就是学习、生活、工作，我的孩子能够在二年级遇到您，遇到新教育，真是由衷地替她高兴与欣慰！我希望将来她能够像您一样当一名优秀的教师，这也是她人生的幸福！"一位初二学生的父亲给武侯实验中学的蒋长玲老师发短信说："孩子在初中能有轻松愉悦的学习氛围，有丰富多彩的校园生活，有健康快乐的成长环境，都是因为新教育关注孩子的生命成长，关注孩子的全面发展！"

从学生的改变来看。新教育实验给孩子们留下了温馨的记忆。一位从武侯实验中学毕业后在加拿大留学的范梦同学给李镇西老师写信说："十年过去了，很多事情还历历在目。能够成为武侯实验中学的一名学生，享受新教育，我很骄傲和自豪，也感谢我老爹当初在成都那么多所学校中给我选择了武侯实验中学。"有一年教师节，武侯实验中学初三的几个调皮孩子，六点钟起床后赶到农贸市场买鱼，回家熬成鱼汤端到了学校。这是孩子们献给班主任邹显惠老师的教师节礼物！邹老师在初二的时候接手这个班，仅仅一周时间，她的耐心便征服了孩子们，并唤醒了他们的爱心。但是，邹老师并没有喝那碗鱼汤，她把鱼汤端到教室，让每一个同学都来尝尝，一同分享成长的快乐。

这样幸福完整的教育生活属于所有的新教育人，当然也属于全体教育人。

回想这30年，从一个初出茅庐的普通老师的独行，到作为教育行政管者和一群老师携手；从施教一个班到治理一所学校，再到主管一个区的教育；从一个人的教育梦想，到一群人的新教育理想，如今不但赢得了区域的教育发展，也让我和所有志同道合者享受到了一种幸福完整的教育生活。

——这是我的梦想，我们的光荣。

成都市武侯区教育局　陈兵

李镇西说——

　　我在武侯区当校长的九年中，局长换了四位，但新教育实验却一以贯之。巧合的是，从担任教育局的办公室主任到副局长再到局长，陈兵参与了新教育在武侯区从播种、发芽到长成郁郁葱葱的全过程。其实，这不是巧合，只要情怀犹存，理想不灭，与新教育的相遇就是必然的。

岁月未虚度

新教育人说，每一缕阳光都会以年轮的方式被记住。其实，所谓的年轮不过是借用太阳、地球、月亮的循环将时间割裂出一个一个段落来。时光本就是一条永不停歇的河流。但也许，正是因为有了时间的段落，我们才会驻足，才有了驻足后的回忆和思考。而我，或许不是一个优秀的裁缝，在裁剪这块时光之布时只能断章取义式地选取自己在新教育之路上走过的某些零散的日子，来纪念我已然经历过的旅程。跌跌撞撞，磕磕绊绊，但无论如何，我走过了一道道人生的关口，那一缕缕阳光确实照亮我的内心，我教育的生命也因此而有了凋零后的旺盛，有了期待和祈盼，有了信仰和目标。

正因如此，邂逅了新教育，才敢说——岁月未虚度。

新教育，让我和孩子们得以满足和舒展

我依然坚信，那是冥冥之中的一次邂逅。教书十年，无非是从混沌到困顿，从困顿到逃离的过程，对于评职称反复求之而不得后的我最终选择了以支教来逃避教育生活中的种种不如意。

支教临近结束时，我收到了一位父亲的来电，他的儿子R是我以前的学生。印象中的R虎头虎脑，颇有几分灵气，然而从这位父亲断断续续的话语中却得知R患上了抑郁症，几次自杀未果。我曾经是R的小学老师，是他曾经喜欢和信

赖的人，所以，这位中年男人俨然把我当作了孩子的救命稻草。从没有学过心理学的我本想着拒绝，但鬼使神差的，我竟然一口答应了下来，也许面对生命的脆弱与呼喊，没有人可以说"不"。后来，跟R写信聊天，知晓了他内心的苦闷：大山般的学习压力，家庭里的语言暴力，青春期性冲动与道德观的冲突，同学之间的冷嘲热讽，桩桩件件犹如一扇扇巨大的门，关闭了，轰塌了，把他的出路死死堵住，无法突围。我理解他，因为那就是我曾经的写照。我曾经也经历过躁动不安的青春，经历过父亲对我的拳脚相加，经历过命悬一线的心理挣扎，于是，不经意间我和R达成了共情。在帮助R的日子里，我开始阅读心理学书籍，读着读着却越觉触目惊心——没有爱，分数不过是虚无……R的故事如同当头棒喝，让我再一次重新审视职业的意义所在。我一次次质问自己，教育是什么？教师应该教什么？我究竟应该如何做一位教师？

回到原学校。9月18日那天，我阴差阳错地被安排去教育局参加一场新教育会议。会议的主持人正是著名教育专家、新教育研究院院长李镇西老师。正如他的开场白："也许，九一八这一天，我们来谈新教育似乎不合时宜，但实际并非如此，因为惟有教育才能兴国，惟有教育才能强国。"质朴的话语饱含着深沉的爱国主义情怀，彰显着一个教育者的自省与智慧，更展现着他对中国教育走向"真教育"的责任和担当。

我被深深地震撼了，从头至尾，全神贯注，屏气凝神。李镇西老师无疑是一个教育的布道者——他用在教育战线躬耕30年的实际行动诠释着教育的真谛和他的职业信仰——我认为，这就是教师的理想主义，而这些理想主义的新教育者正在用爱构建着教育的童话，用生命谱写着教育的传奇！彻夜难眠后，我听从了自己内心的呼唤："这条路的尽头会有永恒的幸福吧，所有的朋友们，我们去走这条路吧……"

就这样，我踏上了新教育的征程！那时的我绝对不会想到，这样一个小小的决定竟然完全改变了我的教育路径。

刚加入新教育实验时，因为身边没有一个可以请教的人，所有的晨诵课程我都亲自操刀，每一篇小诗的选择，每一份PPT的制作，我都不能依赖于他人。生活就像上了发条似的，白天上课，晚上制作课件写反思。何其不幸，又何其幸运！在这种打磨中，我学会了思考，学会了选择和判断，学会了努力寻找每首诗歌的切入点。每一首小诗，我们常常是早晨吟罢，晚上回味。小小的句子让舌头、嘴唇的肌肉有了记忆一般，唇齿留香，余音缭绕，于是便有了与孩子们之间的晨诵共鸣。每一周我还会给孩子们讲一个绘本故事。课堂上我们共读、思索、讨论、表演、联结自我，努力去抵达相互共鸣的愉悦。

夏雨蕾和夏雨薇是一对双胞胎姐妹。没有任何学前基础，学习拼音时两人也颇感吃力，上课从不举手，常常用一副茫然的样子看着我。难道在一年级就让孩子成为学习上后进生吗？第一次上读写绘课程，我讲了《鼠小弟的小背心》，两只"小蜗牛"的眼睛亮了——原来，她俩喜欢听故事！那一次她俩的课后作业也让我欣喜不已。在故事里，她们这样讲道："调皮的鼠小弟把穿大的小背心做成缰绳，套在马的脖子上，它骑着马在草原上奔跑，大喊'驾'！""大象爷爷穿大的背心，被快乐的鼠小弟改造成了滑翔机，它从高山飞到大海，引来了一只小海豹，惊奇地尖叫'你哪里来的翅膀'？"喜欢画画的两个小姑娘找到了另一种表达自我的途径——用图画来阐释自己对故事的理解。她俩的作业被工工整整地贴在了墙壁上的展示栏里。在我的鼓励下，小小的读写绘课程成了激发两个孩子学习力的马达。

我不由感叹，新教育的课程里蕴藏着无穷的宝藏，没有空洞乏味的说教，孩子们学会了美德、学会了思考，学会了幻想，寻觅到了属于自己的珍宝。新教育，让我和孩子们得以满足和舒展。

新网师，让我书写职业生涯的传奇

学而知不足，教而知困惑。我是谁？生命的意义又是什么？对生命真相和自我的叩问让我第二次出发，在2014年开始了新网师学习的征程。

假期里我开始阅读《苏菲的世界》。刚开始阅读，对哲学一窍不通，读起来也索然无味，往往是信誓旦旦捧着书本很快便沉沉地睡去，哲学书成了最有效的催眠剂。但随着思维的深入，当"车行天下"老师把第一次的预习作业放在网上，一个个问题把我从魔法师的帽子里拽出来，我似乎看到了一个从未思及的世界。

记得第一次上课，"车行天下"就引用了如下的文字——

总有什么遮蔽着我们，让我们觉得眼前一片迷茫，看不分明，让我们内心空虚，找不到可靠的依据；除非我们信仰，否则我们永不坚定，除非我们有真正的智慧，否则我们最多达到一些小聪明的境地。哲学最终让你在自己身上发现智慧，它是天命、尊严、责任、意义的一项修炼之术。对我而言，我的天命是什么？真理将可能通过我而再一次显现在这个世界的一隅？——譬如，在某个教室里，或者某个课程中，或者在那些年幼的生命中？

从前苏格拉底的米利都学派，到苏格拉底、柏拉图、亚里士多德，从笛卡尔、斯宾诺莎，到康德、黑格尔，我第一次觉得自己的思想像死过一样。我经历着从未有过的艰涩的思想阵痛。如果说新教育改变了我，新网师则又一次将我否定、颠覆，把我的整个思维连根拔起。

学哲学时我第一次发觉自己是如此的无知，质疑、反思、寻找答案、求证一直贯穿在整个学习课程的过程中。在新网师的浸润中，我系统地学习了文本设计、童书、文学鉴赏、儿童的人格教育等课程，这些都为我提供了更广阔的知识背景，也让我对于教育、课程有了更多的思考和解读。

黑格尔的"正反合"理论认为：绝对精神在不同阶段的表现形式，正题必然地派生出它的对立面——反题，并且和反题构成对立，最终二者都被扬弃而达到统一的合题。也就是说，从教育的极端功利主义到极端非功利主义，需要有一种东西去平衡和融合。在我看来，课程就是唯分论最好的中和剂。而践行新教育的这些年来，我愈加坚信，课程是文化内化的通道，是一条条通往心灵深处交错纵横的脉络，是一次次撞击、拉扯，最终唤醒灵魂的神经。

刚学习做课程时，我常常后半夜还泡在在教育在线论坛上看帖学习，抓住我认识的每一位新教育老师问："新教育是不是有一个课程体系，能不能把你做的晨诵和读写绘的PPT都发给我呀。"那时的我以为，新教育就是一个个课程，只要有了范本，我需要的只是照搬。也对，也不对。后来的我渐渐明白，"我"就是课程本身。所有的课程都是思想的结晶，你拿到的范本只是一个躯壳，没有温度的躯壳。你只有真正体会了做课程的那颗心，做课程的那个灵魂，你才能与课程交融，否则做出来的永远是知识，而不是成长。

后来，萧山之行让我了解了新教育学校丰富多彩的课程，通过新网师的系统学习后，我开始梳理自己的课程观，在新教育老师们课程的基础上开发出了我的班本课程——晨诵、读写绘、笔记大自然、经济学课程……以时间为经，认知为纬，编织生命，满足生命成长的需要。2015年，我站在北京师范大学的讲台上做课程叙事。那年秋天，金堂年会上，我被评为新教育全国榜样教师。2016年，我所带的"星星班"也获得缔造完美教室提名奖。同年，我的教育专著《做有温度的教育：新教育班本课程实践》一书出版。因为新教育，因为新网师，我书写了自己职业生涯的传奇！

新征途，让我拥有"己达达人"的幸福

五年已过，"星星班"的孩子毕业了，他们像蒲公英一样散播到四面八方。有的考入了我校的直升班，成了一名"初中预备生"，有的则被成都市有名的公立和私立学校相中，转入其他学校的衔接班，成为年级的佼佼者。夏雨蔷、夏雨薇两姐妹更是创造了她们人生的奇迹——不仅成绩优异，而且全面发展，在省羽毛球青少年锦标赛获得双打冠军，且双双被名校录取。"星星班"的孩子用自己的成长印证了新教育的精彩。

如东会议期间，受李镇西老师之邀，我参加了新网师内部会议。此次会议上，郝晓东老师正式接任新网师执行院长一职，我也有了一个更正式的身份——新教育网络师范学院的讲师、院长助理，协助李镇西老师和郝晓东老师的工作。

这年9月，新网师正式入驻新教育APP。我在李镇西老师的建议下，组织各组组长们建立了课程的小打卡系统，该系统极大程度上提高了阅读的深度。正如新网师提倡"啃读"，这个词语很好诠释了深度阅读的状态——"啃"就是一遍一遍与文本对话，倾听作者的观点，"读"就是一遍遍与自我对话，把外在的观点转化为自我的思考，在这样的咀嚼反刍回味中，相互融通、梳理成文，最终让我们的思想从浮光掠影抵达深刻洞见。我多次惊艳于"啃读"带来的力量——每一次授课后，网名为"辣天使"的学员认真地用思维导图梳理我的课程内容并与我交流切磋。"啃读"，催生了学员对认知结构的深度反思，在互相点评中生成了学员之间、师生之间的教育合力。因为小打卡系统的运用以及授

课频次的增加，我与学员之间不再因为网络的隔阂而那么陌生，我们之间的高质量互动打破了新网师网络授课的单一模式，我是他们的老师，他们亦是我的老师，情感的交流、思想的碰撞让新网师的课程流淌出了不一样的魅力。

同时，我的第二项建议被郝老师采纳——引入新教育榜样教师助力新网师。还算"善述"的我，在刘兆宝老师的协助下，审阅稿件，安排分享，工作虽然细碎繁琐，但看到很多刚加入新网师的学员因为榜样教师的分享受益匪浅时，心里又涌动着"己达达人"的幸福。

2019年年初，新网师正式牵手旺苍县教育局。结缘旺苍，颇有些巧合。武侯新教育活动圆满闭幕当日，我有幸结识了旺苍县教育局向荣贵局长一行人。在向局长的力邀下，年会闭幕后的几天，我第一次来到旺苍，向当地几百名老师讲述了我的阅读史以及新教育带给我这样一位普通老师的改变。

不久，我有了二进旺苍之行。新学期伊始，李镇西老师亲自带队，我们一行四人再次从成都出发来到广元市旺苍县，开启了我们的新学期第一站。2018年9月3日，这正是开学第一天。清晨，孩子们站在操场上戴着红领巾唱着国歌，满怀着对新学期的憧憬。而与此同时，400多名校长老师也齐聚会场，旺苍县新教育实验区启动仪式在这里举行。

2019年新年前夕，我三进旺苍。这一次，新网师执行院长郝晓东老师、研究院副院长张硕果老师也来了，我们正式以新网师的名义参与到旺苍新教育的培训中。回程的路上，目送我们一行人的是旺苍落日，眼见残阳似血，渐落西山，红霞满天。

新年伊始，我起草了新网师与旺苍县教育局合作协议，旺苍成为新网师的第一个线下培训基地。旺苍400多名种子教师，有近100人加入新网师。这些老师通过新网师的学习，促进旺苍教育的蓬勃生长。

此时，李镇西老师征询我的意见，问我是否愿意来武侯区建设办公室推进区域新教育工作。于我而言，教室曾是一片让我挥洒汗水播种耕耘的土地，离开，意味着割舍，意味着重新开犁播种，我可以吗？这一次，李老师没有告诉我答案，给我的唯有尊重、理解和支持。那一夜，我彻夜难眠。我回忆起遇到新教育后的种种际遇，回忆起这几年李老师经常背着包独自穿梭于武侯区的一个个学校，给老师们讲新教育的故事，那些故事里有黄雪萍、蒋长玲、胡艳，还有我……我，不就是他点燃的星星之火吗？不知何故，突然脑海里就想起来泰戈尔的那句诗："谢谢火焰的光明，但别忘记那一直耐心地站在阴影里的持灯者。"是的，教师的伟大不仅仅是守望一方教室，守护一颗颗童心，教师的伟大难道不可以是举起手中的火把照亮他人，而自己甘愿做那个站在阴影里持灯者吗？我凝视着教室里新教育道德图谱上的新坐标——己立立人，己达达人，告诉自己，只有心中装着更宏大的教育蓝图和教育梦想，才能拓展心胸格局，成就大我。

于是，这个秋天，我再次出发，新的征途已然在脚下展开，新的故事正在书写。朱永新教授有言，活出生命的长宽高。换一种说辞，就是努力长成自己愿意生长的姿态，是的，不虚度岁月，不辜负年华，凡心所向，素履之往，生如逆旅，一苇以航。

成都市武侯区新教育建设办公室　王兮

李镇西说——

　　我现在还记得那年在武侯区做新教育培训时，王兮那专注的眼神。只是没有想到，她当时正处于教育的彷徨路口，甚至想辞职；更没有想到，她因新教育而决定留在教育阵地，为了纪念这个新的起点，她把新教育培训那天定为自己的"新教育生日"。对我来说，那次培训仅仅是一次播种，结果种子果真在王兮心里发芽了——她因此成了学校的新教育先行者，成了完美教室的缔造者，成了卓越课程的开发者，成了奔波于全省全国的播火者，成了2015年新教育十大榜样教师之一。无数像王兮一样的普通教师，因新教育而获得职业的成长，而让尽可能多的老师享受教育的幸福，这正是新教育的使命。